ACE

Éducation Linguistique Étrangère

Introduction Au BTM : Méthode De Formation Babble

All inquiries should be addressed to:

Book Domain LLC.
543 E Louise Dr Phoenix, Az 85050

Ordering Information:
Amount Deals. Special rebates are accessible on the amount bought by corporations, associations, and others. For points of interest, contact the distributor at the address above.

Printed in the United States of America.

ISBN-13   Paperback   978-1-967903-42-9
           eBook   978-1-967903-41-2

Library of Congress Control Number: 2025912856

ACE

Éducation Linguistique Étrangère

Introduction Au BTM : Méthode De Formation Babble

Révisé en 2025

CHEOL BEOM LEE

BOOK DOMAIN LLC
Publish to Perfection

TABLE DES MATIÈRES

PRÉFACE

Après la publication de la première version de ce livre, *Réflexions Sur L'enseignement Des Langues Étrangères*, en 2009, je n'ai reçu aucune réponse significative. J'ai pris cela comme une conséquence du karma. Pourtant, j'étais simplement heureux d'avoir au moins fait ce que je devais faire : révéler la vérité incontestable sur la réussite de l'enseignement des langues étrangères à quiconque découvrirait ce livre plus tard.

Aujourd'hui, environ une décennie et demie plus tard, j'ai reçu une réponse significative et j'ai révisé le premier livre pour ajouter de la force à la seule et unique vérité pour un FLE réussi : le BTM.

Nous savons que les compétences pianistiques ne s'acquièrent pas par l'étude des règles, la lecture, l'écriture, la mémorisation, l'écoute, l'observation et/ou la pratique musicale. Nous savons que l'on ne peut jouer de la musique qu'après avoir acquis les compétences requises.

L'histoire de l'enseignement des langues étrangères a démontré que l'apprentissage d'une langue étrangère ne peut se faire par l'étude, la lecture, l'écriture, la mémorisation, l'écoute, l'observation et/ou la conversation. Rares sont ceux qui savent que la conversation n'est possible qu'après l'acquisition des compétences requises.

Il est très regrettable que la majorité absolue d'entre nous, y compris les responsables de l'enseignement des langues étrangères, aie encore une fois aveugle dans le fait que les langues étrangères peuvent être acquises par l'étude des règles, la lecture, l'écriture, la mémorisation, l'écoute, l'observation et/ou la conversation.

Il existe une seule et unique méthode pour exceller au piano. Nous la connaissons. De même, il existe une seule et unique méthode pour exceller dans une langue étrangère. Pourtant, beaucoup d'entre nous, notamment les responsables de l'enseignement des langues étrangères, ne la reconnaissent toujours pas.

Plus de dix ans se sont écoulés depuis la publication de ce livre. Aucun changement significatif n'a été apporté au paradigme de l'enseignement des langues étrangères. J'espère que BTM servira de pierre angulaire à l'établissement d'un nouveau paradigme pour l'enseignement des langues étrangères.

De Flat Iron City
Boulder, Colorado
2025

À PROPOS DE L'ÉDUCATION EN LANGUES ÉTRANGÈRES ACE

Éducation en Langue Étrangère Ace propose des solutions claires et simples au dilemme persistant des programmes de langues : l'absence de maîtrise de l'oral. Lee affirme que l'acquisition de la maîtrise de l'oral est plus facile que l'acquisition de la grammaire, de la lecture, de l'écriture et de l'écoute. Lee affirme en outre que les méthodes traditionnelles ont été complètement erronées au cours du dernier siècle, tout comme le géocentrisme a été complètement faux jusqu'au milieu du dix-neuvième siècle.

Lee affirme que le langage est une compétence de l'organe de la parole qui doit être acquise. La seule façon d'acquérir cette compétence est de suivre le secret de l'acquisition naturelle du langage : le babillage. Selon l'hypothèse de travail de Lee, trois facteurs d'acquisition, à savoir la capacité physique, l'intuition linguistique et les ressources linguistiques, ne peuvent être acquis simultanément que par un entraînement intensif au babillage, avec une quantité suffisante d'informations réelles pour survivre. Les langues ont été acquises assez facilement grâce au babillage, sans acquisition de la grammaire, de la lecture, de l'écriture et/ou de la compréhension orale. Pourtant, aucune langue n'a été acquise sans babillage.

À titre de métaphore, Lee compare les programmes de langues aux programmes de piano, qui contrastent radicalement. Il souligne que les professeurs de langues et les élèves devraient s'inspirer de leurs modèles respectifs.

Dans *Éducation en langue étrangère Ace,* Lee présente une approche universelle révolutionnaire, la méthode d'apprentissage du babble (BTM), pour garantir une acquisition réussie des langues. Il identifie également les raisons exactes de l'échec persistant des programmes de langues populaires. La BTM est une méthode complète d'enseignement des langues étrangères axée sur la maîtrise de l'oral. Elle constitue une feuille de route pour les enseignants et les élèves qui s'engagent dans l'enseignement ou l'apprentissage des langues étrangères.

Dans *Éducation en Langue Étrangère Ace,* Lee emmène les lecteurs dans un voyage transformateur à travers l'art d'apprendre et de maîtriser de nouvelles langues. Fort de plusieurs décennies d'expérience en tant que polyglotte, professeur de langues et expert en linguistique, Lee propose un guide complet, étape par étape, accessible à tous, des débutants aux apprenants avancés, souhaitant acquérir une langue étrangère en toute confiance.

De pédagogie linguistique traditionnels, axés uniquement sur la grammaire et la lecture, *Éducation en langue étrangère Ace* privilégie une approche holistique et pratique de l'acquisition des langues, grâce à des exercices intensifs permettant de discuter de manière concrète, comme le fait d'acquérir une langue maternelle dans la vie réelle. Ce livre lève les obstacles courants qui empêchent souvent les apprenants d'atteindre la maîtrise orale, comme la croyance aveugle en la grammaire, la lecture intensive, l'écoute, le visionnage de la télévision ou de films, et la difficulté de mémoriser des listes de vocabulaire interminables. Lee initie les lecteurs aux techniques d'immersion linguistique, au conditionnement mental et à l'apprentissage par la pratique, en proposant des stratégies qui imitent les méthodes naturelles d'acquisition des langues.

Grâce à des exercices captivants, des exemples concrets et des explications détaillées, *Éducation en Langue Étrangère Ace* démontre qu'apprendre une nouvelle langue n'est pas forcément intimidant : cela peut être une expérience passionnante et enrichissante.

Les anecdotes personnelles de Lee et ses réflexions sur la façon dont l'apprentissage des langues façonne la vision du monde et relie les cultures constituent une toile de fond inspirante pour ce livre.

Que vous appreniez pour voyager, pour les affaires ou pour votre développement personnel, *Éducation en Langue Étrangère Ace* est la ressource ultime pour vous aider à atteindre la fluidité et à libérer le pouvoir de la communication entre les cultures.

Résumé: Hypothèse BTM

1. Hypothèse de travail sur l'acquisition du langage

L'acquisition d'une langue nécessite de bavarder[1] sur une quantité appropriée d'informations [2] réelles et de temps pour acquérir [3]simultanément les trois facteurs d'acquisition suivants [4]: (1) l'intuition linguistique, (2) la capacité physique, (3) les ressources linguistiques.

---

[1]   J'utilise le terme «babillage» pour désigner les actes répétés de l'apprenant consistant à imiter, copier, se parler à soi-même, mémoriser, pratiquer et utiliser Apport réel visant à acquérir la langue, notamment la maîtrise orale. Cependant, au sens large, j'utilise également ce terme pour désigner la pratique répétée d'écoute, de lecture et d'écriture par l'apprenant après un apport réel, dans le but d'acquérir les compétences correspondantes.

[2]   Il s'agit d'un terme que j'utilise pour désigner les apports concrets que les apprenants peuvent acquérir et utiliser concrètement dans leur environnement de vie. Selon les résultats attendus, les apports réels peuvent être définis comme des apports réels pour l'apprentissage de l'expression orale, de la lecture, de l'écoute, de l'écriture et de la grammaire. Les apports dépourvus de fonctionnalités telles que la convivialité, l'histoire, la conversation, le vocabulaire, la voix et la grammaire, nécessaires à l'acquisition des résultats attendus, ne sont pas considérés comme des apports réels efficaces et efficients pour les résultats visés. Au sens strict, les apports réels désignent des expressions pratiques, avec la voix d'un locuteur natif, que les étudiants peuvent utiliser pour communiquer oralement dans leur environnement quotidien.

[3]   La quantité et le temps nécessaires varient en fonction de la résistance linguistique de chacun à la TL et de son degré d'immersion mentale dans l'apprentissage de la TL. Une discussion concrète sera abordée ultérieurement.

[4]   Voir l'article sous le titre «Hypothèse de travail sur l'acquisition du langage».

2. Hypothèse de travail sur les entrées et les sorties

(1) Il n'y a pas de mutation entre l'entrée et la sortie.

(2) Aucune entrée ne produit aucune sortie.

(3) Il existe une résistance linguistique individuelle [5]à surmonter pour une transition significative de l'entrée à la sortie.

(4) L'entrée la plus réelle, la plus simple et la mieux comprise par l'apprenant produit la sortie la plus efficace.

(5) Le niveau de compétence des extrants dépend de la qualité, de la quantité et de la réalité des intrants conservés dans le pool de ressources linguistiques de l'apprenant.

(6) La meilleure façon de conserver les informations dans le pool de ressources linguistiques est de les exécuter de manière répétée et régulière avec un niveau constant et fort d'immersion mentale.

(7) Il existe une certaine séquence et combinaison de catégories d'entrées qui sont les plus efficaces pour acquérir et développer la compétence orale en tant que sortie.

3. Modèle de pratique du BTM

---

[5]   La résistance linguistique correspond au degré d'inaptitude physique et cognitive d'un individu à traiter les données entrantes, ce qui freine la production de données sortantes. Elle est principalement due à la distance linguistique entre la langue maternelle et la langue cible, ainsi qu'à l'âge. L'âge indique le degré d'adhésion physique et cognitive aux caractéristiques linguistiques de la langue maternelle. De plus, la résistance linguistique peut être accentuée par toute forme d'inaptitude individuelle à traiter les données entrantes. Elle explique pourquoi différentes langues sont plus ou moins compatibles. Un défi pour les étudiants ayant des MT différents Cela explique également pourquoi les enfants en général peuvent acquérir une langue étrangère relativement plus rapidement que les adultes.

BTM prend comme modèle de pratique le processus d'acquisition du langage naturel et d'amélioration des compétences tel que montré dans le processus typique par lequel les enfants acquièrent et développent les compétences linguistiques de la langue maternelle.

4. Apparition de BTM

La méthode BTM (Méthode d'entraînement Babble) est une méthode complète d'enseignement des langues étrangères axée sur la maîtrise de l'oral. Elle sert de guide aux enseignants qui enseignent les langues étrangères à leurs élèves, ou aux apprenants qui souhaitent apprendre une langue par eux-mêmes. La méthode BTM propose des idées et des méthodes d'enseignement des langues étrangères basées sur un processus pédagogique systématique, allant de l'acquisition de l'expression orale au développement de la maîtrise de l'oral. Elle répond également à la question la plus importante en matière d'enseignement des langues étrangères : «Pourquoi cela ne fonctionne-t-il pas?» Elle apporte également des réponses détaillées aux questions concrètes suivantes : «Quand?», «Où?», «Quoi?», «Comment?» et «Combien?».

L'existence de centaines de langues différentes ne signifie pas que des méthodes d'enseignement différentes soient nécessaires pour chacune d'elles. Cela se comprend par le fait que toutes les langues maternelles ont été acquises avec succès de la même manière. Par conséquent, la méthode BTM se présente comme la méthode universelle d'apprentissage des langues.

L'apparition du BTM a été déclenchée par les problèmes suivants que les méthodes conventionnelles d'enseignement des langues étrangères («FLE») partageaient généralement :

Premièrement, les méthodes classiques de FLE se sont jusqu'à présent concentrées sur l'acquisition d'un domaine de compétences linguistiques particulier. Autrement dit, elles se limitent fortement au développement d'une compétence linguistique particulière, au lieu de développer les compétences linguistiques complètes que sont l'expression orale, la lecture, l'écriture et la compréhension orale. Certaines méthodes se concentrent uniquement sur la pratique intensive de l'écoute, tandis que d'autres privilégient la pratique intensive de la lecture, de la grammaire ou de l'expression orale. Pour remédier à ce problème, BTM propose un processus de FLE systématique, étape par étape, permettant aux apprenants d'acquérir des compétences linguistiques complètes et de développer leur maîtrise de l'oral.

Deuxièmement, les méthodes actuelles privilégient les activités visibles comme l'expression orale, l'écoute, la lecture et l'écriture comme objectifs de l'enseignement des langues. Limitées aux phénomènes superficiels des activités linguistiques générales, elles négligent le processus essentiel basé sur les phénomènes sous-jacents de l'acquisition du langage. Par conséquent, elles ne visent pas à développer les compétences sous-jacentes permettant aux apprenants d'acquérir des compétences linguistiques complètes. Elles visent plutôt à démontrer les phénomènes superficiels des activités de TL à des apprenants qui ne sont pas prêts, les privant ainsi de la possibilité d'acquérir le TL. BTM reconnaît l'importance de l'entraînement au babble dans le processus d'acquisition des compétences linguistiques. Fort de ce constat, BTM propose un entraînement systématique au babble pour permettre aux apprenants de développer les compétences sous-jacentes nécessaires à l'acquisition des compétences linguistiques et à l'amélioration de leur maîtrise de l'oral.

Troisièmement, l'apparition de nouvelles méthodes technologiques sans changement fondamental par rapport aux pratiques traditionnelles a facilement laissé les enseignants et les apprenants de langues étrangères perplexes. Cela ne signifie pas que toutes les méthodes technologiques sont mauvaises. Le fait qu'une méthode ou un matériel ait été développé avec les technologies les plus modernes ne signifie pas nécessairement qu'il doive être appliqué en priorité au FLE. De même, la plus récente des méthodes ou du matériel ne garantit pas qu'il soit le meilleur. Chacun d'entre eux peut parfaitement convenir à certaines étapes du processus de FLE. Cependant, ils ne devraient certainement pas tous constituer la première étape pour débuter en FLE, ni être considérés comme les meilleurs sans avoir été testés pour leur efficacité. L'industrie du FLE n'est pas une industrie de la pêche où le poisson frais est toujours considéré comme le meilleur. BTM applique les méthodes du FLE pour développer efficacement les compétences sous-jacentes.

Quatrièmement, les méthodes traditionnelles n'offrent pas d'idées ni de méthodes pour enseigner efficacement certaines compétences de la langue étrangère. Efficaces ou non, de nouvelles méthodes et idées d'apprentissage des langues étrangères sont constamment introduites. Cependant, les méthodes d'enseignement actuelles n'ont pas changé depuis des générations. La méthode BTM, fondée sur de nombreuses théories, des observations sur l'acquisition et l'enseignement des langues, ainsi que sur une analyse logique pour l'acquisition des compétences linguistiques et le développement de la maîtrise orale de la langue étrangère, propose un processus systématique d'enseignement et d'apprentissage des langues étrangères.

Cinquièmement, la naissance du BTM a été principalement motivée par la reconnaissance inconsciente pré-moderne du processus de FLE. Depuis longtemps, ce processus est principalement reconnu dans l'ordre grammaire → lecture → écriture → écoute → expression orale, avec des divergences d' opinions mineures sur certains aspects, mais sans divergences radicales ou fondamentales. Ce type de processus n'a pas été défini par des propositions réfléchies particulières. Il s'est plutôt naturellement établi en fonction des compétences en langues étrangères requises à différentes époques de l'histoire industrielle. Le BTM, lui aussi basé sur les phénomènes sous-jacents d'acquisition et de développement de la compétence orale, et sur l'observation du processus le plus naturel et le plus efficace d'acquisition des langues, introduit un processus et des idées d'enseignement systématiques et efficaces des langues étrangères.

CHAPITRE 1

Contexte De L'enseignement Des Langues Étrangères

En tant que professeurs de langues étrangères, combien de locuteurs fluides avons-nous formés dans notre propre enseignement?

En tant qu'experts en FLE, qu'avons-nous fait pour aider les apprenants de FL à apprendre la TL?

Avons-nous été sur la bonne voie?

Pourquoi les gens parcourent -ils le monde pour apprendre FL?

Pourquoi ne peuvent-ils pas apprendre la langue à la maison?

1

Nous Avons l'IA. Pourquoi Apprenons-Nous Une Langue Étrangère?

Le langage est un outil de communication pour l'être humain. Sans langage, les êtres humains auraient beaucoup de mal à se comprendre. Or, la vie des êtres humains sans les langages sophistiqués que nous utilisons pourrait ne pas être si différente de celle des chimpanzés.

Nous utilisons le langage principalement pour partager, transmettre et/ou recueillir des informations afin d'étayer notre jugement. Autrement dit, le langage est un moyen par lequel les individus expriment leur niveau de reconnaissance, leurs pensées et leurs besoins. En tant que moyen de communication interpersonnelle, le langage est donc celui que chacun devrait maîtriser.

L'histoire de la tour de Babel dans la Bible est hautement symbolique, car elle illustre le pouvoir du langage lorsqu'il est partagé par tous. Le langage apporte le pouvoir d'unité entre les peuples, rendant ainsi possibles des choses impossibles entre personnes de langues différentes. Comme le langage reflète la culture, les valeurs, la philosophie, le monde spirituel et l'inconscient d'un peuple, le lien fondamental de l'unité réside dans la maîtrise d'une même langue.

Malheureusement, que ce soit la volonté de Dieu ou non, il semble très peu probable que le monde soit capable de montrer la véritable puissance du monde humain, car il ne serait pas réaliste que les peuples du monde partagent une langue particulière.

Maintenant qu'il est totalement irréaliste pour tous d'utiliser une langue commune, ce qui permettrait le miracle d'atteindre le paradis, que devrions-nous faire pour maximiser notre potentiel individuel dans ce monde de compétition? Je suggère de s'approprier au moins une langue autre que la langue maternelle. Si la langue maternelle est un fleuve qui alimente le quotidien de son lieu de naissance, une langue étrangère (LE) est un océan qui permet d'élargir sa vie et de réussir.

Il est évident qu'un solide bilinguisme ou multilinguisme apporte une valeur inestimable à un individu. Maîtriser les langues revient à acquérir diverses compétences en plus de sa profession principale. Selon le niveau de bilinguisme, cela procure confiance, loisirs, liberté, détente, sécurité, intimité, connexion à un monde différent, maîtrise, réussite, fierté, etc. Cela peut assurément ouvrir de nouvelles perspectives. Nul besoin de beaucoup d'explications et de témoignages pour comprendre l'importance des avantages d'un bilinguisme solide dans un monde compétitif où seuls les meilleurs survivent.

Si un ingénieur informatique acquérait les compétences nécessaires à la construction d'une maison, il pourrait en tirer profit pour en prendre soin chaque fois que cela est nécessaire. Il pourrait également personnaliser sa maison selon ses goûts. Il pourrait contrôler les délais, les coûts, les matériaux et les conceptions, et être fier de l'avoir fait lui-même. Il aurait également la possibilité de changer de profession s'il le souhaite. Il pourrait également échanger avec des professionnels du bâtiment. Bien sûr, tout cela est possible sans nécessairement acquérir les compétences nécessaires à la construction. L'argent fait avancer les choses.

Cependant, le bilinguisme offre des avantages que d'autres compétences ou un budget limité ne permettent pas d'obtenir : la confidentialité et la capacité à traiter directement les informations provenant de personnes parlant différentes langues. Quel que soit le budget investi pour embaucher une personne bilingue, il serait impossible d'acquérir le sens linguistique et les émotions propres à chaque culture et philosophie.

Une personne monolingue, en termes de communication, est comparable à un ordinateur équipé d'un processeur Z80, l'un des premiers processeurs de l'industrie informatique. Quel était le problème avec le processeur Z80? Rien. Les générations ultérieures de processeurs, les 286, 386, 486 et de nombreux autres, introduits successivement, étaient tout à fait compatibles, du moins sur le plan mécanique. Cependant, ils ont été licenciés les uns après les autres, simplement parce qu'ils ne pouvaient pas traiter le bombardement de commandes, d'informations et de demandes tridimensionnelles comme les utilisateurs l'attendaient. Ils n'avaient tout simplement pas la capacité de traiter efficacement les niveaux élevés d'informations qui leur étaient présentés quotidiennement. Pourtant, nous nous attendons toujours à ce que les processeurs évoluent en permanence. La mise à niveau d'un système informatique ne se résume pas à l'achat de périphériques hors de prix.

À l'ère de la guerre de l'information, le monde exige de nous la capacité de traiter un flot d'informations multidimensionnelles, dans diverses langues et provenant du monde entier. Les personnes capables, outre leur expertise, de traiter l'information couramment sont toujours très recherchées par les gouvernements et les entreprises. La demande de compétences bilingues solides ne cessera de croître. De fait, les personnes monolingues seront parmi les plus vulnérables en période de crise économique.

Aujourd'hui, avec l'avènement de l'IA, les barrières de communication à l'échelle mondiale semblent considérablement réduites. Dans le secteur des services linguistiques, l'IA a déjà dépassé l'humain. Elle permet généralement de fournir des services linguistiques plus rapides et moins coûteux, à condition de maîtriser les outils d'IA. Elle peut traduire des documents de plusieurs centaines de pages en quelques secondes, sans frais supplémentaires, hormis le prix d'achat, qui peut être très modique comparé aux tarifs pratiqués par les traducteurs professionnels.

En tant que traducteur professionnel à la retraite, j'ai constaté de nombreuses erreurs critiques commises par l'IA. J'ai constaté de nombreux cas où le message traduit par l'IA était totalement contraire au message initial. Ce problème peut être résolu grâce aux capacités avancées de l'IA. Cependant, il n'est pas conseillé de se fier entièrement aux services linguistiques de l'IA.

Cependant, il est toujours vrai que l'IA apportera d'énormes avantages à l'être humain dans la mesure où elle peut traduire une quantité énorme des informations industrielles dans les langues de votre choix instantanément.

Je dirais que l'IA est davantage orientée vers le langage industriel que vers le langage personnel, car ce dernier est bien plus complexe que le langage industriel. L'IA ne sera peut-être jamais parfaite pour traduire le langage personnel, tout comme l'être humain ne pourra jamais être parfait pour le comprendre.

Pourtant, l'humain comprend mieux le langage personnel que l'IA. Contrairement à l'humain, l'IA ne peut pas comprendre le sens de mots tels que «OK», «OUI», «NON», «JE T›AIME» ou d'autres expressions courantes du quotidien prononcées en combinant des caractéristiques non linguistiques telles que l'intonation, le volume sonore, l'atmosphère de la conversation, la gestuelle, les expressions faciales, le regard, le décalage horaire, les spécificités culturelles et/ou les intonations de voix réticentes, aimables ou déçues, etc.

Aussi avancée soit-elle, l'IA serait illusoire de partager amour, amitié, émotions, confiance, partenariat, sentiments, spiritualité et chaleur humaine entre des personnes. Seul le langage personnel permet de construire une relation étroite, amicale et harmonieuse, caractérisée par la compréhension mutuelle, l'empathie, l'entente et une communication fluide, et non le langage de l'IA.

Alors, laissons l'IA s'épanouir pleinement. Il est toujours nécessaire d'être bilingue ou multilingue pour nouer des relations avec le monde entier et réussir à atteindre ses objectifs.

2

Objectifs Et Nature De L'enseignement Des Langues Étrangères

J'écris ce livre en soulignant que L'objectif principal et ultime de l'enseignement des langues étrangères («FLE») devrait être d'aider les apprenants à acquérir et à développer la compétence orale en TL.

On pourrait largement partager mon avis sur les objectifs du FLE. Cependant, beaucoup ne seraient pas d'accord avec moi lorsque je précise que mon objectif est d'exclure toutes les méthodes traditionnelles qui enseignent aux élèves la lecture et l'écriture systématiques et réglementées de la langue seconde, que la plupart des gens, y compris les experts, les enseignants et les apprenants du FLE, considèrent comme les principales méthodes du FLE. La plupart d'entre eux pensent ainsi parce qu'ils ont été soumis à un lavage de cerveau par les méthodes traditionnelles du FLE, convaincus que l'acquisition de ces compétences de lecture et d'écriture réglementées est la seule voie à suivre pour atteindre le stade initial du développement de l'oral. Par conséquent, ils développent et suivent des méthodes de FLE fondées sur une conviction profonde que la connaissance des règles est la solution ultime pour l'apprentissage du FLE. Je pense que cette croyance repose sur une compréhension insuffisante de la nature du langage et de son acquisition.

Acquérir une TL signifie être capable de maîtriser la langue de la même manière que sa langue maternelle. Même si le niveau de maîtrise de la TL peut varier selon l'expérience de la langue, la maîtrise de la TL doit être identique à celle de la langue maternelle.

Ainsi, les normes permettent d'évaluer les compétences FL de chacun. Les compétences en communication verbale devraient être primordiales. Quelle que soit la capacité d'une personne à comprendre une langue par la lecture, l'écriture et l'écoute, on ne peut pas dire qu'elle l'a acquise sans la maîtriser librement par la communication verbale. Aussi médiocres que soient ses compétences en lecture, en écriture et en écoute, on peut considérer qu'elle a été maîtrisée tant qu'on la maîtrise couramment à l'oral.

Il existe d'innombrables personnes dans le monde qui ne savent ni lire ni écrire leur langue maternelle, mais qui la maîtrisent naturellement et très bien à l'oral sans difficulté. Si l'on examine l'histoire de l'humanité, on constate que jusqu'à présent, plus d'êtres humains ont vécu sans lettres qu'avec des lettres.

Par conséquent, je crois que l'aspect le plus fondamental de l'acquisition d'une langue est la capacité à communiquer verbalement. La capacité à communiquer verbalement dans une langue donnée est la compétence la plus fondamentale pour la maîtriser. Croyez-le ou non, je suis convaincu que la communication verbale est aussi la compétence la plus facile à développer, comparée à la lecture, à l'écriture et à la grammaire. De plus, c'est cette compétence, une fois acquise, qui permet d'acquérir facilement d'autres compétences telles que la lecture, l'écriture et la compréhension grammaticale. En fait, une fois que l'on maîtrise couramment la forme verbale de la langue maternelle, il suffit de pouvoir reconnaître les mots écrits pour lire et écrire en langue maternelle.

C'est pourquoi je souligne que l'objectif premier du FLE devrait être d'aider les apprenants à développer leurs compétences en communication verbale jusqu'à un niveau courant, en enseignant la langue orale dès le début. Nous savons tous que l'apprentissage des langues étrangères s'effectue en quelques années seulement, en apprenant directement les langues orales de la langue seconde. De même, nous savons tous que l'apprentissage des langues étrangères ne se fait pas par l'apprentissage de règles de lecture et d'écriture. C'est pourquoi l'enseignement de la langue orale dès le début est essentiel.

Une fois cet objectif principal atteint, le FLE doit se concentrer sur l'objectif ultime : développer la compétence orale à des niveaux supérieurs grâce à de nombreux entraînements à l'expression orale, à la lecture, à l'écoute et à l'écriture. En atteignant les objectifs principaux et avancés, chacun maîtrisera la langue seconde comme sa langue maternelle.

J'écris également en soulignant que la langue, par nature, qu'il s'agisse d'une langue maternelle ou d'une langue étrangère, n'est pas une science à étudier ou à rechercher pour la compréhension, mais une compétence à acquérir. Génie ou non, seuls ceux qui babillent jour et nuit En TL, les apprenants maîtrisent couramment la langue. Par conséquent, l'enseignement du français langue étrangère (FLE) ne doit pas se concentrer sur la décomposition des éléments de la TL pour permettre aux apprenants d'en comprendre le fonctionnement, mais sur des efforts pédagogiques constants et continus pour leur permettre d'acquérir les compétences requises.

En d'autres termes, la nature du langage est comparable à celle de tout instrument de musique ou de tout sport comme le basket-ball et le football. Ainsi, la nature de l'ELF devrait être comparable à celle de l'enseignement du piano ou des sports. Jouer du piano ne peut se développer que par de nombreux exercices répétés de divers types de musique, jusqu'à acquérir une maîtrise semi-instinctive du piano. Elle ne peut être acquise par des approches scientifiques. La maîtrise du langage ne peut se développer que par de nombreux babillages répétés de divers types d'expressions de la vie quotidienne, jusqu'à acquérir l'instinct linguistique de la TL.

Différentes méthodes d'apprentissage du français langue étrangère (FLE) sont développées par des experts en FLE, en fonction de la compréhension personnelle de chacun de la nature du langage. Compte tenu des différences de compréhension de la nature de la performance langagière, il est tout naturel que de nombreuses méthodes soient développées. Si l'on considère la nature du langage comme une simple question de vocabulaire, on pourrait naturellement se concentrer sur le développement de méthodes d'apprentissage du français langue étrangère (FLE) permettant aux apprenants d'acquérir un vocabulaire aussi complet que possible dès le départ.

La plupart des experts et non-experts en FLE estiment que l'apprentissage des langues étrangères doit être étudié avant tout pour la compréhension. Ils soutiennent que l'apprentissage des langues étrangères est différent de l'apprentissage d'une langue maternelle, car un cerveau généralement bien développé est nécessaire au moment où l'on reçoit le FLE à l'école. Un cerveau bien développé permet de comprendre et de raisonner pour comprendre comment la langue étrangère doit être traitée. Ils pensent que Une fois que le cerveau humain sera capable d'analyser la TL, il pourra maîtriser la langue. C'est pourquoi il est naturel de s'attacher à comprendre toutes les règles permettant aux apprenants de comprendre l'importance de la TL.

Cependant, outre son efficacité, un tel enseignement basé sur les règles atomiques et la théorie pose de nombreux problèmes. Premièrement, peu de personnes connaissent tous les secrets de la TL. Deuxièmement, comme il faut des années de cours répétés pour enseigner les règles, elles n'ont pas le temps de révéler tous les secrets de la TL. Même elles apprennent les règles et les théories après coup, grâce à des cours répétés. Une fois les secrets de la TL appris par des expériences d'enseignement répétées, elles ont tendance à penser qu'ils sont suffisamment faciles à assimiler. Elles oublient facilement les difficultés qu'elles ont rencontrées lorsqu'elles étaient jeunes à l'école. C'est comme une grenouille qui ne se souvient pas de son enfance. De plus, les apprenants n'ont pas le temps de surmonter les difficultés des règles et de les comprendre toutes.

D'un autre côté, certains experts en FLE estiment que l'apprentissage de la langue étrangère s'effectue par l'action directe dans la langue. Ils utilisent donc exclusivement la langue parlée en classe dès le début et s'efforcent de forcer les apprenants à la parler immédiatement. Ne connaissant pas les méthodes efficaces pour agir en langue parlée, les apprenants cherchent à approfondir la langue parlée pour percer le secret des atomes et comprendre leur interaction. Une fois la logique du secret découverte, ils l'appliquent une fois pour agir dans la langue et sont satisfaits de leur performance. Certains apprenants enthousiastes s'efforcent d'acquérir davantage de secrets afin de pouvoir les utiliser ultérieurement dans des situations similaires. C'est ainsi que les apprenants maîtrisent si bien les théories de la langue parlée.

Jusqu'à présent, j'ai tenté de présenter les objectifs et la nature de l'ELE, dont je suis convaincu. J'ai également insisté sur le fait que des objectifs et une compréhension différente de la nature de l'ELE entraîneraient des approches totalement différentes. L'ELE étant un engagement pluriannuel, une approche erronée entraînerait un gaspillage considérable de ressources, notamment d'un temps précieux pour les jeunes, un gaspillage irrécupérable. Nous ne pouvons sciemment nous permettre d'utiliser des méthodes d'ELE erronées ou inutiles.

Avant de poursuivre votre lecture, il est essentiel de revoir votre propre compréhension des objectifs et de la nature du FLE.

3

Méthodes D'enseignement Des Langues Étrangères

Avant d'expliquer pourquoi la maîtrise orale de la langue étrangère ne s'apprend pas à l'école, permettez-moi de présenter brièvement les différentes méthodes de FLE que nous connaissons. Ces résumés sont tirés d'une source internet. Ils nous aideront à comprendre les différents aspects des méthodes de FLE.

Traduction grammaticale : La méthode de traduction grammaticale a vu le jour à l'époque d'Érasme (1466-1536). Elle se concentre principalement sur la mémorisation des paradigmes verbaux, des règles de grammaire et du vocabulaire. L'application de ces connaissances a été orientée vers la traduction de textes littéraires, visant à développer l'appréciation des élèves pour la littérature de langue seconde et à l'enseignement de cette langue. Les activités utilisées aujourd'hui en classe comprennent : les questions qui suivent un passage de lecture ; la traduction de passages littéraires d'une langue à une autre ; la mémorisation des règles de grammaire ; et la mémorisation des équivalents du vocabulaire de la langue cible dans la langue maternelle.

Méthode directe : La méthode directe a été introduite par l'éducateur allemand Wilhelm Viëtor au début du XIXe siècle. Axée sur la langue orale, elle exige que tout l'enseignement soit dispensé en langue des signes, sans recours à la traduction. La lecture et l'écriture sont enseignées dès le début, même si l'accent est mis sur l'expression orale et la compréhension orale. La grammaire est apprise de manière inductive. Elle met l'accent sur quatre compétences.

La méthode silencieuse : L'enseignant participe activement à la mise en place des situations de classe, tandis que les élèves s'expriment et interagissent entre eux. Les quatre compétences (écoute, expression orale, lecture et écriture) sont enseignées dès le début. Les erreurs des élèves sont attendues et font partie intégrante de l'apprentissage ; le silence de l'enseignant favorise l'autonomie et l'initiative des élèves.

Suggestopédie : L'environnement d'apprentissage est détendu et tamisé, avec un éclairage tamisé et une musique douce en fond sonore. Les élèves choisissent un nom et un personnage en TL et s'imaginent être cette personne. Ils se détendent et écoutent les dialogues présentés, accompagnés de musique. Ils pratiquent ensuite les dialogues lors d'une phase d'activation.

Apprentissage des langues en communauté : Les enseignants reconnaissent que l'apprentissage peut être une menace. En comprenant et en acceptant les craintes des élèves, ils les aident à se sentir en sécurité et à surmonter leurs appréhensions face à l'apprentissage des langues, leur fournissant ainsi une énergie positive axée sur l'apprentissage des langues. Les élèves choisissent ce qu'ils souhaitent apprendre en classe et le programme est élaboré par eux-mêmes.

Approche naturelle : Introduite par Gottlieb Henese et le Dr L. Sauveur à Boston vers 1866, l'approche naturelle est similaire à la méthode directe et se concentre sur des démonstrations actives pour transmettre du sens en associant des mots et des phrases à des objets et à des actions. Les associations sont obtenues par le mime, la paraphrase et l'utilisation de matériel de manipulation. Terrell (1977) s'est concentré sur les principes de communication significative, de compréhension avant production et de correction indirecte des erreurs. L'hypothèse d'entrée de Krashen (1980) est appliquée dans l'approche naturelle.

Méthode de lecture : La méthode de lecture a pris de l'importance aux États-Unis après le Comité des Douze en 1900 et l'Étude des langues étrangères modernes en 1928. L'ancienne méthode était similaire à la méthode traditionnelle de grammaire et de traduction et mettait l'accent sur le transfert de la compréhension linguistique à l'anglais. Aujourd'hui, la méthode de lecture privilégie la lecture silencieuse à des fins de compréhension.

ASTP et méthode audiolinguistique : Cette approche repose sur la croyance béhavioriste selon laquelle l'apprentissage des langues consiste à acquérir un ensemble d'habitudes langagières correctes. L'apprenant répète des schémas et des phrases en laboratoire jusqu'à pouvoir les reproduire spontanément. L'ASTP (Programme de formation spécialisée de l'armée) était une approche intensive et spécialisée de l'enseignement des langues, utilisée dans les années 1940. Dans les années d'après-guerre, la version civile de l'ASTP et de la méthode audiolinguistique comportait la mémorisation de dialogues, des exercices de répétition de schémas et l'accent mis sur la prononciation.

Approches technologiques : Cette approche est utilisée depuis les années 1920 dans les classes de langues étrangères. L'accès à des équipements et supports audiovisuels tels que des disques, des radios à ondes courtes, des films, des magnétoscopes et des ordinateurs améliore l'enseignement et offre aux élèves des possibilités d'interaction authentiques avec les langues étrangères.

Méthodes cognitives : Les méthodes cognitives d'enseignement des langues sont basées sur l'acquisition significative des structures grammaticales suivie d'une pratique significative.

Méthodes communicatives : L'objectif des approches communicatives du langage est de créer un contexte réaliste pour l'acquisition du langage en classe. L'accent est mis sur l'utilisation fonctionnelle du langage et la capacité des apprenants à exprimer leurs idées, sentiments, attitudes, désirs et besoins. Les questions ouvertes, les activités de résolution de problèmes et les échanges d'informations personnelles sont les principaux moyens de communication. Les élèves travaillent généralement avec des supports authentiques en petits groupes sur des activités de communication, au cours desquelles ils s'exercent à la négociation du sens.

Méthode de réponse physique totale : Cette approche de l'enseignement d'une langue seconde («langue seconde») est basée sur la conviction que la compréhension orale doit être pleinement développée avant que toute participation orale active des élèves ne soit attendue (tout comme c'est le cas pour les enfants lorsqu'ils apprennent leur langue maternelle).

Méthode de narration à réponse physique totale : cette approche s'inspire de la méthode TPR, mais fournit le véhicule essentiel – la narration – pour utiliser et élargir le vocabulaire acquis en le contextualisant dans des histoires très intéressantes que les élèves peuvent entendre, voir, jouer, raconter, réviser et réécrire.

Approche lexicale : Partant du principe qu'une part importante de l'acquisition du langage réside dans la capacité à comprendre et à produire des phrases lexicales sous forme d'ensembles non analysés, ou «morceaux», et que ces fragments constituent les données brutes à partir desquelles les apprenants perçoivent les schémas linguistiques traditionnellement assimilés à la grammaire – que la production langagière consiste à assembler des unités toutes faites adaptées à une situation particulière –, l'approche lexicale se concentre sur le développement de la maîtrise du lexique, c'est-à-dire des mots et des combinaisons de mots. Cette méthode part du principe que ce n'est pas la grammaire, mais le lexique qui constitue la base du langage et que la maîtrise du système grammatical n'est pas une condition préalable à une communication efficace.

Approche centrée sur la forme : L'approche centrée sur la forme considère la grammaire comme hétérogène, ce qui signifie que certains points sont faciles à expliquer et à appliquer, tandis que d'autres sont difficiles, voire impossibles à appliquer. Cette méthode part du principe que le véritable problème réside dans le fait que l'enseignement de la grammaire, dans les deux approches, se limite à un petit ensemble de pratiques pédagogiques. Une pédagogie centrée sur la forme combine avantageusement compétences explicites et implicites en fonction de l'élément grammatical et de la tâche communicative.

Méthode basée sur le contenu : Dans l'enseignement basé sur le contenu (ICC), le principe d'organisation du programme est la matière, et non la langue. L'ICC peut s'articuler autour de cours académiques classiques, comme l'histoire et les sciences enseignées en langue des signes, ou s'articuler autour d'une série de thèmes choisis tirés du programme scolaire habituel.

Méthode Cortina : Cette méthode a été développée par R. D. Cortina à la fin du dix-neuvième siècle. Elle se concentre sur une brève introduction aux caractéristiques linguistiques de la langue seconde pour commencer, puis sur des interactions conversationnelles pendant le cours. Les enseignants sont tenus de dispenser le cours uniquement en langue seconde, sauf s'il est absolument nécessaire qu'ils utilisent la langue courante pour répondre ou pour donner les explications nécessaires lors des premières leçons. Les élèves doivent être bien préparés avant de venir en classe, afin que l'intégralité du temps soit consacrée à la conversation.

D'après les différents types et résumés de méthodes d'enseignement du français langue étrangère (FLE) présentés ci-dessus, il semble que les méthodes traditionnelles d'enseignement du français langue étrangère (FLE) à travers le monde, notamment pour le secondaire et les cycles supérieurs, soient principalement des méthodes de grammaire, de traduction et de lecture. J'ai également constaté que des méthodes telles que l'audiolinguistique et l'approche technologique sont appliquées dans les laboratoires universitaires.

4

L'histoire Des Méthodes Traditionnelles De FLE

L'anglais étant la langue la plus populaire au monde depuis un siècle, la principale langue d'enseignement du FLE dans le monde a toujours été l'anglais. De plus, comparé à l'enseignement d'autres langues, l'enseignement de l'anglais semble avoir connu un développement plus actif, notamment en termes de programmes, de manuels et de supports de référence, mis en place par les particuliers et les organismes du secteur éducatif. Même dans de nombreux pays anglophones comme les États-Unis, le Canada, l'Angleterre, l'Australie et les Philippines, l'enseignement de l'anglais aux étudiants étrangers est très populaire, intensif et systématique. Par exemple, les écoles d'anglais langue seconde des universités anglophones proposent 4 à 5 heures de cours d'anglais par jour aux étudiants étrangers pendant des mois, voire des années. À ma connaissance, hormis quelques organisations ou instituts spécialisés, peu d'écoles ou d'universités américaines proposent un FLE aussi intensif.

Je m'inspirerai donc des tendances de l'enseignement de l'anglais en tant qu'enseignement du français langue étrangère (FLE) pour analyser les transitions par rapport aux méthodes traditionnelles de FLE. Parmi les nombreux pays où l'enseignement de l'anglais est très systématique et intensif, je m'intéresserai à la situation du TESL en Corée, car je connais mieux le TESL coréen en général que dans tout autre pays.

Même si les méthodes d'enseignement de l'anglais français (FLE) peuvent varier d'un pays à l'autre, je suppose que la transition des méthodes d'enseignement de l'anglais en Corée n'est pas très différente de celle d'autres pays, à l'exception de certains pays où l'anglais a été désigné comme deuxième langue officielle· Cette hypothèse se fonde sur les témoignages de nombreuses personnes rencontrées dans différents pays, qui ont confirmé mon hypothèse. Elle repose également sur le fait que l'enseignement de l'anglais dans les pays non anglophones est axé sur des méthodes d'évaluation de l'anglais général, telles que les tests écrits d'entrée à l'université, le TOEFL et le TOEIC.

L'enseignement traditionnel de l'anglais en Corée commence dès l'entrée au collège. L'école propose des cours d'anglais quotidiens et enseigne d'abord les bases de la grammaire anglaise. De plus, de nombreux élèves fréquentent des instituts d'anglais privés chaque jour après l'école pour apprendre l'anglais. Les trois années de cours d'anglais au collège sont principalement consacrées à l'étude des bases de la grammaire anglaise. Tous les supports de cours et manuels sont conçus pour illustrer la grammaire. Les dialogues en anglais de chaque chapitre seraient facilement ignorés, et les textes anglais servent principalement à trouver et à expliquer les points de grammaire appliqués.

Au lycée repose encore sur la méthode de traduction grammaticale. Au lycée, des aspects plus sophistiqués de la grammaire anglaise sont enseignés. Les manuels d'anglais comprennent des textes de deux à trois pages par chapitre, que les élèves doivent lire et comprendre en appliquant les notions de grammaire apprises. Au cours des trois années de lycée, le nombre de textes anglais à lire par les élèves est d'environ 150 pages au maximum. Cependant, je ne veux pas dire que la quantité de lecture soit le critère le plus important pour l'apprentissage de l'anglais.

Depuis que l'examen national d'entrée à l'université évalue les compétences en compréhension orale depuis plusieurs années, les lycées coréens ont adopté des approches technologiques en complément de la méthode de traduction grammaticale. Cet ajout repose évidemment sur le concept de la méthode de réponse physique totale. Qui repose sur la conviction que la compréhension orale doit être pleinement développée avant que toute participation orale active des étudiants ne soit attendue.

Avec la méthode intensive de traduction grammaticale pour le collège et le lycée, et avec les approches technologiques au lycée, seuls quelques-uns des centaines de diplômés du lycée peuvent encore présenter les membres de leur famille en anglais.

En entrant à l'université, on suit une année supplémentaire d'enseignement de l'anglais, comme l'exige la loi. L'enseignement de l'anglais à l'université est généralement un mélange de méthodes de traduction grammaticale et de lecture. Il incite les étudiants à lire beaucoup plus qu'au lycée, tout en exigeant qu'ils découvrent et comprennent les composantes grammaticales appliquées à chaque phrase. Comprendre le sens des articles sans pouvoir expliquer les règles grammaticales utilisées dans chaque phrase serait considéré comme un manque de bases solides en anglais.

En dehors des cours d'anglais proposés à l'université, la plupart des étudiants étudient l'anglais avec assiduité, car les résultats aux tests d'anglais sont considérés comme l'un des facteurs les plus importants pour déterminer la compétitivité d'un élève. Par conséquent, ils consacrent au moins 2 à 3 heures par jour à l'étude de l'anglais pendant leurs études. Nombre d'entre eux y consacrent plus de 10 heures par jour pendant un à deux ans pour obtenir d'excellents résultats au TOEFL ou au TOEIC.

Les méthodes qu'ils adopteront principalement durant cette période d'auto-apprentissage très intensive au collège sont la méthode de traduction grammaticale, la méthode de lecture, l'approche lexicale et l'approche technologique pour améliorer leurs compétences en compréhension orale. Autrement dit, ils étudieront simultanément la grammaire anglaise, la lecture et la compréhension orale en consacrant deux heures par jour à chaque domaine d'étude.

Au total, de nombreux Coréens consacreraient près de dix ans d'efforts intensifs aux méthodes d'enseignement de l'anglais mentionnées ci-dessus. Pourtant, peu d'étudiants obtiendraient de très bons résultats au TOEFL et au TOEIC.

Cependant, même ceux qui ont réussi les tests ne maîtrisent pas encore parfaitement l'anglais. Ils peuvent présenter leurs proches en marmonnant, mais leurs performances professionnelles en anglais sont médiocres. Il est très frustrant que les étudiants ne maîtrisent même pas suffisamment l'anglais de base après tant d'années d'efforts acharnés et de méthodes variées.

Comme l'apprentissage de l'anglais était encore difficile, de nombreuses personnes ont cherché de nouvelles méthodes. Une seule leur restait à essayer : la méthode d'immersion, que je définis comme une méthode d'immersion au sein de la communauté des apprenants en langues étrangères. Constatant que toutes les méthodes qu'ils avaient essayées jusqu'à présent avec sérieux se sont révélées inefficaces, ils ont estimé qu'il était essentiel de se mêler à la communauté des apprenants en langues étrangères pour apprendre la langue. Pour s'intégrer à cette communauté, des milliers d'étudiants se rendent chaque année dans les pays anglophones du monde entier pour apprendre l'anglais. Ils profitent des cours d'anglais langue seconde dispensés par les écoles d'anglais langue seconde et profitent ainsi de l'immersion au sein de la communauté anglophone. J'utiliserais la méthode d'immersion et d'anglais langue seconde pour ce type de méthode.

Les écoles d'anglais ESL et les écoles privées d'anglais dans les pays de langue anglaise, comme les États-Unis, l'Angleterre, l'Australie, etc. par exemple, ont accueilli des étudiants venus du monde entier pour s'immerger dans la communauté anglaise.

La plupart des écoles d'anglais langue seconde (ESL) des pays anglophones adoptent les mêmes méthodes que les écoles coréennes : elles proposent généralement des programmes d'anglais langue seconde basés sur la méthode de traduction grammaticale et la méthode de lecture. Cependant, les cours sont dispensés par des professeurs anglophones uniquement et les cours d'anglais langue seconde sont beaucoup plus intensifs. Aux méthodes traditionnelles de FLE s'ajoutent d'autres méthodes, telles que la méthode directe et la méthode d'enseignement par contenu (CBI), en proposant notamment des cours de culture anglaise en anglais.

La plupart des étudiants coréens en anglais langue seconde restent un an ou moins à l'étranger pour apprendre l'anglais. Après une année d'immersion dans la communauté anglaise et des cours d'anglais langue seconde, ils maîtrisent l'anglais au quotidien, comme commander au restaurant, louer une voiture, saluer, demander son chemin, etc. C'est un résultat plutôt satisfaisant comparé à celui d'environ dix ans d'études en Corée. Cependant, leurs compétences en anglais sont limitées. La plupart d'entre eux ne maîtrisent pas encore suffisamment l'anglais pour gérer des affaires.

L'un des problèmes de l'anglais langue seconde et de la méthode d'immersion est que les étudiants ne s'intègrent pas vraiment à la communauté anglophone. Ils s'entendent généralement bien avec des personnes venues de l'étranger pour apprendre l'anglais, comme eux. Leur langue maternelle n'est pas l'anglais. Seuls les enseignants sont anglophones. Par conséquent, la plupart des étudiants d'anglais langue seconde ne s'intègrent pas pleinement à la communauté anglophone.

Comme il s'avère que la méthode d'immersion et d'anglais langue seconde d'un an n'est pas très efficace pour permettre aux étudiants d'acquérir un anglais courant, de nombreux parents aisés en Corée ont décidé d'envoyer leurs enfants dans des écoles primaires ou des collèges anglophones pour des périodes plus longues. Ils estiment que l'âge des étudiants est trop avancé pour apprendre une langue étrangère et qu'une année en communauté locale ne suffit pas.

Les enfants restaient en Corée du Sud pendant trois à quatre ans, ou jusqu'à la fin de leurs études secondaires, voire leur entrée à l'université. Pour cela, les membres de la famille devaient vivre séparés pendant de nombreuses années : la mère devait rester avec les enfants et le père restait en Corée pour maintenir les revenus du travail et subvenir aux besoins de la famille. Pour désigner ce type de familles, de nouveaux termes coréens ont été créés en fonction de leur niveau de richesse.

La Famille Aigle désigne les familles riches qui pouvaient se permettre de prendre l'avion pour se rendre visite à leur guise ; la Famille Oie désigne les familles aisées et moyennes qui pouvaient se permettre de se rendre visite selon la saison ; et la Famille Pingouin désigne les familles moins aisées qui, pendant de nombreuses années, n'ont pas pu se rendre visite. J'utiliserai le terme «Méthode de la Famille Oie» pour ce type de FLE.

Il est encore trop tôt pour évaluer l'efficacité de la méthode «Goose Family». Concernant l'apprentissage de l'anglais uniquement, il semble que la méthode «Goose Family» soit efficace. Les jeunes enfants de familles d'oies et de pingouins autour de moi apprennent l'anglais au bout de trois ans environ. Cependant, de nombreuses familles d'oies et de pingouins brisées ont été signalées dans les journaux pour des raisons facilement imaginables. Les souffrances des familles intactes dépassent également l'imagination.

En ce qui concerne l'acquisition de l'anglais, la méthode Goose Family semble assez efficace pour presque tous les jeunes enfants, à condition que la famille puisse les accompagner pendant plus de trois ans. De plus, même si les élèves n'ont pas bien assimilé l'anglais, la méthode ESL et Immersion, d'une durée d'environ un an, est également efficace. Ces méthodes semblent relativement efficaces par rapport à l'enseignement traditionnel de l'anglais en Corée.

Cependant, elles présentent un problème : elles sont trop coûteuses et réservées aux personnes aisées. Elles ne peuvent donc pas être utilisées dans l'enseignement public.

Récemment, de nombreux établissements d'enseignement supérieur coréens ont adopté la méthode CBI pour améliorer les compétences en anglais de leurs étudiants. À cet effet, ils recommandent fortement à leurs professeurs de dispenser leurs cours exclusivement en anglais. Cependant, il reste à voir si la méthode CBI améliorera les compétences en anglais des étudiants, ce dont j'en doute malheureusement.

Une autre tendance très populaire en Corée est la création de villages anglais, où les étudiants peuvent vivre des expériences d'immersion dans la vie anglaise pendant des semaines, voire des mois. Là encore, compte tenu des résultats obtenus par les méthodes d'anglais langue seconde et d'immersion dans les pays anglophones pendant un à deux ans, il est probable que l'idée de ces villages anglais soit superficielle.

Jusqu'à présent, j'ai présenté en détail les transitions des différentes méthodes TESL en Corée. D'après les informations recueillies auprès de nombreux amis de pays non anglophones, je pense que les transitions TESL dans d'autres pays sont assez similaires, avec de très légères différences liées aux caractéristiques des systèmes scolaires.

De plus, je crois que les méthodes FLE pour différentes langues autres que l'anglais dans différents pays ne diffèrent pas beaucoup des méthodes TESL appliquées en Corée.

J'ai démontré que l'enseignement du français langue étrangère traditionnel, basé principalement sur la méthode de traduction grammaticale et la méthode de lecture, n'a pas permis aux étudiants d'acquérir la langue seconde. De plus, j'ai tenté de démontrer que l'anglais langue seconde et la méthode d'immersion pour les étudiants ayant suivi des cours de grammaire et de lecture ne sont pas non plus aussi efficaces.

J'ai montré comment, par exemple, des étudiants coréens, qui ont obtenu d'excellents résultats aux tests d'anglais de la génération précédente, tels que le TOEFL et le TOEIC, ne parviennent pas à parler couramment l'anglais. Il est donc prouvé qu'aucune de ces méthodes ne contribue réellement à l'apprentissage de l'anglais.

Le point que j'essaie de transmettre aux lecteurs en présentant les transitions spécifiques des méthodes TESL en Corée est que, indépendamment de certaines différences dans les tendances des méthodes FLE pour une langue particulière, les méthodes FLE appliquées sans réflexions sérieuses sur les objectifs et la nature de l'enseignement des langues étrangères sont dénuées de sens et pourraient causer des interférences avec les efforts sérieux d'une personne pour apprendre la TL.

5

Problèmes Avec Les
Méthodes FLE

Dans l'article précédent, j'ai présenté différents types de méthodes d'apprentissage de l'anglais langue étrangère (FLE). La plupart d'entre elles existent depuis plusieurs décennies. Parmi elles, la méthode de traduction grammaticale semble être la plus répandue, adoptée dans le monde entier depuis un siècle. Malgré la multitude de méthodes qui nous ont été présentées, l'histoire du FLE montre que peu d'entre elles ont permis de former des locuteurs de langue étrangère fluides.

Il est évidemment très difficile de juger du succès d'une méthode. L'une des raisons est que la réussite du FLE résulte des effets combinés des méthodes, des enseignants et des élèves. Aussi performante soit-elle, une méthode ne saurait réussir sans les efforts des enseignants et des élèves. De même, quels que soient les efforts déployés conjointement par les enseignants et les élèves, elle serait vaine si elle ne les conduisait pas réellement à la langue elle-même. Je ne peux m'empêcher de penser que la principale raison de l'échec du FLE jusqu'à présent réside dans ce dernier cas.

En réalité, pour évaluer les effets des méthodes d'enseignement du français langue étrangère (FLE), il n'est ni impossible ni trop difficile de constater les efforts des enseignants et la volonté des élèves d'apprendre au maximum de leurs capacités, si l'on considère les efforts acharnés déployés par les enseignants et les élèves pour maîtriser l'anglais langue seconde dans de nombreuses langues non anglophones. On constate aisément que les apprenants d'anglais de ces pays s'efforcent désespérément d'apprendre l'anglais. Ils commencent généralement par la méthode de traduction grammaticale, puis passent, sans ordre systématique, à différentes méthodes telles que l'approche lexicale, la méthode de lecture, la méthode d'écoute, etc. Les enseignants, tant dans les écoles que dans les instituts privés, s'engagent également à enseigner l'anglais aux élèves par le biais de diverses méthodes d'enseignement non systématiques.

Pourtant, à ma connaissance, la majorité des gens s'accordent à dire que l'enseignement de l'anglais à travers le monde n'a pas permis de former des anglophones fluides. C'est particulièrement vrai dans les pays non indo-européens. Je pense qu'il y a une raison à cela, qui peut s'expliquer par le concept de distance linguistique, introduit dans un chapitre ultérieur.

J'ai constaté que les méthodes présentées ci-dessus privilégient l'enseignement des caractéristiques linguistiques et des compétences de communication non verbales de la langue étrangère, au détriment du développement des compétences linguistiques intuitives nécessaires à la maîtrise de l'oral. Autrement dit, aucune de ces méthodes ne semble véritablement se concentrer sur le développement des compétences linguistiques de base permettant aux élèves de développer leurs compétences de communication verbale. Or, tout le monde s'accorde à dire qu'il est essentiel pour les élèves d'acquérir de solides compétences de base pour apprendre une langue étrangère.

C'est pourquoi tous les enseignants et programmes se sont attachés à proposer des cours de FLE aux élèves afin qu'ils acquièrent des compétences de base solides, et ce, pendant une période significative. Pourtant, après des années de FLE, la plupart des élèves se retrouvent souvent avec des lacunes dans les compétences lin-guistiques de base, telles que la prononciation correcte des sons et des phrases, essentielles à une expression significative en langue des signes.

Cela montre bien que nous avons mal compris le concept de compétences linguistiques fondamentales et la manière d'aider les élèves à les développer. Alors, quelles sont les compétences de base à acquérir pour apprendre une langue? Je propose que l'intuition linguistique et les capacités physiques soient les compétences fon-damentales que les élèves devraient développer pour acquérir une langue.

Je définis l'intuition linguistique comme la compréhension et la performance semi-instinctives des sons, des structures des mots et des phrases, l'interprétation du sens et l'utilisation des ressources linguistiques telles que les ensembles d'expressions, les morphèmes, les mots, les idiomes et autres expressions utiles d'une langue. La capacité physique désigne ensuite l'aptitude à écouter et à articuler couramment les sons de la langue cible.

Certaines méthodes semblent plus concrètes et efficaces que d'autres pour développer les compétences communicatives verbales. La méthode Cortina, par exemple, semble privilégier la pratique de la communication verbale. Elle introduit également brièvement les bases linguistiques dès le début. Cependant, elle semble priv-ilégier l'apprentissage de la communication en langue des signes dès le début, laissant aux élèves le soin d'acquérir et de maintenir les compétences linguistiques de base, ce qui constitue un problème majeur pour les élèves, qui ne maîtrisent pas encore parfaitement ce concept.

Cette méthode pourrait être plus efficace pour les élèves qui apprennent la langue seconde avec une distance linguistique très courte ou une langue très proche. Pour les langues proches, comme l'anglais et l'italien par exemple, les élèves, grâce à leur intuition linguistique et à leurs compétences dans leur langue maternelle, fourniraient beaucoup moins d'efforts pour développer les compétences linguistiques de base, comme la production des sons et l'acquisition de l'intuition linguistique.

Ainsi, les élèves dont la langue maternelle est l'une des langues de la famille de leur langue maternelle pourraient facilement participer aux cours appliquant la méthode Cortina sans rencontrer les difficultés liées à la distance linguistique. Le concept de distance linguistique, qui mesure l'ampleur des différences entre deux langues, sera abordé dans un chapitre ultérieur.

Cependant, pour les langues très éloignées, comme le coréen et l'anglais ou le japonais et l'anglais, il serait peu pratique de dispenser les cours uniquement en langue des signes, laissant les élèves développer seuls les compétences linguistiques de base, en guise de devoirs. De plus, cette méthode n'est pas pratique dans de nombreux pays où peu de professeurs de langues étrangères peuvent dispenser les cours uniquement en langue des signes.

Comme ces méthodes ne permettent pas aux élèves de développer les compétences linguistiques de base de la TL, ce sont eux qui doivent acquérir la TL par eux-mêmes jusqu'à atteindre le niveau de performance requis. Aucune de ces méthodes ne montre réellement comment enseigner aux élèves l'intuition linguistique, plutôt que la connaissance linguistique de la TL, pour atteindre le niveau de performance requis. Il est illusoire de supposer que des élèves, ne sachant ni quoi faire, ni comment, ni dans quelle mesure, pourraient acquérir la TL par eux-mêmes à la maison jusqu'au niveau de performance orale, indépendamment de ce qui est enseigné en classe.

Pour faire une métaphore, je dirais que les méthodes ci-dessus servent à apprendre aux tout-petits à jouer au football. Dans le contexte du football, ces méthodes englobent les règles, les stratégies, les techniques de tir, de dribble ou de passe, l'observation des autres joueurs et la pratique physique du jeu. Si les bébés ne savent même pas encore se tenir debout, marcher ou courir, toutes ces méthodes ne sont pas efficaces. Il faut leur enseigner les compétences de base, comme s'asseoir, se tenir debout, travailler, courir et contrôler le ballon, ce qui nécessite une pratique intensive et répétée, bien avant qu'ils ne soient éduqués à des techniques de haut niveau. Je ne vois aucune de ces méthodes sérieusement conçues pour développer des compétences aussi fondamentales que l'apprentissage d'une langue.

À cette fin, je présente une **méthode d'apprentissage du babillage** («BTM») en cinq niveaux couvrant les étapes les plus importantes de l'apprentissage d'une langue. L'apprentissage du babillage pour apprendre à parler («**Babble Training**»)[6] est essentiel pour maîtriser une langue. Sans cette méthode, nul ne pourrait réellement acquérir une langue.

Un autre point qui me manque dans les méthodes mentionnées est qu'aucune d'entre elles n'introduit des étapes systématiques d'enseignement de la langue étrangère pour permettre aux élèves de l'acquérir du début à la maîtrise. Chaque méthode ne peut être utile que si elle est appliquée correctement à une étape précise du processus d'acquisition d'une langue.

Par conséquent, les méthodes doivent être structurées de manière systématique pour que les apprenants acquièrent la TL de manière optimale. Actuellement, enseignants et apprenants de langues étrangères sont confrontés à de nombreuses méthodes non structurées. Par conséquent, ne comprenant pas le processus d'acquisition d'une langue, ils se retrouvent confrontés à des choix irréfléchis. Ils se fient alors à leur oreille pour choisir les méthodes les unes après les autres, en fonction de ce qu'ils entendent.

---

[6]   Dans ce livre, j'utilise le terme «Entraînement au Babble» pour désigner la pratique répétée des élèves, conformément aux recommandations du BTM, pour apprendre à parler. Cependant, je l'utilise également pour désigner la pratique répétée des élèves, conformément aux recommandations du BTM, pour apprendre à lire, écouter, parler et écrire, selon le contexte.

Je tiens également à souligner que certaines méthodes peuvent s'avérer très dangereuses. Si les enseignants et les apprenants de FLE devaient rester bloqués longtemps avec certaines de ces méthodes, il serait difficile pour les apprenants de réparer les dommages subis.

Histoire du FLE dans le monde a prouvé que cette méthode ne pouvait, au mieux, former que des moniteurs, et non des locuteurs. Les centaines de milliers d'étudiants qui ont suivi une formation intensive avec cette méthode l'ont prouvé. Plus on approfondissait la grammaire, plus on devenait un moniteur professionnel. Ils pouvaient facilement relever les fautes de grammaire dans le discours d'autrui grâce à leur compréhension limitée de la grammaire, mais ils étaient incapables de communiquer verbalement en langue des signes.

Par nature, la grammaire n'est pas une partie du langage mais une description systémique de celui-ci. Langue. Par conséquent, maîtriser la grammaire d'une langue n'a rien à voir avec les compétences linguistiques. De même, maîtriser les règles du football n'a rien à voir avec les compétences d'un joueur.

Il a également été prouvé que la méthode d'écoute est néfaste. Nombre de mes lecteurs, affirmant avoir consacré deux à trois ans à l'écoute intensive pour étudier l'anglais, m'ont témoigné à ce sujet. Ils ont écouté des enregistrements audio produits par des professionnels ou regardé la télévision pendant de nombreuses années selon la méthode d'écoute. Cependant, ils sont profondément déçus par le résultat final : ils peuvent écouter un peu, mais ne peuvent s'exprimer eux-mêmes pour survivre.

J'aimerais avertir les enseignants et les apprenants de FLE qu'ils doivent d'abord bien comprendre ce qu'il faut pour qu'un être humain parle couramment une langue. Parler couramment une langue étrangère ne devrait pas être très différent de parler couramment une langue. Pour maîtriser une langue couramment, il suffit d'un entraînement au babble systématique, idéalement structuré. C'est tout ce qu'il faut.

Encore une fois, approuver ou désapprouver certaines méthodes d'apprentissage du français langue étrangère n'est pas chose aisée. Prouver leur efficacité ou leur inefficacité est encore plus difficile, car l'approche scientifique de l'acquisition du langage est encore trop avancée. Cependant, nous devons prendre position sur les méthodes d'apprentissage du français langue étrangère mises en place jusqu'à présent, car elles n'ont manifestement pas été productives ni efficaces pour former des locuteurs bilingues fluides. Nous devons expliquer pourquoi nous échouons depuis des siècles en matière d'apprentissage du français langue étrangère. L'un des critères que j'applique pour expliquer cet échec est le processus d'acquisition du langage naturel (PNAL) chez l'humain être.

En comparant les principaux aspects des méthodes FLE et NLAP, on constate une différence majeure. En NLAP, une part importante du temps est consacrée à l'apprentissage du babble. En revanche, les méthodes FLE ne se concentrent pas autant sur l'apprentissage du babble. Elles n'en mentionnent pas le rôle fondamental dans l'apprentissage des langues étrangères. Cela s'explique probablement par leur méconnaissance de ce rôle fondamental dans l'acquisition des langues. Toutes se concentrent sur l'enseignement des facteurs superficiels de l'apprentissage des langues.

La vie d'une grenouille se compose de trois étapes distinctes : le stade du têtard, celui de la grenouille et celui de la croissance. De même, l'acquisition du langage se déroule en trois étapes distinctes : le babillage pour apprendre à parler, l'acquisition et le perfectionnement.

C'est pourquoi, pour économiser du temps, des efforts et une quantité considérable de ressources, je présenterai des idées structurées sur la manière d'acquérir et de développer la compétence orale en me basant sur mes expériences directes d'apprentissage et d'enseignement des langues étrangères ainsi que sur les précieuses contributions d'autres personnes impliquées dans le FLE et qui ont montré un grand intérêt pour le FLE.

6

Pourquoi La Compétence Orale N'est-Elle Pas Apprise À L'école?

En ce qui concerne l'enseignement du français langue étrangère à l'école, je ne peux m'empêcher de penser qu'il a jusqu'à présent échoué. Je ne connais aucun programme scolaire public ou privé qui forme, par ses propres mérites, de solides locuteurs bilingues. Je suis convaincu que la plupart des programmes scolaires d'enseignement des langues ne parviennent pas à former de solides locuteurs bilingues. Si des écoles publiques ou privées ont réussi à former de tels locuteurs bilingues, je les considère comme exceptionnelles.

Certains pourraient bien faire remarquer que déterminer si les programmes scolaires de langues sont une réussite ou un échec est une question très subjective ; et que l'objectif des évaluations devrait varier en fonction des objectifs des programmes. Je ne nie pas l'un, mais je ne suis pas d'accord avec l'autre, car aucun programme de langues ne devrait avoir d'autre objectif principal que de faire parler la langue aux élèves dès le départ.

Bien sûr, je constate que tout le monde s'accorde à dire que l'objectif ultime des programmes de langues est de permettre aux étudiants de maîtriser parfaitement la langue. Par conséquent, la réussite ou l'échec de tous les programmes de langues devrait être jugée en fonction des compétences orales des étudiants en langue des signes. À cet égard, je suis convaincu que les programmes de langues étrangères, traditionnels et contemporains, proposés aux États-Unis et dans d'autres pays, sont un échec.

Il semble que les résultats de l'apprentissage des langues étrangères dans un environnement social, comme la famille, les amis, les proches et les membres de la communauté qui parlent cette langue aux apprenants, contrastent radicalement, en termes de maîtrise orale, avec ceux obtenus en milieu scolaire, grâce à des programmes linguistiques apparemment très bien organisés et systématiques. En effet, les élèves acquièrent les langues étrangères plus efficacement dans l'environnement social que dans le milieu scolaire.

Je tiens à souligner ici qu'en faisant référence aux différents environnements d'apprentissage des langues étrangères, j'utilise le terme «environnement scolaire» pour désigner spécifiquement les environnements scolaires traditionnels ou contemporains. Je considère que tout programme scolaire de langues qui ne met pas l'accent, dès le départ, sur l'apprentissage de la langue étrangère relève de lʾenseignement des langues traditionnelles ou contemporaines. Je nʾai pas lʾintention dʾinclure des environnements scolaires spécifiques à lʾenseignement des langues étrangères, ni de catégoriser tous les environnements scolaires futurs en constante évolution comme identiques à lʾenvironnement scolaire traditionnel ou contemporain. Je ne veux pas nier les possibilités futures du FLE dans des environnements scolaires supérieurs aux environnements sociaux. En fait, je suis convaincu quʾil existe un moyen pour lʾécole de surpasser lʾenvironnement social en matière dʾenseignement des langues étrangères. Cʾest pourquoi jʾécris ces lignes pour partager ma vision avec les lecteurs.

J'admets que la comparaison des résultats de l'apprentissage des langues étrangères dans les deux environnements ne repose pas sur les conclusions d'une recherche scientifique. Mener des recherches scientifiques sur ce sujet nécessiterait de nombreuses observations, expériences et analyses de données basées sur divers facteurs tels que l'âge des étudiants, la période d'étude, les heures quotidiennes d'étude, les méthodes d'enseignement, les domaines d'enseignement, le contexte linguistique de chacun et les langues étrangères, les distances linguistiques entre sa langue maternelle et ces langues, etc.

Sans présenter de conclusions scientifiques, je n'ai rencontré jusqu'à présent personne qui conteste l'argument selon lequel l'apprentissage des langues étrangères par le biais de l'environnement social est plus efficace que par le biais du milieu scolaire. Tout le monde semblait admettre sans hésitation que l'apprentissage des langues étrangères peut être plus efficace par le biais de l'environnement social.

J'ai demandé aux gens ce qui les incitait à croire que l'apprentissage des langues étrangères était plus efficace en société. La plupart m'ont répondu que c'était parce que les élèves étaient obligés de s'immerger dans les langues étrangères lorsqu'ils étaient en société. Ils pensaient également que, par contre, les élèves ne pouvaient pas s'immerger autant dans les langues étrangères lorsqu'ils les étudiaient à l'école. D'autres réponses ont été formulées : les élèves n'avaient pas l'occasion de communiquer entre eux en langues étrangères à l'école. D'autres ont répondu qu'en milieu scolaire, les élèves n'étaient pas motivés à parler les langues étrangères, tandis qu'en société, ils étaient fortement obligés de les parler pour survivre ou, du moins, pour s'entendre. Eh bien, toutes ces réponses semblent bonnes.

Pourtant, j'ai le sentiment qu'ils méconnaissent certains aspects fondamentaux. Les professeurs de langues ne poussent-ils pas fortement les élèves à s'immerger dans ce qu'ils enseignent à l'école? Ils incitent toujours les élèves à s'immerger dans ce qu'ils enseignent, non seulement à l'école, mais aussi à la maison après les cours. Ils donnent toujours des leçons à la maison. Travaux, quiz, examens et projets sont proposés aux élèves. Ce principe est appliqué dans tous les établissements : collèges, lycées et universités. Je doute fortement que le niveau d'immersion en milieu scolaire soit significativement moins élevé que dans le milieu social.

Prenons l'exemple des étudiants en immersion forcée. Les programmes de langues de mon département à l'Université du Colorado à Boulder proposent des cours de langues asiatiques de 5 crédits, comme l'arabe, le chinois, l'hindi, le japonais et le coréen. Chaque cours comprend 5 heures de cours par semaine. On comprend aisément que les étudiants qui suivent ces cours doivent réviser et se préparer quotidiennement ; en plus de cela, ils doivent travailler pour leurs devoirs, leurs quiz fréquents, leurs partiels, leurs examens finaux et leurs projets. Cela les amènerait facilement à une immersion intensive et active en langues étrangères, d'au moins 2 à 3 heures en semaine, et bien plus encore pendant la période des tests et des projets.

Les programmes d'anglais langue seconde constituent un autre exemple intéressant d'immersion forcée en langues étrangères. D'après les informations recueillies dans de nombreux essais, courriers et articles publiés par de nombreux étudiants d'anglais langue seconde du monde entier, j'ai constaté que les programmes d'anglais langue seconde proposés dans tous les pays sont identiques, voire très similaires. Il est également vrai que bon nombre des programmes d'anglais langue seconde que je connais sont en réalité très similaires, voire très similaires.

Les étudiants du programme ESL de l'Université du Colorado à Boulder viennent de partout dans le monde et ne parlent pas l'anglais. Ce programme propose 4 à 5 cours d'anglais par jour, du lundi au jeudi ou au vendredi. Il s'agit d'un programme d'anglais très intensif. Vivant aux États-Unis, les étudiants du monde entier sont immergés dans l'anglais toute la journée, pendant et après les cours. Comparé au programme de langues étrangères de mon département à l'Université du Colorado à Boulder, le degré d'immersion forcée pour les étudiants ESL est beaucoup plus intensif.

Pour mieux comprendre les véritables enjeux de l'immersion, examinons plus en détail le parcours des élèves d'anglais langue seconde avant leur arrivée dans leur école d'anglais langue seconde. Je me limiterai d'abord à l'immersion des élèves en Corée, car j'y ai grandi et vécu environ 28 ans avant de m'installer aux États-Unis. Étant constamment en contact avec la Corée, principalement par le biais des médias, je dois dire que je connais bien le milieu scolaire coréen.

En résumé, les élèves du collège et du supérieur en Corée sont contraints de s'immerger dans les cours d'anglais au moins deux heures par jour. La plupart d'entre eux s'efforcent de poursuivre leur immersion en y consacrant chaque jour davantage d'heures, à l'école comme en dehors. La plupart des étudiants coréens s'y consacrent de nombreuses heures par jour, voire plus de cinq heures intensives. Ils sont déterminés à se dépasser et à apprendre l'anglais tout au long de leur vie. Après tout, les élèves coréens sont profondément immergés dans l'anglais pendant six à dix ans. Nombre d'entre eux suivent des programmes d'anglais langue seconde aux États-Unis ou dans d'autres pays anglophones pour approfondir leur immersion en anglais pendant un ou deux ans.

De nombreuses personnes japonaises et chinoises que je connais ont confirmé que la situation était sensiblement la même dans leur pays. Comparée à l'immersion en anglais des élèves coréens, japonais et chinois, l'immersion des élèves américains en langues étrangères ne semble pas du tout comparable. Un Américain dirait : «Pas étonnant, nous sommes de vrais Américains.» Mais là n'est pas mon propos. Mon propos est que, malgré ces immersions volontaires et intensives en langues étrangères (principalement l'anglais) encouragées par l'école, les Coréens, les Japonais et les Chinois restent de véritables Coréens, Japonais et Chinois sans être de solides bilingues.

Après tout, j'ai pris l'exemple ci-dessus pour montrer que l'immersion forcée dans l'apprentissage d'une langue étrangère en milieu scolaire n'est pas moins grave, voire plus grave, que l'immersion liée à l'environnement social. Je peux également démontrer, à partir de nombreux faits, que l'environnement scolaire stimule les élèves à parler une langue étrangère et qu'il souligne l'importance de parler couramment cette langue.

Permettez-moi maintenant d'aborder ce qui, selon moi, manque à l'enseignement des langues étrangères à l'école. Ce qui manque à l'école, c'est l'apprentissage de la langue orale. C'est précisément ce qui me manque dans les cours de langues étrangères. Il n'y a pas beaucoup de langue orale à acquérir en classe. C'est la raison pour laquelle, j'en suis convaincu, la maîtrise de la langue étrangère à l'oral ne s'acquiert pas à l'école.

La seule différence entre le milieu scolaire et le milieu social du FLE est le fait évident que, dans un milieu, les élèves apprennent tout sauf la langue orale, et, dans l'autre milieu, ils n'apprennent rien d'autre que la langue orale.

Jusqu'à présent, je ne pense pas que les écoles aient suffisamment enseigné la langue orale aux élèves pendant les cours de langue. Ou, du moins, l'apprentissage de la langue orale a été complètement ignoré ou occulté par l'éducation. Je comprends que personne n'ait eu cette intention. On pensait enseigner les meilleures méthodes d'apprentissage. Je suis convaincu que les méthodes d'enseignement appliquées jusqu'à présent à l'école n'ont tout simplement pas fonctionné. Il n'est donc pas surprenant que les écoles n'aient pas formé de locuteurs bilingues compétents grâce aux cours de langue.

Face à une telle différence entre les deux environnements, la question de savoir qui est le meilleur enseignant entre les membres de l'environnement social et les professeurs de langues de l'école n'est plus de savoir qui est le meilleur enseignant. Quel que soit l'enseignant, les élèves échouent dans un environnement et réussissent dans l'autre.

Qu'est-ce que je veux dire quand je dis que la langue orale est absente de l'enseignement scolaire? Qu'est-ce que je veux dire quand je dis que les écoles ont tout enseigné aux élèves, sauf la langue orale elle-même? Parlons-en.

7

Parce Que Nous N'avons Pas Enseigné La Formation Au Babillage

Alors, qu'est-ce qu'ils ont enseigné dans les cours de langue à l'école?

Traditionnellement, le FLE scolaire comprend cinq matières principales : la grammaire, la lecture, l'écriture, la compréhension orale et l'expression orale. On considère alors qu'il faut suivre un certain ordre ou une certaine combinaison de ces cinq matières pour aborder la langue. Autrement dit, que ce soit juste ou faux, il existe une chaîne logique dans l'esprit des élèves, qui relie chacune de ces matières dans un ordre précis.

D'une manière ou d'une autre, parmi ces différentes matières, la plupart des personnes impliquées dans l'apprentissage du français langue étrangère, autrefois comme aujourd'hui, considèrent la grammaire comme la matière la plus fondamentale. C'est pourquoi ils commencent par enseigner la grammaire aux étudiants avant toute autre chose. Ils utilisent des centaines de termes grammaticaux inconnus sans expliquer clairement leur signification ni leur fonctionnement.

Ils citaient également divers textes pour analyser les phrases et en identifier les composantes grammaticales. Ils essayaient parfois de faire dire aux élèves des expressions pour illustrer l'application des règles à la langue. Après avoir passé des années à enseigner la grammaire de cette manière, ils conseillaient aux élèves de commencer et de se concentrer sur la lecture en français.

La grammaire étant si complexe et en constante évolution, les enseignants devraient passer des années à enseigner des parties de la grammaire de manière répétée pour aider les élèves à les comprendre. Comprendre la grammaire d'une langue qu'on ne parle pas est très difficile. Même comprendre la grammaire de sa propre langue n'est pas chose aisée. Ensuite, la difficulté est vite dépassée avant qu'ils ne la comprennent vraiment : les élèves obtiennent leur diplôme.

Après tout, dans les cours de langues étrangères, la majeure partie du temps consacré par les enseignants et les élèves à l'enseignement et à l'apprentissage de la langue étrangère est consacrée à la grammaire, pourtant très complexe. Par conséquent, les élèves ont peu d'occasions de lire en langue étrangère. Même s'ils le faisaient, ils ne découvriraient la difficulté de lire et de comprendre qu'en raison de leurs compétences grammaticales incomplètes. Résultat : les élèves se retrouvent à la case départ en matière de langues étrangères dès leur sortie de l'école. Seul le souvenir des cours intensifs de grammaire qu'ils ont suivis à l'école leur reste.

Même si les enseignants ont l'intention d'accompagner les élèves jusqu'à ce qu'ils maîtrisent la lecture, l'écriture et l'expression orale en langues étrangères, ils ne peuvent pas accéder aux niveaux supérieurs, faute de temps pour un apprentissage approfondi de la grammaire. En fin de compte, rares sont ceux qui quittent l'école avec des compétences en langues étrangères très limitées, sans parler de l'oral. Seuls quelques élèves, à la fin de leurs études, maîtrisent parfaitement la lecture, sans parler de la langue, après tant d'années d'investissement personnel, scolaire et gouvernemental. C'est pourquoi je considère que c'est un échec total.

Traditionnellement, l'objectif du FLE à l'école était d'apprendre aux élèves à acquérir les compétences perceptives de la langue seconde, principalement à l'écrit. C'est parce que, je crois, jusqu'au milieu du 20ème siècle, les gens n'avaient pas à faire face à des situations où des interactions verbales instantaneous avec des étrangers sont nécessaires. La communication traditionnelle avec les étrangers reposait sur des documents plutôt que sur une communication verbale simultanée. Ainsi, à cette époque, il était suffisant pour les apprenants de savoir simplement lire des documents et répondre par écrit aux correspondances de leurs partenaires étrangers.

Donc pas surprenant de constater que l'enseignement traditionnel du français langue étrangère (FLE) dans les établissements secondaires et postsecondaires se concentre fortement sur l'enseignement de la grammaire de la langue seconde. Outre les aspects de gain de temps et de coût, il est vrai que la grammaire aide à analyser et à comprendre le sens des phrases en langue seconde. Par conséquent, avec de bonnes connaissances et compétences en grammaire, on peut y parvenir sans avoir à acquérir la langue seconde. C'est pourquoi tout le monde suit la même voie. Cependant, nombreux sont ceux qui ignorent à quel point il est difficile, inefficace, improductif, destructeur et préjudiciable d'aborder une langue par la grammaire.

Cette tendance à proposer un enseignement basé sur la grammaire est particulièrement vraie dans les écoles de nombreux pays non anglophones, où la plupart des professeurs de langues étrangères ne sont pas des locuteurs natifs de la langue seconde ou ne la parlent pas. C'est également le cas pour la plupart des écoles d'anglais langue seconde aux États-Unis. De même, dans les pays asiatiques comme la Corée, la Chine et le Japon, où l'anglais est considéré comme l'une des langues secondes les plus importantes à apprendre pour les élèves, les écoles de FLE proposent traditionnellement des cours intensifs de grammaire anglaise pendant de nombreuses années.

L'apprentissage de la parole enseigné en classe de langues n'apporte que peu de réels apports, nécessite une compréhension approfondie de la nature du langage humain et de son acquisition. Le langage humain est par nature un outil de communication vocale intuitif. Maîtriser une langue couramment requiert des mouvements inconscients et semi-instinctifs des organes de la parole. Ces mouvements physiques semi-instinctifs ne peuvent être acquis que par des exercices répétés, jusqu'à ce que le corps développe les réflexes semi-instinctifs nécessaires pour réagir de manière semi-instinctive aux idées provenant du cerveau.

Le fait qu'une excellente connaissance de la TL, supérieure à celle d'un locuteur natif, ne permet pas de parler la langue couramment a été prouvé par des millions de personnes à travers le monde qui ont étudié, par exemple, la grammaire anglaise pendant de nombreuses années, et qui pourtant ne peuvent même pas commander un repas dans un restaurant en anglais.

Le fait que d'excellentes compétences en lecture et en écriture de langues étrangères, combinées à d'excellentes connaissances grammaticales, ne permettent pas de parler couramment cette langue, a également été démontré par des millions de nos ancêtres et de nos contemporains. Ils savaient lire et écrire, par exemple, très bien l'anglais, au point d'obtenir d'excellents résultats aux tests d'anglais. Pourtant, la plupart d'entre eux ne savaient pas non plus commander un repas au restaurant en anglais.

Ceux qui ont déployé des efforts considérables au-delà des niveaux enseignés par les enseignants à l'école, comme la grammaire, la lecture et l'écriture, pour bien écouter et comprendre les langues étrangères, n'ont pas non plus réussi à développer un niveau avancé de compétence orale. Ils ont obtenu d'excellents résultats aux tests de langues étrangères, comme le TOEFL PBT ou CBT, ou le TOEIC, par exemple. Pourtant, rares sont ceux qui peuvent passer un simple appel professionnel en langues étrangères.

Après tout, dans la plupart des pays du monde, il est bien connu que les écoles consacrent environ six ans à l'enseignement de la grammaire, de la lecture et de l'écriture, principalement selon le programme traditionnel de FLE, au collège et au lycée. Ensuite, les élèves les plus assidus passent environ quatre ans supplémentaires à étudier la langue des signes à l'université. De plus, de nombreuses personnes poursuivent cette pratique même après leurs études supérieures. C'est particulièrement vrai pour ceux qui étudient l'anglais en Corée, par exemple. Je sais que la situation est identique dans de nombreux autres pays. Pourtant, plus de dix ans de FLE n'ont pratiquement rien apporté aux élèves en termes de performances en langues étrangères. Autrement dit, tous ces efforts déployés pendant si longtemps sont vains.

Surtout, il ne s'agit pas simplement d'une perte de temps et de ressources. C'est bien plus que cela. Avec dix ans consacrés à l'étude de la grammaire, de la lecture, de l'écriture et de l'écoute en langue des signes, la plupart des étudiants manqueraient de nombreuses opportunités et des conditions physiques optimales pour acquérir une langue orale de niveau professionnel, car leurs muscles et leurs nerfs ont déjà vieilli. Nous savons tous ce que le vieillissement signifie pour notre capacité à apprendre une langue étrangère. La perte d'opportunités et d'adaptabilité physique pour d'excellentes performances, due au vieillissement du corps, pourrait être la plus grande souffrance d'un tel enseignement distrait.

Les faits ci-dessus devraient suffire à démontrer que l'enseignement du français langue étrangère (FLE) traditionnel et contemporain, fortement axé sur la grammaire, la lecture, l'écriture et même la compréhension orale, s'est révélé inefficace pour atteindre l'objectif de maîtrise de l'oral. La raison fondamentale de cette improductivité réside dans le fait qu'aucune de ces matières n'est une langue en soi. La langue est par nature un outil de communication orale. Aucun de ces éléments n'est lié aux compétences en communication orale. Celles-ci ne peuvent être développées que par des entraînements intensifs à la communication orale.

Par conséquent, quelle que soit la qualité d'un enseignant, quelles que soient les procédures ou séquences pédagogiques utilisées pour enseigner les matières, le FLE, traditionnel et contemporain, a peu de chances de former des élèves aux compétences orales nécessaires. Il est regrettable que la majorité des professeurs de langues étrangères du monde entier, qu'ils en aient ou non le choix, s'en tiennent encore aux méthodes traditionnelles d'enseignement des langues étrangères.

Face à l'improductivité de l'enseignement du français langue étrangère (FLE), tant traditionnel que contemporain, nous avons commencé à proposer un enseignement de la langue étrangère à des élèves limités, par le biais d'immersions courtes ou longues au sein de la communauté. En réalité, nous ne leur avons pas enseigné. Certains parents aisés envoyaient leurs enfants en communauté, où ils apprenaient la langue. Des familles plus aisées pouvaient envoyer leurs enfants plus longtemps dans la communauté pour une meilleure acquisition de la langue. Ou encore, toute la famille déménageait dans le pays d'origine pour que les enfants apprennent la langue. En revanche, les enfants en immersion courte tiraient une forte stimulation et un fort attrait de l'apprentissage de la langue.

Alors que les quelques étudiants sélectionnés sont loin de l'école et immergés dans la TL avec ou sans leur famille, la plupart des professeurs de FL ont enseigné à la majorité restante des étudiants avec les méthodes traditionnelles, sachant que cela ne fonctionnerait pas et croyant que de plus en plus d'étudiants devraient quitter l'école pour vivre dans les pays de TL.

En général, les écoles publiques semblent être les plus réticentes au changement. Elles refusent même de changer. En revanche, les écoles privées et les instituts de langues privés sont plus réactifs, conscients des problèmes et adaptant leurs méthodes d'enseignement.

Par conséquent, certains professeurs de langues étrangères dans des groupes d'enseignement privé ont réalisé que nos enseignements jusqu'alors n'étaient pas productifs et ont tenté d'enseigner la langue dans son sens véritable aux élèves, par la conversation ou des cours particuliers. D'autres professeurs natifs ont également guidé les élèves par des méthodes directes. Cependant, il ne semble pas que ces professeurs aient enseigné ce qui favorise l'apprentissage de la langue étrangère.

Maintenant, passons en revue les problèmes. Qu'est-ce qui incite les étudiants à apprendre la langue étrangère lorsqu'ils sont immergés dans la communauté de langue étrangère? Pourquoi les étudiants n'apprennent-ils pas la langue étrangère en cours de langues étrangères? Les réponses à ces questions sont nombreuses. La majorité attribue cela au «manque de compétences en grammaire», d'abord, et au «manque de compétences en lecture», ensuite, et plaide pour davantage de FLE en grammaire et en lecture. Beaucoup d'autres invoquent le «manque de vocabulaire» des étudiants.

Nous avons donc enseigné davantage de grammaire, de lecture et de vocabulaire, mais en vain. D'autres prétendent qu'il faudrait enseigner l'écoute, ce que de nombreux élèves ont fait eux-mêmes, mais en vain. On semble alors avoir compris le véritable problème lorsqu'on affirme : «Il faut enseigner la langue parlée.»

Cependant, en examinant de plus près leur approche, il semble qu'ils n'enseignent pas encore réellement aux étudiants ce qui les pousse à assimiler la langue. Autrement dit, ils enseignent les compétences orales superficielles. Ils ne semblent pas se rendre compte qu'il y a beaucoup de préparations à faire sous la surface pour exprimer une expression superficielle.

En gros, nous avons enseigné à nos étudiants tout ce qui était possible au niveau superficiel. Quelles que soient les paroles des experts en FLE, qu'ils soient eux-mêmes ou d'autres, nous les avons transmises aux étudiants.

Cependant, toutes ces méthodes présentent un problème fondamental commun : elles se concentrent uniquement sur les aspects du système linguistique et les phénomènes facilement observables au-dessus de la surface. Les observations approfondies visant à identifier et à développer les mécanismes sous-jacents à l'acquisition et au développement du langage ont été totalement absentes. En nous basant sur ce que nous pouvons observer avec les canards flottant librement sur l'eau, nous avons développé de nombreuses méthodes permettant aux élèves de flotter sur l'eau.

Par conséquent, aucun de nos élèves n'a réussi à flotter sur l'eau. Pour développer des méthodes sans échec, nous aurions dû observer très attentivement ce qui se passe sous l'eau pour que les canards semblent flotter aussi librement.

Il existe quelque chose de sous-jacent, d'extrêmement nécessaire, de plus réel et de plus crucial, qui inciterait les élèves à assimiler la langue étrangère, quel que soit le lieu où ils l'étudient. S'ils ne la comprennent pas, ils ne pourront pas maîtriser la langue, quelle que soit leur immersion dans la communauté de la langue étrangère. Si nous ne l'enseignons pas aux élèves, ils ne pourront pas assimiler la langue étrangère. Sans cela, rien de superficiel n'a de sens. C'est ce que je veux dire par «nous n'avons pas enseigné de langue étrangère à l'école». J'appelle cela l'entraînement au babble.

8

Mauvaises Réponses Sur L'acquisition Du Langage

Au cours du siècle dernier, les programmes de langues ont connu des échecs répétés et ont ajouté à chaque fois un nouveau volet, aboutissant à une longue liste de volets. Parmi ceux-ci, on trouve la grammaire, le vocabulaire, la lecture, l'écoute, la conversation, l'écriture, les professeurs de langue maternelle, les villages linguistiques, les formations linguistiques à l'étranger, etc. Il semble qu'il n'y ait plus de volets à ajouter.

Il faut généralement plus de dix ans aux étudiants pour compléter cette longue liste de parcours. Pourtant, aucun n'a atteint un niveau significatif de compétence orale. Par conséquent, tous ces parcours, pris individuellement ou collectivement, se sont avérés inefficaces pour l'acquisition de la compétence orale.

Ainsi, les questions «que faire?» et «comment faire?» pour acquérir la compétence orale n'ont jamais cessé. Pourtant, il est très frustrant de constater que de nombreux linguistes et professeurs de langues continuent de proposer certaines pistes de la liste comme des réponses créatives et efficaces à ces questions.

Certains proposent un parcours de lecture basé sur la théorie i+1 ou la théorie de l'entrée optimale, comme si cela garantissait la réussite. Or, de nombreux étudiants ont déjà suivi de nombreux parcours de lecture, qui se sont avérés inefficaces pour acquérir la compétence orale. Je ne comprends pas pourquoi ils restent si attachés au parcours de lecture.

D'autres proposent la méthode d'écoute, soulignant qu'il faut d'abord savoir écouter et comprendre avant de pouvoir parler. Ils insistent également sur le fait qu'on ne peut parler une langue sans compétences d'écoute et de compréhension. Ce qui est totalement faux. Ils insistent donc sur le fait qu'il ne faut pas demander de l'aide en écoutant des émissions de télévision, des séries ou des films. Comment se fait-il qu'ils ne voient pas le fait avéré que d'innombrables élèves ayant obtenu d'excellents résultats aux tests d'écoute et de compréhension n'ont pas réussi à acquérir la compétence orale?

De nombreux professeurs et enseignants de langues affirment également que les étudiants ont besoin d'expériences pour rencontrer et tester des locuteurs natifs. Cette approche basée sur l'échange avec des locuteurs natifs est non seulement irréaliste pour la plupart des étudiants, mais ne favorise pas non plus l'acquisition de compétences orales. Aucun locuteur natif, à l'exception des enfants, n'apprécierait de passer du temps avec des étrangers qui ne parlent ni ne comprennent leur langue. Les rencontres occasionnelles avec des locuteurs natifs ne sont d'aucune utilité.

De plus, même si elles ne comptent pas de toute façon parce qu'aucune d'entre elles n'est une idée nouvelle mais provient de la longue liste de pistes qui se sont avérées être des échecs, toutes ces réponses ont tendance à être confuses, vagues et contradictoires.

En écoutant les différentes réponses de soi-disant professeurs de langues ou linguistes professionnels, j'ai toujours ressenti un pincement au cœur. Premièrement, je sais qu'aucune de ces réponses n'est convaincante. Deuxièmement, même si elles sont fausses, elles sont tellement abstraites et dépourvues d'instructions détaillées. Aucune n'indique aux étudiants par où commencer ni par quoi commencer. Elles sont vagues et tellement contradictoires : comment un étudiant qui ne parle pas la langue peut-il vivre l'expérience d'une conversation avec un locuteur natif? Comment les étudiants peuvent-ils regarder la télévision, des séries et des films sans comprendre la langue?

Voici une raison très claire pour laquelle les étudiants doivent passer de nombreuses années de leur vie et dépenser des tonnes d'argent pour finalement échouer : les professeurs et les enseignants de langues les ont non seulement conduits ou poussés sur de mauvaises voies, mais leur ont également donné des réponses très erronées, vagues, confuses et abstraites à leurs questions.

Comme seule et unique méthode pour acquérir avec succès la compétence orale, j'ai développé et introduit la méthode d'entraînement au bavardage («MAB»). Le modèle pratique de la MAB permet aux enfants d'acquérir le langage. La façon la plus simple de suivre ce modèle est d'adopter leur méthode d'enseignement du piano. Nous connaissons tous la seule et unique méthode d'enseignement des professeurs de piano et la méthode utilisée par les élèves pour apprendre le piano.

C'est un fait universellement prouvé que les enfants acquièrent le langage en environ 30 mois de manière fluide. Le fait que les bébés puissent acquérir le langage en 30 mois environ n'est pas un miracle. Cela signifie simplement que la méthode d'acquisition du langage par les bébés est la plus simple et la plus facile.

BTM garantit à chaque élève un niveau d'apprentissage linguistique correspondant à la quantité d'informations réelles acquises et mémorisées ; tout comme les élèves de piano acquièrent des compétences pianistiques correspondant à la quantité de musique acquise et mémorisée. Plus ils acquièrent de connaissances, plus leur niveau de compétence s'améliore. Au sens strict, l'expression réelle désigne des expressions pratiques avec la voix d' [7]un locuteur natif, que les élèves peuvent utiliser pour communiquer oralement dans leur environnement quotidien.

J'ai également écrit, édité et publié une série de quatre livres intitulée *BTM Réel Anglais*, qui constituent des manuels d'entrée réels exemplaires pour les professeurs et les étudiants d'anglais.

Pour acquérir une langue, BTM suggère, selon les apprenants, d'acquérir et de mémoriser un minimum de 1 000 à 3 000 informations réelles pendant 2 à 3 ans. Une fois la langue acquise, un entraînement continu au babillage est nécessaire pour acquérir davantage d'informations réelles, non seulement pour maintenir les acquis, mais aussi pour améliorer la maîtrise orale, à l'instar des locuteurs natifs.

Au début des paragraphes, j'affirmais avec audace : «Il faut généralement plus de dix ans aux étudiants pour suivre cette longue liste de parcours. Pourtant, aucun n'a atteint un niveau significatif de compétence orale.»

J'ai affirmé cela avec assurance car, sur la base de l'hypothèse d'entrée et de sortie du BTM, je sais que nul ne peut acquérir une compétence orale sans une quantité significative d'informations réelles acquises et mémorisées, suffisante pour parler la langue. De même, nul ne peut jouer du piano sans une quantité significative de musique acquise et mémorisée, suffisante pour jouer du piano.

---

[7] Il s'agit d'un terme que j'utilise pour désigner les apports concrets que les apprenants peuvent acquérir et utiliser concrètement dans leur environnement de vie. Selon les résultats attendus, les apports réels peuvent être définis comme des apports réels pour l'apprentissage de l'expression orale, de la lecture, de l'écoute, de l'écriture et de la grammaire. Les apports dépourvus de fonctionnalités telles que la convivialité, l'histoire, la conversation, le vocabulaire, la voix et la grammaire, nécessaires à l'acquisition des résultats attendus, ne sont pas considérés comme des apports réels efficaces et efficients pour les résultats visés. Au sens strict, les apports réels désignent des expressions pratiques, avec la voix d'un locuteur natif, que les étudiants peuvent utiliser pour communiquer oralement dans leur environnement quotidien.

Aucune des méthodes traditionnelles d'enseignement des langues n'a incité les élèves à privilégier un apprentissage intensif du babillage plutôt que des apports réels. Par conséquent, aucun élève n'a pu acquérir et retenir une quantité significative d'apports réels ; il est donc logique de conclure qu'aucun d'entre eux n'a pu acquérir un niveau significatif de compétence orale.

CHAPITRE 2

Problèmes De Stephen Krashen Contre BTM

En réalité, le langage ne s'acquiert que par l'apprentissage du babillage. C'est la seule condition nécessaire et suffisante à son acquisition. Par conséquent, on ne peut pas parler sans avoir d'abord appris à parler.

Krashen a déclaré que l'acquisition naturelle a lieu après **un silence Période** pendant laquelle des informations compréhensibles sont constamment fournies. S'il l'avait bien observée, il aurait dit que l'acquisition naturelle se produit après **un entraînement au babillage réussi**.

Krashen a proposé des variantes d'entrées, mais aucune pour l'entraînement au bavardage. L'expression orale ne peut être acquise par des entrées pour la lecture, l'écoute, l'écriture, l'expression orale ou la grammaire.

Toutes les entrées introduites par Krashen sont des entrées pour lire et écouter, et non pour apprendre à parler.

C'est pourquoi les théories de Krashen ont échoué, tout comme toutes les méthodes traditionnelles.

Parler de différents types d'entrées n'a aucun sens s'il n'existe pas de programme conçu pour que les étudiants apprennent d'abord à parler.

1

Problèmes Avec Les Théories D'entrée De Krashen:

Hypothèse D'entrée (i+1), Entrée Compréhensible Et Entrée Optimale

1. Historique Des Hypothèses D'entrée De Krashen

Linguiste de renom et figure de proue de l'enseignement des langues, Stephen Krashen a introduit de nombreuses théories et guides sur l'acquisition du langage. À ses débuts, Krashen croyait en la grammaire et a longtemps dirigé des programmes d'enseignement des langues basés sur cette grammaire à l'Université de Californie du Sud.

Il a ensuite avoué que la grammaire n'aidait pas les élèves à acquérir une langue et s'est détourné des théories grammaticales pour se tourner vers les théories d'entrée. Il a introduit plusieurs théories d'entrée, dont l'hypothèse d'entrée (i+1), l'hypothèse d'entrée compréhensible et l'hypothèse d'entrée optimale. Il semble croire que l'échec de l'acquisition du langage jusqu'à présent est fondamentalement dû à l'inefficacité d'entrées, dont la grammaire.

Il a continué à identifier les problèmes liés à ses théories d'entrée et en a introduit une après l'autre. Cependant, à mon avis, aucune d'entre elles ne semble avoir apporté de réelle différence dans le monde réel de l'enseignement des langues. Malheureusement, ses théories semblent avoir semé la confusion et fragilisé la conception de l'enseignement des langues auprès des apprenants et des enseignants.

Nous ignorons quand il cessera d'introduire une nouvelle théorie des apports. De plus, les apports qu'il a présentés jusqu'à présent comme efficaces pour l'acquisition du langage ne sont, à mon avis, rien de nouveau, mais ceux qui ont été testés par des centaines de millions de personnes dans le monde et dont l'histoire de l'enseignement des langues a prouvé l'échec.

Je sais que des centaines de milliers de Coréens ont essayé toutes sortes de ressources disponibles dans les librairies, les films, les séries, les magazines et les livres de contes pendant plus de dix, voire vingt ans, sans parvenir à maîtriser l'anglais. Je sais aussi que les Coréens ne sont pas les seuls à être si désireux d'acquérir l'anglais comme langue seconde.

2. Nous Acquérons Tous Le Langage De La Même Manière

Krashen répond à la question la plus importante sur l'acquisition du langage : «Comment acquérons-nous le langage?» avec l'hypothèse de l'apport compréhensible selon laquelle «nous acquérons le langage d'une seule manière, lorsque nous recevons des informations compréhensibles dans un environnement peu anxiogène.» Il a également déclaré : «Nous acquérons tous le langage de la même manière.» De plus, il a affirmé que l'acquisition naturelle se produit après une période de silence, lorsque des informations compréhensibles sont constamment fournies aux élèves, et qu'il s'agit d'un phénomène inévitable.

De Krashen contredit étonnamment l'une de ses anciennes hypothèses : l'hypothèse de l'acquisition et de l'apprentissage du langage. Il soutenait que l'acquisition (conversation) contribue à la fluidité, tandis que l'apprentissage (grammaire) contribue à la précision. S'appuyant sur cette théorie, ce linguiste-grammairien typique a insisté sur la nécessité de combiner un programme d'acquisition basé sur la conversation et un programme d'apprentissage systématique basé sur la grammaire. Cependant, il n'a pas hésité à rejeter sa propre théorie lorsqu'il a appris que la fluidité et la précision ne s'obtiennent que par l'acquisition. Il a également affirmé que l'enseignement systématique de la grammaire ne fonctionne pas dans l'enseignement des langues.

De Krashen sur les apports reposent sur le dispositif d'acquisition du langage (DAL)[8]. Autrement dit, il semble croire que, lorsque ces apports sont constamment fournis aux élèves, le DAL favorise l'acquisition. Il a également semblé croire que l'acquisition doit avoir lieu lorsque des intrants sont constamment fournis.

Je suis tout à fait d'accord avec Krashen sur le fait que l'acquisition du langage se fait d'une seule et unique manière. Cependant, je ne suis pas d'accord avec sa théorie de l'apport compréhensible, qui considère qu'il s'agit de la seule et unique façon d'acquérir le langage, car l'histoire a prouvé que l'apport compréhensible dans un environnement à faible anxiété a échoué chez de nombreux élèves.

Pour moi, nous acquérons le langage d'une seule manière. L'entraînement intensif au babble, basé sur des données réelles et sur une période prolongée, est la seule et unique façon pour nous tous d'acquérir le langage.

---

[8] LAD (Language Acquisition Device) est un concept virtuel introduit par Chomsky selon lequel tous les hommes sont nés avec un dispositif d'acquisition du langage quelque part dans le cerveau, qui traite et acquiert les entrées linguistiques.

3. Problèmes Avec Les Théories De Krashen

3.1. Théorie Des Entrées

Les hypothèses d'entrée de Krashen, qu'elles soient i+ 1, compréhensibles ou optimales, posent un problème : leurs définitions sont très vagues et peu concrètes. Lors d'un cours, il a expliqué ce qu'est une entrée compréhensible. Il a pris l'exemple de la description d'un visage humain, en nommant et en pointant les yeux, le nez, la bouche, les oreilles … Il semblait qu'une entrée compréhensible signifie une entrée compréhensible par les étudiants en fonction du contexte. Cela limiterait l'enseignement des langues étrangères principalement aux environnements d'immersion naturelle ou aux programmes nécessitant l'utilisation de supports visuels, ce qui poserait de nombreux obstacles, restrictions et difficultés dans la plupart des programmes de langues étrangères.

Dans de nombreux cours, Krashen a insisté sur la lecture pour permettre aux étudiants d'apprendre la langue. Cela montre clairement que Krashen recommande la lecture comme moyen d'acquérir des connaissances compréhensibles. Qu'en est-il de l'écriture?

Cependant, l'histoire de l'enseignement des langues montre clairement que très peu d'élèves ont acquis une langue par la lecture. De plus, l'histoire a clairement démontré que peu d'élèves ont acquis une langue par l'écoute.

Pour moi, les théories d'entrée sont vouées à l'échec car ces entrées compréhensibles ou optimales à lire ne sont pas conçues pour une formation efficace et efficiente au babillage pour l'acquisition.

3.2. Théorie Du Filtre Affectif

Pour favoriser l'acquisition, Krashen a proposé la théorie du filtre affectif, selon laquelle le niveau d'acquisition d'un élève peut varier en fonction de sa motivation, de son estime de soi et de son anxiété. Il semble logique qu'un élève peu motivé, peu convaincu et très anxieux n'acquière pas le langage. Cependant, la théorie du filtre affectif n'a pas réussi à expliquer le fait inverse : de nombreux élèves très motivés, très convaincus et peu anxieux ne parviennent toujours pas à acquérir le langage malgré des efforts incessants pour assimiler les informations compréhensibles qui leur sont fournies.

Si l'histoire montre clairement que l'acquisition d'excellentes compétences en lecture et en écoute, grâce à de nombreuses lectures et écoutes, n'a pas permis aux apprenants d'acquérir une langue, à quoi sert de parler d'apports efficaces issus de la lecture et de l'écoute, ou même de l'écriture?

Jusqu'à présent, j'ai souligné les problèmes des théories de Krashen sur l'entrée compréhensible et le filtre affectif. J'aime son point de vue selon lequel la grammaire ne compte plus dans l'acquisition du langage ; et que nous acquérons le langage d'une seule et unique manière.

Cependant, je ne suis pas d'accord avec l'idée que l'apport compréhensible soit la seule condition, car Krashen manque une exigence fondamentale pour acquérir une langue : l'entraînement au babillage.

En fait, je refuse d'admettre la théorie de l'input compréhensible comme un moyen efficace d'acquisition du langage. Elle n'est pas très différente des méthodes traditionnelles qui ont induit les étudiants en erreur et les ont laissés tomber.

3.3. Théorie De L'entrée Optimale

L'hypothèse de l'entrée optimale de Krashen n'est fondamentalement pas très différente de l'hypothèse de l'entrée compréhensible. Il semble avoir simplement créé un concept d'entrée optimale incluant «convaincant», «riche», Les apports «qualité» et «quantité» s'ajoutent aux apports «compréhensibles». Il soutient que l'apport optimal serait le plus efficace pour l'acquisition du langage. Il soutient également que l'écoute d'histoires et la lecture guidée sont les meilleures méthodes pour obtenir un apport optimal.

Krashen soutient que l'acquisition se fait grâce à un apport optimal. Autrement dit, les élèves acquerront une langue lorsqu'ils bénéficieront d'un apport optimal contenant les cinq caractéristiques suivantes : «compréhensible», «convaincant», «riche», «qualité» et «quantité» par l'écoute et la lecture.

Cependant, dans la pratique, lire beaucoup de livres ne fera qu'améliorer les compétences en lecture des élèves. De même, écouter des histoires ou d'autres formes d'écoute ne les aidera qu'à améliorer leurs compétences en compréhension orale. [9]L'histoire de l'enseignement des langues a démontré que cette réalité est vraie, notamment pour les langues étrangères.

Par exemple, il est bien connu que les étudiants obtenant d'excellents résultats en compréhension orale et en compréhension écrite au TOEFL ou au TOEIC ont certes un excellent niveau de compréhension orale et écrite, mais aucune fluidité à l'oral. L'expérience concrète, prouvée par l'histoire, montre que les théories de Krashen sur l'input compréhensible et l'input optimal n'impliquent pas l'acquisition d'une compétence orale.

Je crois que l'acquisition d'une langue ne peut pas être attendue lorsque l'entrée n'est pas conçue pour un entraînement au babble efficace et efficient, que l'entrée soit optimale ou non pour la lecture et l'écoute.

---

[9] J'utilise ce terme pour désigner des langues sans aucun lien entre elles, présentant des caractéristiques linguistiques et culturelles extrêmement différentes, comme entre le coréen et l'anglais ou le japonais et l'anglais. En revanche, des langues comme l'anglais, l'espagnol et l'allemand présentent des différences linguistiques et culturelles relativement minimes. Je les appelle des langues cousines, dont l'acquisition est relativement plus facile.

2

Raisons Fondamentales De L'échec Des Théories De Krashen

Le fait que la théorie de l'entrée de Krashen ait été complétée et développée en diverses versions montre que les séries de théories de l'entrée, si elles sont réussies, ne garantissent pas l'acquisition. Cela signifie que l'entrée définie par les théories et les actes requis pour la prendre, si elles sont réussis, ne satisfont pas aux exigences d'acquisition.

Je comprends pourquoi les théories d'entrée ne peuvent pas aboutir à une acquisition réussie. J'expliquerai les raisons à l'aide des hypothèses de travail de BTM.

1) Il N'y A Pas De Mutation Entre L'entrée Et La Sortie

L'une des hypothèses de travail entrées-sorties de BTM stipule qu'aucune entrée ne peut produire une sortie de catégorie différente. Autrement dit, une entrée compréhensible pour la lecture ne produira l'acquisition de compétences en lecture qu'en sortie. De même, une entrée optimale pour l'écoute ne produira l'acquisition de compétences en écoute qu'en sortie. Ainsi, l'écriture comme entrée produira l'acquisition de compétences en écriture. La grammaire comme entrée produira uniquement des connaissances grammaticales. C'est pourquoi la grammaire ne contribue pas à l'acquisition, comme l'a souligné Krashen.

Fort de ma propre expérience de l'enseignement des langues et de mes observations, je pense qu'il s'agit d'un phénomène universel. Certains contesteraient cette hypothèse en affirmant que certaines personnes ont acquis une certaine compétence orale grâce à l'écoute. Un tel phénomène ne prouve pas que cette hypothèse soit erronée. Cela signifie simplement que l'élève a bénéficié d'un certain degré d'entraînement au babillage (efforts répétés pour mémoriser et dire) grâce à l'écoute. Si quelqu'un a acquis une certaine compétence orale grâce à l'écoute, cela signifie aussi simplement qu'il a bénéficié d'un certain degré d'entraînement au babillage grâce à l'écoute.

Les types d'intrants introduits par Krashen dans ses théories d'intrants sont des intrants pour la lecture et l'écoute. Ainsi, le seul résultat attendu de ces intrants sera l'acquisition de compétences en lecture et en écoute.

2) Aucune Entrée Ne Produit Aucune Sortie

De BTM sur l'entrée-sortie est que «aucune entrée ne produit aucune sortie». L'échec des théories d'entrée de Kreshan à acquérir la fluidité verbale vient du fait que les théories n'offrent pas l'entrée réelle pour apprendre à parler, sauf dans le cas de l'immersion.

Krashen soutient que l'apport optimal serait le plus efficace pour l'acquisition du langage. Son apport optimal présente les cinq caractéristiques suivantes : «compréhensible», «convaincant», «riche» et «quantitatif». Il soutient également que l'écoute d'histoires et la lecture guidée constituent les meilleures méthodes pour obtenir un apport optimal.

Cependant, les apports optimaux par la lecture guidée et l'écoute d'histoires ne sont guère des apports réels et efficaces, [10]car ils sont conçus pour être optimaux pour la lecture et l'écoute, et non pour l'entraînement au babillage.

Par conséquent, comme les données issues de la méthode d'entrée optimale ne présentent pas les caractéristiques requises pour être des données réelles, on ne peut espérer aucun résultat significatif pour l'acquisition de la compétence orale. Peu importe que les données soient de type i + 1, compréhensibles ou optimales. Elles ne sont pas qualifiées pour constituer des données réelles pour l'entraînement au babble ; par conséquent, les élèves ne parviendront pas à acquérir la compétence orale.

3) Pas De Babillage, Pas D'acquisition

De BTM sur l'acquisition du langage n'est «Pas de babillage, pas d'acquisition». Cette hypothèse explicite affirme qu'aucune acquisition ne peut se produire sans [11]activités de babillage. Selon cette hypothèse, les trois facteurs d'acquisition : l'intuition linguistique,

---

[10] Il s'agit d'un terme que j'utilise pour désigner les apports concrets que les apprenants peuvent acquérir et utiliser concrètement dans leur environnement de vie. Selon les résultats attendus, les apports réels peuvent être définis comme des apports réels pour l'apprentissage de l'expression orale, de la lecture, de l'écoute, de l'écriture et de la grammaire, respectivement. Les apports dépourvus de caractéristiques telles que la convivialité, l'histoire, la conversation, le vocabulaire, la voix et la grammaire, nécessaires à l'acquisition des résultats attendus, ne sont pas considérés comme des apports réels efficaces et efficients pour les résultats attendus .

[11] J'utilise le terme «babillage» ou «babillage» pour désigner les actes répétés d'imitation, de copie, d'imitation ou de pratique d'un apport linguistique par l'apprenant dans le but d'acquérir une langue, notamment orale. Cependant, au sens large, j'utilise également ce terme pour désigner les exercices répétés d'écoute, de lecture et d'écriture effectués par l'apprenant après un apport linguistique, dans le but d'acquérir les compétences correspondantes.

les capacités physiques et les ressources linguistiques ne peuvent être atteints simultanément que par l'entraînement au babillage.

Si l'un des trois facteurs d'acquisition est nul, on ne peut pas effectuer d'activités linguistiques comme parler, écouter, lire et écrire. [12]De plus, l'entraînement intensif au babble aide l'apprenant à surmonter sa résistance linguistique [13]à la TL. Il s'agit donc d'une activité incontournable pour l'acquisition d'une langue.

Le fait que les théories d'entrée de Krashen n'offrent pas les apports réels nécessaires à l'acquisition de la fluidité verbale est l'une des deux causes fondamentales de l'échec des programmes optimaux basés sur la théorie d'entrée.

L'autre cause fondamentale de l'échec des programmes théoriques optimaux réside dans le fait que Krashen n'a pas appliqué à ses modèles d'entrée le facteur crucial de l'apprentissage du babble dans l'acquisition. Krashen ne semble pas considérer l'apprentissage du babble comme un facteur crucial de l'acquisition. Il ne semble pas reconnaître le rôle crucial de l'apprentissage du babble dans l'acquisition du langage.

Dans l'acquisition du langage naturel, les membres de la famille, et en particulier la mère, jouent le rôle principal en fournissant des informations concrètes et en amenant le bébé à babiller. Ainsi, après un certain temps d'apprentissage et de compréhension, Avec

---

[12]   Voir l'article sous le titre «Hypothèse de travail sur l'acquisition du langage».

[13]   La résistance linguistique correspond au degré d'inaptitude physique et cognitive d'un individu à traiter les données entrantes, ce qui freine la production de données sortantes. Elle est principalement due à la distance linguistique entre la langue maternelle et la langue cible, ainsi qu'à l'âge. L'âge indique le degré d'adhésion physique et cognitive aux caractéristiques linguistiques de la langue maternelle. De plus, la résistance linguistique peut être accentuée par toute forme d'inaptitude individuelle à traiter les données entrantes. Elle explique pourquoi différentes langues sont plus ou moins compatibles. Un défi pour les étudiants ayant des MT différents Cela explique également pourquoi les enfants en général peuvent acquérir une langue étrangère relativement plus rapidement que les adultes.

l'apprentissage du babillage, la langue maternelle s'acquiert. Aucun bébé n'acquiert le langage sans babillage pour apprendre à parler. De même, aucun apprenant ne peut acquérir une langue sans un apprentissage du babillage soutenu et une stimulation réelle.

3

BTM Dans Le Monde Réel

J'ai personnellement connu des échecs dans l'apprentissage de l'anglais. J'ai également réussi à l'acquérir seul en Corée. J'ai développé le BTM en m'appuyant sur mes propres expériences d'échec et de réussite dans l'apprentissage de l'anglais ; sur les témoignages d'autres personnes ayant réussi leur apprentissage ; sur mes propres études et recherches en linguistique axées sur l'acquisition des langues ; sur mes expériences ratées d'enseignement de langues étrangères en Corée du Sud et aux États-Unis ; et sur des expériences d'application réussie et infructueuse du BTM à l'Université du Colorado à Boulder et dans un programme privé .

La conclusion que j'ai tirée de toutes ces expériences est qu'un entraînement intensif au babble, plutôt qu'un entraînement réel, est indispensable pour acquérir une langue. Mes expériences ont clairement montré que tout compromis consistant à renoncer à l'entraînement intensif au babble pendant une période prolongée s'est soldé par un échec.

Mon niveau de grammaire et de vocabulaire anglais était très faible au collège en Corée. Au lycée, qui n'offrait qu'une seule heure de cours par semaine, j'ai étudié la grammaire anglaise pendant environ un an et demi, depuis le deuxième semestre de la première année jusqu'à la fin de la deuxième année de manière régulière au quotidien. Ensuite, j'ai dû abandonner, ne constatant aucun progrès à l'oral. Je n'ai pas étudié l'anglais en troisième année, la dernière année en Corée.

Après le lycée, je n'ai pas fait d'études supérieures, mais j'ai trouvé un emploi. J'ai repris l'anglais. J'ai commencé par l'apprentissage du babble avec des manuels de conversation et des cassettes audio. Un an plus tard, j'ai ajouté le babble pour apprendre à lire. Un an plus tard, j'ai également ajouté le babble pour apprendre à écrire avec un journal quotidien. À ma grande surprise, tout a très bien fonctionné. J'ai acquis une grande confiance en moi pour parler, lire et écrire en anglais. Je dirais que cela m'a pris environ trois ans. Lorsque je suis venu aux États-Unis pour étudier la linguistique, après avoir obtenu mon diplôme en Corée, j'ai eu la chance de décrocher un poste d'interprète professionnel coréen-anglais en freelance pour les tribunaux américains et ceux de l'État du Colorado.

J'ai présenté cette méthode d'étude, qui a connu un succès surprenant, à une étudiante qui est devenue plus tard ma moitié. Elle a commencé par le Babble Training, comme moi. Elle a ensuite ajouté le babble pour apprendre à écouter. Elle n'a pas beaucoup utilisé le Babble Training pour apprendre à lire et à écrire, contrairement à moi. Pourtant, elle a aussi très bien appris à parler anglais.

Je connais aussi quelques Américains d'origine coréenne rencontrés aux États-Unis, âgés d'une quarantaine d'années et parlant couramment l'anglais. Croyez-le ou non, il est très rare de trouver des Américains d'origine coréenne arrivés aux États-Unis après plus de 30 ans, y ayant vécu plus de 10 ou 20 ans et parlant couramment l'anglais. J'ai constaté qu'ils avaient connu des échecs en anglais, tout comme moi. J'ai aussi constaté que leur persévérance pour acquérir un anglais courant en Corée pendant de nombreuses années constituait ce que j'appelle aujourd'hui «l'entraînement au babble».

Avant de venir aux États-Unis, j'ai enseigné l'anglais à des lycéens et étudiants en Corée pendant quelques années, en utilisant les méthodes traditionnelles : grammaire, lecture, TOEFL et TOEIC. Je n'avais pas le choix : développer ma propre méthode pour eux. Aucun d'entre eux n'a réussi à acquérir des compétences orales en anglais. Même les élèves ayant obtenu d'excellents résultats au TOEFL ou au TOEIC n'avaient aucune compétence orale significative en anglais.

J'ai enseigné le coréen à l'Université du Colorado à Boulder. J'ai conçu le programme BTM pour l'adapter à l'environnement de la classe. Il a été conçu pour aider les étudiants à mémoriser toutes les expressions réalistes présentées en cours. Par exemple, les étudiants doivent être capables de jouer n'importe quel rôle donné en classe, n'importe quel jour, dans des scénarios sélectionnés au hasard, présentés au cours du semestre.

Pour les quiz, les élèves doivent écrire les expressions coréennes correspondant à des messages anglais tirés au sort dans les scénarios. Pour les tests, les élèves doivent enregistrer leur propre voix en prononçant les expressions coréennes correspondant à 100 ou 150 messages anglais tirés au sort.

De cette façon, les étudiants apprennent et retiennent généralement entre 800 et 900 expressions concrètes par semestre. Ils deviennent très bavards en coréen à la fin du semestre. En poursuivant le cours pendant au moins trois semestres, ils acquièrent probablement environ 3 000 expressions concrètes et construisent des bases solides pour acquérir une expression orale assez fluide en coréen, en poursuivant l'entraînement Babble par eux-mêmes et en les conservant pendant au moins un an.

Cependant, les étudiants se plaignaient que le cours était trop exigeant par rapport à d'autres programmes de langues, et la plupart d'entre eux ne revenaient pas au semestre suivant, ce qui était très décourageant pour moi, l'enseignant. Donc, sur la base des hypothèses de travail de BTM, je pense que les étudiants ont dû échouer complètement, à moins qu'ils n'aient poursuivi l'entraînement au babble par eux-mêmes sur les expressions apprises pendant le semestre.

Comme les étudiants se plaignaient et ne revenaient pas au semestre suivant, ce qui diminuait le taux de retour et ternissait l'image de mon enseignement, j'ai développé et appliqué pendant quelques années un programme plus proche de la méthode FLE traditionnelle : grammaire, lecture et conversation. Les étudiants l'ont beaucoup plus apprécié, car la demande pour ce cours est similaire à celle d'autres programmes de langues.

Presque tous les étudiants ont accordé une attention particulière à la grammaire, même si j'avais insisté sur l'importance de la conversation. Leurs résultats en conversation étaient très médiocres. Ils n'ont pas retenu les expressions apprises en classe tout au long du semestre, le programme ne les exigeant pas. À la fin du semestre, aucun d'entre eux n'était capable de communiquer avec moi dans des situations simples en utilisant les expressions présentées en classe. Ils n'ont eu aucune chance d'apprendre le coréen. Ce résultat ne m'a pas du tout surpris.

J'ai enseigné l'anglais à de nombreux petits groupes d'Américains d'origine coréenne dans la région métropolitaine de Denver, au Colorado. C'était un programme d'un an, avec un cours de deux heures par semaine. Ils avaient entre 40 et 50 ans et travaillaient à temps plein.

J'ai conçu le programme pour qu'il s'adapte à leur situation de groupe. Je leur donnais des devoirs hebdomadaires et, lorsqu'ils arrivaient en classe, je les répartissais en groupes de deux personnes et leur demandais de jouer le scénario entre les deux, sans tenir compte des personnages.

De cette façon, nous n'avons pas à nous soucier du nombre de caractères. Je ferais le tour des groupes pour écouter leur articulation et les aider à la corriger. Après avoir joué le scénario à chaque groupe, j'utiliserais un projecteur pour présenter les scénarios en coréen et demanderais aux élèves de prononcer le message correspondant en anglais.

Les élèves ont appris environ 2 500 expressions. Certains ont réussi à les assimiler avec beaucoup de succès, même s'ils ont consacré beaucoup de temps et d'efforts. Ils m'ont été reconnaissants de pouvoir les utiliser dans leur travail et leur entreprise.

Une dame a appris à appliquer la méthode BTM pour acquérir l'anglais. Elle n'a pas pu venir à mon cours en raison d'un conflit d'horaire. Elle a appris l'anglais toute seule avec la méthode BTM, en utilisant le matériel que j'avais conçu. Elle était ravie de constater à quel point la méthode BTM lui était utile et m'a dit : «Vous êtes la deuxième personne la plus reconnaissante après Dieu que j'aie jamais rencontrée.»

4

Entrée Réelle vs Entrée Optimale

De Krashen présente l'entrée optimale comme la meilleure entrée pour les apprenants, et l'écoute d'histoires et la lecture guidée sont la meilleure méthode pour que les apprenants obtiennent l'entrée optimale.

L'apport optimal consiste à fournir aux élèves un langage compréhensible, intéressant et riche. L'idée est que les élèves acquièrent le langage et la littératie grâce à cet apport optimal. Il présente les quatre caractéristiques suivantes :

1. Compréhensible : L'entrée doit être compréhensible, même si elle contient des éléments incompréhensibles.
2. Convaincant : L'apport doit être intéressant et engageant afin que les étudiants oublient temporairement qu'il est dans une langue étrangère
3. Qualité : l'apport doit être riche en langage et inclure de nouveaux mots ou structures qui sont légèrement au-delà du niveau actuel de l'élève.
4. Quantité : L'apport doit être abondant afin que les élèves aient plus d'opportunités d'acquérir la langue.

Parallèlement, le BTM utilise des données réelles orientées vers les résultats. Autrement dit, il utilise des données réelles ou pratiques conçues pour les résultats attendus. Selon l'âge de l'élève, son environnement et les résultats attendus, les données réelles peuvent être organisées en conséquence.

Les intrants réels sont des intrants pratiques ou réalistes que les apprenants peuvent acquérir et utiliser concrètement dans leur environnement de vie. Selon les résultats attendus, les intrants réels peuvent être définis comme des intrants réels pour apprendre à parler, à lire, à écouter et à écrire respectivement. Les intrants dépourvus des fonctionnalités telles que la convivialité, le contexte, l'interaction et la voix, nécessaires à l'acquisition des résultats attendus, ne sont pas considérés comme des intrants réels efficaces.

Au lieu de s'attaquer à des apports indéfiniment nouveaux et abondants, le BTM, pour une acquisition efficace et fluide, privilégie l'entraînement au babble répété plutôt que les apports réels utilisés quotidiennement dans diverses situations de la vie quotidienne. Le BTM encourage les élèves à assimiler ces apports réels aussi souvent que possible et à les stocker dans leur dispositif d'acquisition de langues afin de pouvoir les utiliser à tout moment et d'optimiser leur intuition linguistique dans la langue cible.

Vous trouverez des détails sur la méthode d'entraînement efficace au babble dans les chapitres suivants.

Je ne prétends pas qu'il soit absolument impossible aux élèves d'acquérir une langue par l'écoute d'histoires et la lecture guidée d'un apport optimal. Je conviens notamment que des langues faciles peuvent être acquises dans une certaine mesure par une écoute intensive d'histoires et une lecture guidée d'un apport optimal.

Même si j'ai entendu des témoignages de personnes se vantant que leurs enfants ont appris une langue après avoir lu plus d'un millier de livres d'histoires pendant toute la période de l'école primaire, je doute de leur évaluation. Par exemple, ceux qui ne parlent pas anglais qualifieraient quelqu'un qui peut à peine commander des hamburgers chez McDonald's de très bon anglophone. Si quelqu'un maîtrise une langue étrangère, cela signifie qu'il a dû s'entraîner lui-même à Babble.

Quoi qu'il en soit, le FLE ne s'adresse pas seulement à une poignée d'étudiants particuliers.

L'objectif principal du BTM est que chaque élève maîtrise son environnement quotidien en un à deux ans environ, en acquérant quelques milliers de connaissances concrètes pour apprendre à parler. Ce qui est tout à fait réalisable pour la plupart des élèves motivés. Ensuite, le BTM vise à acquérir progressivement des compétences de lecture, d'écoute et d'écriture fluides, comme le font tous les élèves.

De courts exemples d'apports réels pour apprendre à parler et à lire seront présentés plus loin dans ce livre.

5

Approche Géocentrique (Méthodes Traditionnelles) et Approche Héliocentrique (BTM)

La vérité n'a jamais changé. C'est toujours la Terre qui tourne et se déplace autour du Soleil, nous donnant les jours, les nuits et les saisons. Il a fallu si longtemps à l'homme pour reconnaître l'héliocentrisme comme une vérité de l'univers. Ils ont longtemps eu tort de croire au géocentrisme.

La vérité n'a jamais changé. Elle a toujours existé. L'apprentissage du bavardage a permis à l'homme d'acquérir le langage. Les linguistes et les enseignants ont longtemps eu tort de croire aux méthodes traditionnelles d'enseignement de la grammaire, de la lecture, de l'écoute et de la conversation.

La plupart des linguistes et professeurs de langues sont si obstinés qu'ils insistent sur le fait que l'apprentissage des langues doit se faire par la grammaire, la lecture, l'écoute ou la conversation, ce qui peut être qualifié de méthodes traditionnelles. Ils se consacrent alors au développement de programmes avancés d'enseignement du français langue étrangère (FLE) dans le cadre de méthodes traditionnelles proches du géocentrisme.

C'est ainsi que les linguistes et les professeurs de langues ont causé des dommages irréparables à des centaines de millions de personnes dans le monde. À cause de ces linguistes et professeurs, dont je fais partie, les étudiants ont perdu du temps, de l'argent et leur vie à apprendre une langue en vain.

Pour mieux comprendre à quel point les méthodes traditionnelles ont été fondamentalement erronées dès le départ, j'affirme que les méthodes FLE traditionnelles sont les méthodes FLE de l'ère du géocentrisme, ou méthodes géocentriques. De même, pour mieux comprendre à quel point la Méthode d'Entraînement par le Babble (MEB) a été fondamentalement juste dès le départ, j'affirme que la MEB est la méthode FLE de l'ère de l'héliocentrisme, ou méthode héliocentrique.

Le géocentrisme semblait apporter des réponses à toutes les questions que l'on se posait depuis longtemps, comme le changement des jours et des nuits, des saisons, etc., et cela a longtemps suffi à tout le monde. Pourtant, certains astronomes ont découvert que le géocentrisme ne permettait pas de répondre à certaines questions : le changement des phases et des dimensions de Vénus. De plus, un mystère concernant le mouvement de Mars ne pouvait être expliqué par le géocentrisme. Ce mystère a finalement donné naissance à l'héliocentrisme.

Ainsi, les méthodes géocentriques d'enseignement des langues ont convaincu les linguistes et les enseignants, car elles semblaient apporter des réponses aux questions sur l'analyse des structures de phrases, la lecture et l'écriture dans la langue cible. Ils étaient convaincus que les méthodes géocentriques résoudraient tous les problèmes de l'enseignement des langues.

Cependant, les méthodes géocentriques n'ont pas permis de résoudre le mystère selon lequel aucun des élèves ayant obtenu les A+ ne maîtrise la langue cible. Les linguistes et les enseignants ont donc développé toutes sortes de méthodes créatives pour compléter les méthodes traditionnelles et résoudre ce problème. Pourtant, ils ont constamment échoué.

Pourtant, peu de linguistes et d'enseignants considèrent que la méthode héliocentrique de la MLB résout efficacement et sûrement le mystère non résolu de l'acquisition du langage. La MLB est la seule méthode permettant d'acquérir simultanément le langage et tous les aspects du langage comme l'expression orale, la lecture, l'écriture, l'écoute et la grammaire. Aucune méthode traditionnelle ne peut y parvenir.

De Krashen ne peuvent qu'échouer simplement parce qu'elles appartiennent toujours à l'approche géocentrique des méthodes traditionnelles.

Maintenant, afin de fournir une réponse claire à tous les échecs répétés des méthodes traditionnelles, ainsi qu'aux théories d'entrée de Krashen, je propose les hypothèses de travail de BTM sur l'acquisition et l'entrée-sortie, qui seront présentées plus tard.

En comprenant les hypothèses, on découvrira ce qui a manqué dans les théories de Krashen ainsi que dans les méthodes FLE traditionnelles.

J'ai présenté le BTM comme le seul moyen d'acquérir une langue, qu'elle soit facile ou difficile. Il est certain que nous acquérons tous une langue de la même manière, grâce à l'apprentissage du babble et à des apports réels.

Je ne veux pas dire que les apports et les manières suggérés par Krashen sont totalement inefficaces. Par exemple, je suis d'accord avec lui sur le fait que les élèves acquerraient une langue si des apports compréhensibles leur étaient constamment proposés dans un environnement d'immersion, où l'apprentissage du babble aurait naturellement lieu pour survivre. En effet, dans un environnement d'immersion, les élèves sont volontairement ou involontairement contraints de suivre un apprentissage du babble très intensif pour survivre. Cependant, ce type de méthode est très irréaliste pour la grande majorité des apprenants.

Formation Babble sur la quantité d'entrées réelles et Le temps [14]est le seul moyen universel pour tous les hommes d'acquérir une langue. Aucune langue ne s'acquiert sans l'Entraînement au Babble. Sans apport avec l'Entraînement au Babble, pas d'acquisition.

Le BTM est très facile, simple et réaliste. Il peut être appliqué à une classe de plusieurs élèves. L'enseignant n'a pas besoin de maîtriser la langue cible. Il permet au LAD de travailler efficacement, comme pour l'acquisition de la langue maternelle. Avec le BTM, les élèves peuvent s'entraîner au babble training, seuls ou entre eux, sur des supports réels.

On peut utiliser un appareil audio pour l'apprentissage du babble. Cela ne nécessite pas nécessairement d'interaction en personne ni de partenaire. On peut suivre l'apprentissage du babble sans professeur. Il n'est pas nécessaire de voyager à travers le monde pour s'immerger. On peut babiller seul à la maison, au travail ou dans le bus.

Les apprenants et les enseignants peuvent appliquer les hypothèses de travail du BTM présentées ci-dessus comme un outil pour déterminer si un programme, un manuel ou une théorie FLE choisi fonctionnerait ou non pour l'acquisition.

Ce n'est ni la lecture ni l'écoute d'informations compréhensibles, mais un entraînement Babble répété sur des informations réelles qui rend l'acquisition inévitable.

---

[14]   La quantité et le temps nécessaires à l'apprentissage réel varient en fonction de la résistance linguistique de l'individu à la TL et de son degré d'immersion mentale. Une discussion concrète sera abordée ultérieurement.

6

L'IA Peut-Elle Résoudre Les Problèmes Liés À L'apprentissage En Ligne? Non Et Oui.

Dans le cadre de mes recherches sur les méthodes efficaces d'enseignement des langues étrangères, j'ai examiné environ 300 articles rédigés par des chercheurs et universitaires coréens sur divers sujets liés aux méthodes efficaces des programmes d'anglais en Corée. Toutes les idées abordées dans ces articles portaient sur l'application des technologies contemporaines aux programmes d'anglais. Aucun d'entre eux ne reconnaissait l'échec des méthodes traditionnelles d'enseignement des langues étrangères. Il n'est donc pas étonnant qu'ils se soient concentrés sur des sujets tels que la manière d'aider les étudiants à mieux comprendre la grammaire anglaise grâce aux technologies ; l'utilisation de partenaires de conversation en ligne ; et l'utilisation d'images graphiques pour faciliter la lecture, etc.

Maintenant que nous disposons de l'IA, sur laquelle nous avons commencé à compter davantage que sur les ressources humaines, de nombreuses idées d'utilisation de l'IA en FLE verront bientôt le jour. Presque tout le monde sera alors amené à croire à tort que les programmes basés sur l'IA constituent la meilleure méthode d'apprentissage des langues. L'IA offrira de nombreuses possibilités aux enseignants comme aux élèves. Elle peut être un bon partenaire de conversation ; elle peut fournir des supports de lecture très efficaces ; elle peut aider les élèves à apprendre la grammaire ; elle peut les aider à développer leurs compétences d'écoute ; elle peut les aider à développer leurs compétences d'écriture ; et elle peut faire bien d'autres choses que les enseignants et leurs amis ont déjà faites pour aider les élèves.

Il est toutefois important de comprendre la nature de l'IA. Elle peut être auto-apprenante et génératrice. Ainsi, l'IA apprendra à partir de l'énorme quantité de données d'apprentissage en langue étrangère (FLE) et générera des programmes d'apprentissage en langue étrangère (FLE) à partir de ces données. Elle peut ainsi améliorer et produire des programmes beaucoup plus productifs et efficaces.

Cependant, en l'absence de données permettant d'apprendre, l'IA ne peut être générative. Cela signifie que ce que l'IA peut apprendre et générer est limité par le périmètre des données. Elle ne peut pas générer un périmètre de service totalement différent qui ne soit pas pris en charge par les données fournies. Autrement dit, l'IA ne sera plus performante que si elle dispose de codes ou de données équivalents.

Il faut savoir que l'échec des méthodes traditionnelles de FLE jusqu'à présent ne tient pas à l'absence de bons interlocuteurs, de manuels d'écoute, de bons enseignants pour apprendre à lire et à écrire, ni de meilleurs manuels de grammaire. Elles ont échoué simplement parce qu'aucune d'entre elles ne constitue une méthode appropriée pour enseigner ou apprendre une langue.

Par conséquent, étant donné que les méthodes traditionnelles de FLE n'ont pas permis aux étudiants d'acquérir une compétence orale, il est évident que tous les programmes générés par l'IA à partir des données issues des méthodes traditionnelles de FLE ne permettraient pas non plus aux étudiants d'acquérir une compétence orale. L'IA ne serait pas en mesure de générer des méthodes d'entraînement BTM, car il n'existe pas encore de données sur ces méthodes.

L'apprentissage BTM étant la seule méthode permettant d'assurer l'acquisition d'une langue, nous pouvons fournir des codes d'apprentissage BTM à l'IA. Ainsi, dans un avenir proche, les étudiants pourront optimiser leurs résultats pour apprendre la langue de leur choix.

CHAPITRE 3

Exemples D'entrées Réelles

Les exemples suivants d'entrées réelles dans ce chapitre sont tirés de la série *BTM Réel Anglais*, conçue pour les programmes d'anglais basés sur des entrées réelles utiles à différents niveaux de diverses situations dans les activités quotidiennes.

D'anglais réel BTM sont composés de 4 livres comme suit:

1.   Livre 1 pour débutants
2.   Livre 2 pour intermédiaire
3.   Livre 3 pour Avancé 1
4.   Livre 4 pour Avancé 2

Les fichiers audio de tous les livres sont disponibles sur YouTube : #BtmRealEnglish

1

Apport Réel Pour Apprendre à Parler 1 : À Quelle Heure Papa Rentre-T-Il à La Maison Aujourd'hui?

2	Maman :	Tim!
3	Tim :	Ouais?
4	Maman :	Où es-tu?
5	Tim :	Je suis dans ma chambre.
6	Maman :	Tu veux quelque chose à manger?
7	Tim :	Bien sûr.
8	Maman :	(entre avec un plateau de nourriture) Tiens, mange quelque chose. Qu'est-ce que tu fais?
9	Tim :	Je construis juste des choses avec mes Legos.
10	Maman :	C'est impressionnant! C'est un bateau?
11	Tim :	Oui, c'est un navire.
12	Maman :	Comment s'appelle-t-elle?
13	Tim :	Tim O cean. Je l'ai nommée d'après moi.
14	Maman :	J'aime ce nom.

15	Tim :	Je le fais pour l'anniversaire de papa. Alors, ne le lui dis pas, d'accord?
16	Maman :	Je te le promets. Je suis sûre que papa va adorer. Combien de temps penses-tu que ça va prendre?
17	Tim :	Je ne suis pas sûr. Peut-être deux heures environ?
18	Maman :	Deux heures? À quelle heure est-ce?
19	Tim :	Eh bien, quelle heure est-il maintenant?
20	Maman :	Il est trois heures et demie.
21	Tim :	Ok, je pense que je peux le finir avant 17h30. Maman?
22	Maman :	Hmm?
23	Tim :	À quelle heure papa rentre-t-il à la maison aujourd'hui?
24	Maman :	Six heures, comme d'habitude.
25	Tim :	Parfait! J'aurai fini ça juste avant son retour.
26	Maman :	Qu'est-ce que tu vas faire après ça?
27	Tim :	Pouvons-nous aller voir un film après le dîner?
28	Maman :	Bien sûr. Quel film?
29	Tim :	Batman. Il y a une séance à 19h30 et une autre à 21h30.
30	Maman :	Neuf heures trente, c'est trop tard, mais la séance de sept heures trente fera l'affaire. On mangera à six heures trente.
31	Tim :	Maman?
32	Maman :	Oui?
33	Tim :	À quelle heure nous lèverons-nous demain pour aller à l'aéroport?
34	Maman :	On part à sept heures, donc à six heures vingt au plus tard.
35	Tim :	Pourquoi partons-nous si tôt?

36	Maman :	Il faut une heure et demie pour arriver à l'aéroport.
37	Ti m :	Quand est le vol?
38	Maman :	Neuf heures quarante-cinq.
39	Tim :	Combien de temps faut-il pour aller chez grand-mère?
40	Maman :	Un peu plus de deux heures.
41	Tim :	C'est tout?
42	Maman :	Eh bien, il faut encore une demi-heure de l'aéroport à la maison de grand-mère.
43	Tim :	À quelle heure arriverons-nous alors?
44	Maman :	Probablement vers 14 h 45. Chicago a une heure d'avance sur nous.
45	Tim :	Quand est-ce qu'on revient?
46	Maman :	Nous serons de retour à Denver vers 17h45 dimanche.
47	Tim :	Alors, on sera à la maison vers six heures et demie?
48	Maman :	Ouais, ça a l'air correct.

2

Apport Réel Pour Apprendre À Parler 2 : Peut-On Parler Des Animaux De Compagnie?

2	Maman :	Salut chérie! Comment s'est passée l'école aujourd'hui?
3	Tina :	C'était bien.
4	Maman :	Ça n›a pas l›air très bon. Que s›est-il passé?
5	Tina :	Rien.
6	Maman :	Tu es sûr?
7	Tina :	Ouais, je n'ai tout simplement pas aimé le déjeuner.
8	Maman :	Qu'est-ce qu'on a mangé ce midi?
9	Tina :	Poulet.
10	Maman :	Qu'est-ce qui n'allait pas?
11	Tina :	C'était dégoûtant.
12	Maman :	C'est tout?
13	Tina :	Ouais.
14	Maman :	Je vois. Bon, rentrons à la maison.
15	Tina :	Maman?

16	Maman :	Oui?
17	Tina :	Pouvons-nous nous arrêter à l'épicerie sur le chemin du retour?
18	Maman :	Pourquoi? Tu veux quelque chose à manger?
19	Tina :	Ouais, je veux de la glace.
20	Maman :	Tu te rends compte que tu manges de la glace tous les jours depuis une semaine, n'est-ce pas?
21	Tina :	Ouais. C'est mal d'en avoir tous les jours?
22	Maman :	Bien sûr. Manger tous les jours des aliments contenant trop d'arômes artificiels et de sucre est mauvais.
23	Tina :	Oh d'accord …
24	Maman :	Tu as des devoirs?
25	Tina :	Oui, mon professeur a dit de parler des animaux à nos parents.
26	Maman :	Des animaux?
27	Tina :	Oui, des animaux que tu peux avoir comme animaux de compagnie!
28	Maman :	Hmm, intéressant. Tu as d'autres devoirs?
29	Tina :	J'ai quelques lectures à faire.
30	Maman :	Fais d'abord la lecture, puis nous parlerons des animaux de compagnie après le dîner.
31	Tina :	C'est ce que j'allais faire.
32	Maman :	Parfait!
33	Remarque :	(après le dîner)
34	Tina :	Papa?
35	Papa :	Oui, princesse?
36	Tina :	Pouvons-nous parler des animaux de compagnie?
37	Papa :	C'est pour les devoirs?
38	Tina :	Oui.

39	Papa :	D'accord, bien sûr. Commence par lister les animaux que les gens peuvent avoir comme animaux de compagnie.
40	Tina :	Des chiens!
41	Maman :	C'est vrai! Beaucoup de gens ont des chiens parce qu'ils sont très intelligents et fidèles à leurs maîtres.
42	Papa :	Exactement.
43	Tina :	Est-ce qu'on peut avoir un chien?
44	Maman :	On pourra en discuter plus tard!
45	Papa :	Oui, on pourra en discuter plus tard. À quels autres animaux penses-tu?
46	Tina :	Un chat?
47	Maman :	Oui, bien sûr!
48	Papa :	Beaucoup de gens ont effectivement des chats comme animaux de compagnie!
49	Tina :	Moi aussi je veux un chat!
50	Papa :	Tina, je ne pense pas que nous puissions avoir un chat et un chien.
51	Tina :	Ce serait tellement amusant d'avoir les deux!
52	Maman :	Je sais, je sais, mais prendre soin d'eux prendrait tellement de temps et d'efforts.
53	Tina :	Mais tous mes amis ont un chat ou un chien!
54	Papa :	Je comprends, mais nous ne pouvons pas nous permettre d'avoir un animal de compagnie!
55	Maman :	Désolée, chérie, peut-être que tu pourras avoir les deux quand tu seras grande!
56	Tin a :	D'accord.
57	Maman :	Bonne fille. Maintenant, quels autres animaux les gens peuvent-ils avoir comme animaux de compagnie?

58	Tina :	Et les lapins?
59	Papa :	Des lapins?
60	Tina :	Ouais! Les gens ont des lapins, n'est-ce pas?
61	Maman :	Ils le font!
62	Papa :	Je ne pense pas…
63	Maman :	Bien sûr que les gens le font, chérie.
64	Tina :	Et les serpents?
65	Papa :	Oh oui, je connais quelques personnes qui adorent les serpents.
66	Maman :	Je n'aime pas les serpents… les petits, les gros, les colorés… Je les déteste tous. Ils sont dégoûtants!
67	Papa :	Ouais, je n'aime pas les serpents non plus.
68	Tina :	Papa, quels autres animaux les gens gardent-ils comme animaux de compagnie?
69	Papa :	Une vache!
70	Maman :	Chérie, ce n'est pas vraiment un animal de compagnie.
71	Tina :	Oh, et un cheval?
72	Maman :	Ce n'est pas un animal de compagnie non plus! Ce sont des animaux élevés à la ferme.
73	Tina :	Oh, d'accord.
74	Tina :	Et les coqs?
75	Papa :	Ceux-là aussi sont élevés dehors, dans une ferme! Enfin, dans des poulaillers.
76	Tina :	Et un tigre? Tu peux avoir un tigre comme animal de compagnie?
77	Maman :	Je ne pense pas.
78	Papa :	Je n'ai jamais entendu parler de quelqu'un qui élève un tigre.
79	Tina :	Et les singes?

80	Maman :	Probablement pas. Ce sont des animaux au zoo que les gens peuvent voir quand ils le souhaitent!
81	Tina :	J'ai vu toutes sortes d'animaux là-bas l'année dernière!
82	Papa :	Je parie que oui! On peut aller au zoo ce week-end, si tu veux.
83	Tina :	Vraiment?
84	Papa :	Bien sûr.
85	Tina :	Merci papa.
86	Papa :	Tout pour ma fille.
87	Maman :	C'est tout pour tes devoirs?
88	Tina :	Je pense que oui. Merci de m'aider!
89	Papa :	Bien sûr. À tout moment.
90	Maman :	Je suis heureuse d'avoir pu être utile.

3

Apport Réel Pour Apprendre À Parler 3 : Je Ne Veux Pas Me Lever

2	Remarque :	(Partie 1 : Maman réveille Tina)
3	Maman :	Tina! Bonjour!
4	Tina :	Bonjour. Je ne veux pas me lever.
5	Maman :	Pourquoi pas?
6	Tina :	Je n'en ai tout simplement pas envie.
7	Maman :	Tu n'as pas bien dormi?
8	Tina :	Je ne sais pas. Mais j'ai fait un rêve.
9	Maman :	Oh, ma chérie, c'était un cauchemar?
10	Tina :	Non.
11	Maman :	Oh, d'accord. De quoi s'agissait-il?
12	Tina :	Mes amis étaient dedans.
13	Maman :	Qui?
14	Tina :	Je ne les connaissais pas.
15	Maman :	Oh, vraiment?
16	Tina :	Oui. Mais ils étaient sympas.
17	Maman :	Qu'est-ce que vous avez fait?

18	Tina :	Je ne m'en souviens pas.
19	Maman :	C'est bon, je ne me souviens jamais de mes rêves non plus.
20	Tina :	Quelle heure est-il?
21	Maman :	Il est sept heures moins le quart.
22	Tina :	Maman?
23	Maman :	Oui?
24	Tina :	Quel temps fait-il?
25	Maman :	Il fait beau! J'ouvre les rideaux.
26	Tina :	C'est mercredi?
27	Maman :	C'est mardi. Tu as cours de natation le lundi et tu as eu un cours hier, tu te souviens?
28	Tina :	Oh, oui. Je m'en souviens.
29	Maman :	Bien, bien. Es-tu prête à te lever maintenant?
30	Tina :	Ouais. Qu'est-ce qu'on mange ce petit-déjeuner?
31	Maman :	C'est à toi de voir! Qu'est -ce que tu veux?
32	Tina :	Des céréales au lait!
33	Maman :	Ça a l'air bien. Fais ton lit et prépare-toi pendant que je prépare ça pour toi.
34	Tina :	D'accord!
35	Maman :	Bonne fille. Je t'aime, ma chérie.
36	Tina :	Que dois-je porter?
37	Maman :	Tout ce que tu veux.
38	Tina :	Quel pantalon, maman?
39	Maman :	Les jaunes ont l'air bien, chérie.
40	Tina :	D'accord.
41	Maman :	Je serai dans la cuisine. Descends une fois que tu seras lavée et habillée!
42	Tina :	D'accord. Est-ce que Tim est déjà debout?

43	Maman :	Je pense que oui. Papa est dans sa chambre maintenant.
44	Remarque :	(Partie 2 : Papa dans la chambre de Tim)
45	Papa :	Bonjour, fiston! Il est temps de se lever. Le soleil s'est levé.
46	Tim :	Bonjour, papa!
47	Papa :	As-tu bien dormi?
48	Tim :	Pas vraiment.
49	Papa :	Pourquoi pas?
50	Tim :	Il y avait des sirènes qui retentissaient toute la nuit.
51	Papa :	Oh, je n'ai rien entendu.
52	Tim :	Ouais, ils m'ont réveillé plusieurs fois.
53	Papa :	Hein, j'ai dû dormir profondément.
54	Tim :	Papa?
55	Papa :	Ouais?
56	Tim :	Puis-je avoir un téléphone?
57	Papa :	Un téléphone?
58	Tim :	Ouais.
59	Papa :	J'en parlerai à maman. En attendant, habille-toi et descends prendre le petit -déjeuner.
60	Tim :	Merci, papa.
61	Papa :	Je vais ouvrir les fenêtres pour rafraîchir l'air.
62	Tim :	Tu sais ce qu'il y a au petit-déjeuner?
63	Papa :	Non, on verra.
64	Tim :	J'espère que ce ne sont pas des céréales dans du lait…
65	Papa :	Pourquoi?
66	Tim :	Parce que nous avons ça tous les matins.
67	Papa :	Mais c'est quand même bien.

68	Tim :	Je sais, mais je veux quelque chose de différent.
69	Papa :	On peut en parler à maman.
70	Tim :	Papa, peux-tu me conduire à l'école?
71	Papa :	Qu'est-ce qui ne va pas avec le bus?
72	Tim :	Je ne veux pas marcher jusqu'à l'arrêt de bus.
73	Papa :	Je ne pense pas que ce soit une bonne raison pour demander à être conduit.
74	Tim :	Puis-je faire du vélo jusqu'à l'arrêt alors?
75	Papa :	Ce n'est que 300 mètres! De toute façon, tu devrais faire un peu d'exercice tous les jours!
76	Tim :	D'accord.
77	Papa :	Très bien, lève-toi et fais ton lit maintenant.
78	Tim :	D'accord.
79	Papa :	(alors qu'il sort de la pièce) Et prépare-toi pour l'école après ça!
80	Remarque :	(Partie 3 : Les enfants s'habillent)
81	Tim :	(dans sa chambre) Maman!
82	Maman :	Oui?
83	Tim :	Où sont mes chaussettes?
84	Maman :	Ils devraient être dans le petit tiroir.
85	Tim :	Il n'y en a pas dans le petit tiroir!
86	Maman :	(à son mari), Chéri!
87	Papa :	Quoi de neuf?
88	Maman :	Peux-tu apporter à Tim une paire de chaussettes de la buanderie, s'il te plaît?
89	Papa :	Bien sûr.
90	Maman :	Merci!
91	Papa :	Bien sûr.
92	Tina :	(dans sa chambre) Maman!
93	Maman :	Et maintenant?

94	Tina :	Je ne trouve pas mon serre-tête!
95	Maman :	Regarde autour de toi.
96	Tina :	Ok, je l'ai trouvé. Laisse tomber, maman.
97	Tim :	Où est ma chemise?
98	Maman :	Je suis occupée à préparer le petit-déjeuner. Demande à papa.
99	Papa :	Qu'est-ce que tu cherches?
100	Tim :	Ma chemise!
101	Papa :	Lequel?
102	Tim :	Celui avec des voitures dessus.
103	Papa :	Oh, je crois que je l'ai vu dans le sèche-linge.
104	Tim :	Bon, je vais le chercher.
105	Maman :	Le petit déjeuner est prêt!
106	Papa :	Allons manger.
107	Tim :	Ok, je serai là peu de temps après avoir reçu mon t-shirt!
108	Papa :	D'accord. Dépêche-toi, s'il te plaît.
109	Remarque :	(Partie 4 : À la table du petit-déjeuner)
110	Tim :	Maman!
111	Maman :	Ouais?
112	Tim :	Puis-je avoir du jus de pomme?
113	Maman :	Tu n'aimes pas le lait?
114	Tim :	Pas aujourd'hui.
115	Maman :	D'accord, je vais te chercher du jus de pomme. Tiens.
116	Tim :	Merci, maman.
117	Maman :	N'importe quand.
118	Tina :	J'aime le lait le matin. C'est rafraîchissant.
119	Papa :	Bien, je suis content que tu aimes le lait le matin, mais tu devrais aussi prendre des fruits, Tina. Toi aussi, Tim.

120	Tim :	Je le ferai.
121	Tina :	Maman!
122	Maman :	Oui, ma chérie?
123	Tina :	Qu'est-ce qu'on mange ce midi?
124	Maman :	Achète juste le déjeuner à l'école aujourd'hui.
125	Tina :	Oh, d'accord.
126	Papa :	À quelle heure l'école se termine-t-elle aujourd'hui, les enfants?
127	Tina :	Papa, tu poses toujours la même question!
128	Tim :	Honnêtement. Ça se termine à 14h30 tous les jours.
129	Papa :	(rires) Qu'est-ce que vous faites après l'école aujourd'hui?
130	Tina :	Tu demandes ça tous les matins aussi.
131	Maman :	Mais vous ne faites pas la même chose tous les jours après l'école.
132	Papa :	Exactement.
133	Tina :	Je vais sortir avec des amis.
134	Tim :	Moi aussi.
135	Papa :	Qu'est-ce que tu vas faire avec eux?
136	Tina :	On ne sait pas. Sors.
137	Tim :	Je pense que nous allons faire du vélo pendant un moment.
138	Papa :	D'accord, ça a l'air bien! Je suis content que tu aies choisi ça plutôt que les jeux vidéo!
139	Tim :	Pourquoi tu ne veux pas qu'on joue à des jeux vidéo?
140	Maman :	C'est beaucoup plus sain de jouer dehors!
141	Papa :	Tout à fait.
142	Maman :	Très bien les enfants, il est temps d'aller prendre votre bus scolaire!

143	Papa :	Va te brosser les dents et prends tes sacs à dos.
144	Tina :	(quittant la maison pour l'école) Au revoir, maman! Au revoir, papa!
145	Tim :	Au revoir!
146	Papa :	Amuse-toi bien!
147	Maman :	Attends, attends! Je t'accompagne jusqu'à l'arrêt de bus.
148	Tina :	D'accord!
149	Tim :	D'accord.
150	Papa :	D'accord, eh bien je dois y aller.
151	Maman :	Très bien, au revoir! À ce soir!

4

Apports Réels Pour Apprendre
À Parler 4 : Après L'école

2	Tim :	(Tim rentre à la maison) Maman, je suis à la maison!
3	Maman :	Salut, ma chérie! Comment s'est passée ta journée?
4	Tim :	C'était bien!
5	Maman :	C'est bon à entendre.
6	Tim :	Puis-je avoir quelque chose à manger?
7	Maman :	As-tu faim?
8	Tim :	Non. Je veux juste quelque chose à manger.
9	Maman :	Comment s'est passé le déjeuner aujourd'hui?
10	Tim :	C'était bien. Nuggets de poulet et salade.
11	Maman :	Ça n'a pas l'air trop mal. Bon, je vais faire cuire des pommes de terre tout de suite.
12	Tim :	Puis-je avoir de la glace à la place?
13	Maman :	Désolée, ma chérie. On n'en a plus.
14	Tim :	Oh, papa peut- il en prendre en rentrant à la maison?
15	Maman :	Tu peux lui demander.

16	Tim :	D'accord. Je vais l'appeler. Quelle heure est-il maintenant?
17	Maman :	Il est presque 16 heures. Il devrait être dans son bureau.
18	Remarque :	(Tim appelle papa)
19	Papa :	Hé, Tim!
20	Tim :	Quand rentres-tu à la maison aujourd'hui?
21	Papa :	Un round six, pourquoi?
22	Tim :	Pourrais-tu t'arrêter à l'épicerie et acheter de la glace sur le chemin du retour?
23	Papa :	Je ne vois pas pourquoi pas.
24	Tim :	Merci, papa!
25	Papa :	Bien sûr, à plus tard.
26	Maman :	Qu'est-ce qu'il a dit?
27	Tim :	Il a dit qu'il en achèterait sur le chemin du retour!
28	Maman :	Oh, comme c'est gentil de sa part!
29	Tina :	(rentre à la maison) Je suis à la maison!
30	Maman :	Comment s'est passée l'école, chérie?
31	Tina :	Pas mal.
32	Maman :	Est-ce qu'il s'est passé quelque chose?
33	Tina :	Non, pas vraiment.
34	Maman :	Tu regardes en bas.
35	Tina :	Je suis juste fatiguée.
36	Maman :	D'accord. Tu veux des pommes de terre au four?
37	Tina :	Oui! J'adore les pommes de terre au four!
38	Maman :	Je sais que tu le fais! Ils seront prêts dans quelques minutes.
39	Tina :	D'accord.
40	Tim :	Devine quoi?!

41	Tina :	Quoi?
42	Tim :	J'ai appelé papa et il achète de la glace en rentrant à la maison aujourd'hui.
43	Tina :	Super! Quel genre?
44	Tim :	Je ne sais pas, mais probablement des biscuits et de la crème comme d'habitude.
45	Tina :	C'est mon préféré!
46	Tim :	Moi aussi. La glace au chocolat, c'est bon aussi.
47	Tim :	Maman!
48	Maman :	Oui, chérie?
49	Tim :	Puis-je aller jouer à des jeux vidéo?
50	Maman :	Non, et si tu allais plutôt lire?
51	Tim :	Puis-je jouer à des jeux vidéo après?
52	Maman :	Je ne pense pas que tu auras le temps de jouer à des jeux vidéo après avoir fini de lire. Tu as un piano, tu te souviens?
53	Tina :	Tim, tu ne te souviens pas de ce que papa a dit?
54	Tim :	Quoi?
55	Tina :	Il a dit que ce n'était pas sain de jouer à des jeux vidéo tout le temps.
56	Tim :	Je sais.
57	Maman :	Les pommes de terre sont prêtes! Viens manger!
58	Enfants :	à venir!
59	Remarque :	(à table)
60	Tina :	Pourrais-tu me passer le fromage, maman?
61	Maman :	Bien sûr.
62	Tim :	Tina, peux-tu me passer le sel?
63	Tina :	Voilà.

64	Tim :	Merci.
65	Maman :	Tu as des devoirs aujourd'hui?
66	Tina :	Oui, mais pas beaucoup.
67	Tim :	Moi aussi.
68	Maman :	Sors et joue avec des amis après avoir mangé, d'accord?
69	Tim :	Maman, est-ce que je peux aller chez Kevin?
70	Maman :	Bien sûr. N'oublie pas de te comporter correctement, d'accord?
71	Tim :	Ne t'inquiète pas, maman. Je ne suis pas un bébé.
72	Maman :	Tina, et toi?
73	Tina :	Je vais faire du vélo.
74	Maman :	Fais attention et assure-toi d'avoir ton casque.
75	Tina :	Je le ferai. À quelle heure dois-je être de retour?
76	Maman :	Six. Assurez-vous également de bien fermer la porte lorsque vous sortez.
77	Enfants :	D'accord.
78	Tim :	Au fait, qu'est-ce qu'on mange ce soir?
79	Maman :	Soupe au poulet.
80	Tim :	Délicieux. J'ai fini ma pomme de terre. À plus tard!
81	Maman :	D'accord.
82	Tina :	Je suis prête aussi! Au revoir!
83	Maman :	Au revoir.
84	Remarque	: (après un certain temps)
85	Papa :	Chérie, je suis à la maison!
86	Maman :	Hé, chérie! Tu es en avance aujourd'hui!
87	Papa :	Ouais, ma réunion sur le terrain a été annulée.

88	Maman :	Oh bien. Comment s'est passé le travail aujourd'hui?
89	Papa :	Super! Super!
90	Maman :	Tu dis toujours «Super!»
91	Papa :	Parce que j'aime quand c'est génial. Et toi?
92	Maman :	Je suis un peu fatiguée. J'ai eu des problèmes au travail.
93	Papa :	Détends-toi, chéri. Ne les laisse pas te déranger.
94	Maman :	Merci, chérie. J'aime ta façon de gérer les choses comme ça.
95	Papa :	Je suis flatté.
96	Tim :	Je suis à la maison, maman!
97	Papa :	Bonjour!
98	Tim :	Hé, papa! Tu as pris la glace?
99	Papa :	Qu'est-ce que tu en penses?
100	Tim :	Tu l'as compris?
101	Papa :	Bien sûr. Pour qui me prends-tu?
102	Tim :	Tu es mon père!
103	Papa :	C'est vrai!
104	Tina :	Je suis de retour, maman! Salut, papa!
105	D ad :	Salut, chérie!
106	Tim :	J'ai faim!
107	Maman :	Je sais. Le dîner sera bientôt prêt.
108	Papa :	Comment avez-vous réussi à l'école, les enfants?
109	Tim :	Je m'en suis bien sorti.
110	Tina :	Moi aussi, je m'en suis bien sortie.
111	Maman :	Pourrais-tu mettre la table, s'il te plaît?
112	Papa :	Bien sûr!
113	Maman :	Merci, chérie.

114	Papa :	N'importe quand.
115	Maman :	Le dîner est prêt!
116	Enfants :	À venir!
117	Papa :	Vous, les enfants, vous êtes lavés les mains?
118	Enfants :	Non. Pas encore.
119	Papa :	S'il te plaît, va te laver les mains.
120	enfants :	D'accord.
121	Tim :	La soupe au poulet! Ma préférée.
122	Tina :	Pourrais-tu me passer le sel et le poivre, s'il te plaît?
123	Maman :	Bien sûr. Voilà.
124	Tina :	Merci, maman.
125	Maman :	De rien.
126	Papa :	C'est vraiment bon. Tu es un excellent cuisinier.
127	Maman :	Merci! Sers-toi.
128	Tim :	J'aurais aimé que la soupe ne soit pas si chaude.
129	Papa :	Assomme-le avant de le mettre dans ta bouche. Ça devrait aider.
130	Maman :	De plus, manger vite n'est pas une bonne habitude.
131	Tim :	D'accord. Y en a-t-il assez pour une deuxième portion?
132	Maman :	Bien sûr.
133	Remarque :	(après le dîner)
134	Tim :	Merci pour le dîner, maman. C'était vraiment bon.
135	Maman :	Bien sûr chérie, je suis contente de l'entendre.
136	Tina :	Moi aussi, j'ai apprécié le dîner. Merci, maman.

137	Maman :	Merci, chérie.
138	Tim :	Pouvons-nous avoir de la glace en dessert?
139	Maman :	Bien sûr.
140	Tina :	Oui! Je vais la chercher. Où est la glace, maman?
141	Maman :	C'est dans le congélateur.
142	Tim :	Je vais chercher la pelle. Où est la pelle, maman?
143	Maman :	Il devrait être dans le tiroir à couverts.
144	Tim :	Papa, tu en veux combien?
145	Papa :	Deux boules, s'il vous plaît.
146	Tim :	Et toi, maman?
147	Maman :	Moi aussi.
148	Tim :	D'accord. Et toi, Tina?
149	Tina :	Je vais chercher le mien moi-même.
150	Tim :	D'accord. Je vais prendre cinq boules.
151	Papa :	C'est un peu trop, Tim.
152	Tim :	Quatre boules? (Papa hoche la tête)
153	Papa :	Les enfants, avez-vous fini vos devoirs?
154	Tina :	Pas encore, mais je n'ai pas grand-chose. Ça ne devrait pas prendre longtemps.
155	Tim :	Moi non plus. Je le ferai bientôt.
156	Papa :	Ça a l'air bien.
157	Maman :	Prends une douche avant de commencer tes devoirs, d'accord?
158	Enfants :	D'accord.
159	Papa :	Brosse-toi les dents pendant que tu y es!
160	Tim :	Je le ferai.
161	Tina :	Oui, papa.
162	Maman :	N'oublie pas de mettre aussi tes vêtements sales dans le panier à linge.

163	Tim :	Je sais.
164	Tina :	Oui, maman.
165	Papa :	Est-ce que l'un de vous a besoin d'aide pour ses devoirs?
166	Tim :	Non, je ne pense pas. J'ai juste besoin de lire un peu.
167	Tina :	Je vais bien. Je te ferai savoir si j'ai besoin d'aide.
168	Papa :	Bien!
169	Tim :	J'ai fini de manger. Je vais d'abord prendre une douche.
170	Papa :	Les enfants, pourriez-vous s'il vous plaît apporter votre vaisselle à l'évier?
171	Tina :	D'accord.
172	Papa :	Merci. Cela aide beaucoup.

5

Apports Réels Pour Apprendre À Parler 5 : Questions-Réponses Sur Les Informations Personnelles

2	Garde :	Salut, comment puis-je vous aider?
3	Hannah :	Bonjour, je suis venue faire une demande de SSI.
4	Garde :	OK, choisissez un numéro et asseyez-vous là-bas, s'il vous plaît.
5	Hannah :	Merci.
6	Officier :	R231 guichet 5, R231 guichet 5, s'il vous plaît... (personne ne se présente) Dernier appel pour R231, guichet 5, s'il vous plaît.
7	Hannah :	Salut.
8	Officier :	Puis-je avoir votre numéro, s'il vous plaît?
9	Hannah :	Bien sûr, voilà.
10	Officier :	Merci. Comment puis-je vous aider?
11	Hannah :	Je veux faire une demande de SSI.

12	Officier :	D'accord, asseyez-vous s'il vous plaît. Quel est votre prénom?
13	Hannah :	Hannah.
14	Officier :	Comment l'écrivez-vous?
15	Hannah :	HANNAH
16	Officier :	Quel est votre deuxième prénom?
17	Hannah :	Je n'ai pas de deuxième prénom.
18	Officier :	Je vois.
19	Officier :	Quel est votre nom de famille?
20	Hannah :	Parc.
21	Officier :	Pouvez-vous également me l'épeler, s'il vous plaît?
22	Hannah :	Bien sûr, PARK.
23	Officier :	Je vérifie juste, votre nom légal complet est Hannah Park?
24	Hannah :	Oui.
25	Officier :	Quel est votre nom de jeune fille?
26	Hannah :	Nom de jeune fille? Je ne comprends pas.
27	Officier :	Avez-vous déjà porté d'autres noms?
28	Hannah :	Je suis désolée. Pourrais-tu le répéter, s'il te plaît?
29	Officier :	D'accord. Avez-vous utilisé d'autres noms?
30	Hannah :	Oui, je m'appelais Hannah Chang.
31	Officier :	Park est-il le nom de famille de votre mari?
32	Hannah :	Oui.
33	Officier :	Êtes-vous citoyen américain?
34	Hannah :	Non.
35	Officier :	Êtes-vous un résident permanent légal?
36	Hannah : .	Oui, je le suis
37	Officier :	Quand êtes-vous devenu résident permanent?
38	Hannah :	26 juillet 1998.
39	Officier :	Puis-je voir votre carte d'identité, s'il vous plaît?

40	Hannah :	Bien sûr, le voici.
41	Officier :	Avez-vous également apporté votre passeport et votre carte de résident permanent avec vous?
42	Hannah :	Oui, ici.
43	Officier :	Parfait. Merci. Laissez-moi faire des copies. Je reviens tout de suite.
44	Hannah :	D'accord.
45	Officier :	Quel est le prénom de votre mère?
46	Hannah :	Youngsook
47	Officier :	Est-elle citoyenne des États-Unis?
48	Hannah :	Non.
49	Officier :	Quel est le prénom de votre père?
50	Hannah :	Taesun
51	Officier :	Est-il citoyen des États-Unis?
52	Hannah :	Non.
53	Officier :	Quel est votre numéro de sécurité sociale?
54	Hannah :	Mon numéro de sécurité sociale est le 999-99-9899.
55	Officier :	Quel âge avez-vous?
56	Hannah :	J'ai 66 ans.
57	Officier :	Quelle est votre date de naissance?
58	Hannah :	5 avril 1947.
59	Officier :	De quel pays êtes-vous?
60	Hannah :	Corée.
61	Officier :	Quel est votre pays de nationalité?
62	Hannah :	Corée.
63	Officier :	Quel est votre pays de citoyenneté?
64	Hannah :	Corée.
65	Officier :	Corée du Sud ou Corée du Nord?
66	Hannah :	Corée du Sud a.
67	Officier :	Dans quelle ville êtes-vous né?

68   Hannah :   Excusez-moi?

69   Officier :   Quel est le nom de la ville ou du village dans lequel vous êtes né?

70   Hannah :   Séoul.

6

Apports Réels Pour Apprendre À Parler 6 : Questions Et Réponses Sur Les Questions D'emploi

2	Officier :	Vous travaillez maintenant?
3	Hannah :	Oui.
4	Officier :	Où avez-vous travaillé au cours des cinq dernières années?
5	Hannah :	En ce moment, je travaille pour un petit pressing.
6	Officier :	Quel est le nom de l'entreprise?
7	Hannah :	Nettoyage à sec Sky.
8	Officier :	Quelle est l'adresse de l'entreprise?
9	Hannah :	43 20 Broadway Blvd., Aurora, CO. 80523.
10	Officier :	De quel comté s'agit-il?
11	Hannah :	Je crois que c'est le comté d'Arapahoe.
12	Officier :	Bien. Qui est le propriétaire de l'entreprise?
13	Hannah :	M. James Martin.
14	Officier :	Bien. Avez-vous le numéro de téléphone de l'entreprise?
15	Hannah :	Oui, 303-997-2456.

16	Officier :	Que faites-vous là-bas?
17	Hannah :	Je suis une journaliste.
18	Officier :	Depuis combien de temps travaillez-vous là- bas?
19	Hannah :	Environ 3 ans.
20	Officier :	Quand avez-vous commencé à travailler là-bas?
21	Hannah :	Premier juillet, deux mille neuf.
22	Officier :	À quelle fréquence êtes-vous payé là-bas?
23	Hannah :	Je suis désolée, je ne comprends pas ce que tu demandes.
24	Officier :	Pas de problème. Êtes-vous payé toutes les semaines, toutes les deux semaines ou tous les mois?
25	Hannah :	Je suis payée toutes les deux semaines.
26	Officier :	Combien gagnez-vous par heure?
27	Hannah :	Je reçois 15,20 $ de l'heure.
28	Officier :	Combien d'heures par semaine travaillez-vous là-bas?
29	Hannah :	Ça dépend. Mais environ 30 heures par semaine.
30	Officier :	Combien gagnez-vous avant impôts?
31	Hannah :	En général, je gagne environ neuf cent cinquante
32	Officier :	Alors, quel est votre revenu net après impôts?
33	Hannah :	Environ 900 $.
34	Officier :	Avez-vous d'autres revenus?
35	Hannah :	Non.
36	Officier :	Où travailliez-vous avant?
37	Hannah :	J'ai travaillé pour un magasin d'alcools.
38	Officier :	Où se trouve ce magasin?
39	Hannah :	C'est à Thornton, dans le Colorado.
40	Officier :	Combien d'années avez-vous travaillé là-bas?
41	Hannah :	7 ans.

7

Apports Réels Pour Apprendre À Parler 7 : Questions-Réponses Sur L'état Matrimonial

2	Officier :	Quel est votre état civil actuel?
3	Hannah :	Excusez-moi?
4	Officier :	Êtes-vous marié?
5	Hannah :	Oui, je suis mariée.
6	Officier :	Quand vous êtes-vous marié?
7	Hannah :	25 juin 2000.
8	Officier :	Quel est le nom de votre mari?
9	Hannah :	Le jeune Hoon Chang
10	Officier :	Comment l'écrivez-vous?
11	Hannah :	Prénom : Young, deuxième prénom : Hoon et nom de famille : Chang.
12	Officier :	Est-il citoyen américain?
13	Hannah :	Oui.
14	Officier :	Est-ce qu'il vit avec vous?
15	Hannah :	Oui.
16	Officier :	Quel âge a-t-il?

17	Hannah :	Il a 68 ans.
18	Officier :	Quelle est sa date de naissance?
19	Hannah :	Le treize février mil neuf cent quarante-cinq.
20	Officier :	Quel est son numéro de sécurité sociale?
21	Hannah :	Je suis désolée. Je ne m'en souviens pas.
22	Officier :	J'ai besoin de connaître son numéro de sécurité sociale.
23	Hannah :	Puis-je t'appeler et te tenir au courant plus tard?
24	Officier :	Bien sûr, je vous donne mon numéro de téléphone. Voici mon numéro de téléphone.
25	Hannah :	Merci beaucoup.
26	Officier :	De rien. Combien de fois avez-vous été marié?
27	Hannah :	Deux fois.
28	Officier :	Quel est le nom de votre ex-mari?
29	Hannah :	Young Bin Park.
30	Officier :	Comment l'écrivez-vous?
31	Hannah :	Jeune parc à poubelles
32	Officier :	Comment s'est terminé le mariage?
33	Hannah :	Je suis désolée, je ne comprends pas ce que tu demandes.
34	Officier :	Pas de problème. Avez-vous divorcé?
35	Hannah :	Non. Il est décédé.
36	Officier :	Quand est-il décédé?
37	Hannah :	7 septembre 1998.
38	Officier :	Merci. Maintenant, est-ce que votre mari travaille?
39	Hannah :	Oui.
40	Officier :	Où travaille-t-il?
41	Hannah :	Il travaille pour 15th Ave. Liquor.
42	Officier :	Qu'est-ce que c'est?
43	Hannah :	C'est un magasin d'alcools.

44	Officier :	Où est-il?
45	Hannah :	C'est à Denver, dans le Colorado.
46	Officier :	Quel est son taux horaire?
47	Hannah :	12,50 $.
48	Officier :	Combien d'heures travaille-t-il par semaine?
49	Hannah :	Environ 30 heures.
50	Officier :	Combien gagne-t-il par mois?
51	Hannah :	Environ 1 200 $ par mois.

8

Apports Réels Pour Apprendre À Parler 8 : Questions Et Réponses Sur Les Questions De Logement

2	Officier :	Êtes-vous locataire ou propriétaire d'une maison?
3	Hannah :	Je loue.
4	Officier :	Quelle est votre adresse actuelle?
5	Hannah :	4310 E. Yale Ave., Apt 345, Aurora, CO. 80412.
6	Officier :	Est-ce également votre adresse postale?
7	Hannah :	Oui.
8	Officier :	Depuis combien de temps vivez-vous à votre adresse actuelle?
9	Hannah :	Environ deux ans.
10	Officier :	Quelles sont vos adresses au cours des cinq dernières années?
11	Hannah :	Depuis mai 2009, mon adresse est 4310 E Yale Ave., Apt 345, Aurora, CO. 80412. De mai 2007 à avril 2009, mon adresse était 1234 E. 17th Street, Denver CO 80220.
12	Officier :	Quel est votre numéro de téléphone?

13	Hannah :	Trois oh trois, neuf neuf neuf, un quatre cinq six.
14	Officier :	Avez-vous une adresse e-mail?
15	Hannah :	Non, je n'en ai pas.
16	Officier :	Qui devons-nous contacter pour vous joindre?
17	Hannah :	Mon fils.
18	Officier :	Quel est son nom?
19	Hannah :	À Sik Chang.
20	Officier :	Son numéro de téléphone?
21	Hannah :	Trois oh trois, cinq six neuf, quatre-vingt-sept trente-trois.
22	Officier :	J'ai besoin d'une autre recommandation.
23	Hannah :	J'ai un neveu.
24	Officier :	D'accord, s'il vous plaît, donnez-moi son nom et son numéro de téléphone.
25	Hannah :	Son nom est Jack Hong et son numéro de téléphone est le sept deux zéro six deux cinq dix-huit zéro cinq.
26	Officier :	Merci. Maintenant, combien coûte le loyer par mois?
27	Anne :	Sept cent cinquante.
28	Officier :	Est-ce que cela inclut les services publics?
29	Hannah :	Non.
30	Officier :	Combien payez-vous par mois pour les services publics?
31	Hannah :	Nous payons cent cinquante pour l'électricité, quatre-vingt pour le gaz, trente-cinq pour l'eau et cinquante pour le téléphone.
32	Officier :	Combien payez-vous pour la nourriture chaque mois?
33	Hannah :	Eh bien, ça varie. Mais je pense que c'est environ trois cent cinquante dollars.

34   Officier :   Qu'en est-il des frais médicaux?

35   Hannah :   Pas grand-chose, mais environ trente dollars par mois.

36   Officier :   Avez-vous une assurance?

37   Hannah :   Nous payons quatre cent cinquante dollars tous les six mois pour l'assurance automobile.

38   Officier :   Bien. Une assurance maladie?

39   Hannah :   Non, nous ne pouvons pas nous permettre une assurance maladie.

9

Apports Réels Pour Apprendre À Parler 9 : Questions-Réponses Sur Les Problèmes Familiaux

2	Officier :	Combien d'enfants avez-vous?
3	Hannah :	Trois.
4	Officier :	Quels sont leurs noms?
5	Hannah :	Insik, Sukyoung et Sungku.
6	Officier :	Quel âge ont-ils?
7	Anne :	vingt-quatre, dix-neuf et seize.
8	Officier :	Est-ce qu'ils vivent avec vous?
9	Hannah :	Non, Insik est à New York, mais Sukyoung et Sungku vivent avec nous.
10	Officier :	Merci. Connaissez-vous leurs dates de naissance et leurs numéros de sécurité sociale?
11	Hannah :	Oui, j'en ai apporté des exemplaires. Les voici.
12	Officier :	Excellent! Puis-je les garder ou en avez-vous besoin?
13	Hannah :	Tu peux les garder.
14	Officier :	Super! Sont-ils nés ici, aux États-Unis?
15	Hannah :	Non, le premier est né en Corée, mais les deux autres sont nés ici aux États-Unis.

16	Officier :	Qui est leur père biologique?
17	Hannah :	Mon mari.
18	Officier :	Quel est son nom?
19	Hannah :	le jeune Hoon Chang
20	Officier :	Je vois. Quel est le revenu brut du ménage?
21	Hannah :	Je suis désolée, je ne comprends pas.
22	Officier :	Pas de problème. Quel est le revenu mensuel total de votre foyer?
23	Hannah :	Désolée, encore une fois. Qu'entends-tu par ménage?
24	Officier :	Le ménage signifie comme votre famille.
25	Hannah :	Mon mari, mes fils et moi-même?
26	Officier :	Adultes ne comptent pas.
27	Hannah :	Oh, donc juste mon mari et moi?
28	Officier :	Oui.
29	Hannah :	Mon mari gagne douze cents et moi environ mille huit cents.
30	Officier :	Donc, le total est... Laissez-moi faire le calcul. Trois mille dollars?
31	Hannah :	Oui, c'est vrai.
32	Officier :	Est-ce un montant brut ou net?
33	Hannah :	Désolé, je ne connais pas la différence entre brut et net.
34	Officier :	C'est bon. Brut signifie avant impôts et net signifie après impôts.
35	Hannah :	Je crains de ne toujours pas comprendre. Voici cependant ma déclaration de revenus de l'année dernière.
36	Officier :	Oh, super. Merci. C'est excellent. Vous en avez besoin?
37	Hannah :	Non, tu peux les garder.

10

Apports Réels Pour Apprendre À Parler 10 : Atelier de Développement De Stratégie Marketing

2   Brad :   Bonjour à tous. Merci d'avoir participé à cet atelier pour développer des stratégies marketing pour nos produits.

3   Brad :   Comme vous le savez, les ventes de notre entreprise n'ont pas augmenté au cours des deux derniers trimestres de cette année.

4   Brad :   Donc, il y avait une idée selon laquelle nous devrions organiser un atelier sur la façon de présenter nos produits aux consommateurs sur le terrain, ce qui, je pense, est une excellente idée.

5   Brad :   Par conséquent, nous avons publié un message sur cet atelier sur le tableau d'affichage de l'entreprise vous demandant de venir préparé pour la discussion et la présentation, et de partager vos expériences.

6	Brad :	Sur le panneau d'affichage, j'ai annoncé que j'organiserais cet atelier selon une stratégie marketing en cinq étapes.
7	Brad :	Comme (1) approcher les clients, (2) se présenter et établir une relation avec les clients, (3) présenter les produits, (4) conclure une affaire et (5) conclure l'affaire.
8	Brad :	Nos clients sont essentiellement ceux qui travaillent au service des achats. En particulier ceux qui sont en charge de la recherche produit.
9	Brad :	Lorsque nous approchons les clients, la meilleure pratique, selon moi, est d'être patient et constant. Il faut du temps et du courage pour remettre les choses en question.
10	Brad :	Comme notre entreprise et nos produits sont relativement nouveaux pour les clients, nous n'avons pas encore de valeur de nom élevée sur laquelle nous appuyer, et nous devons la développer.
11	Brad :	Comme vous le savez tous, la meilleure ressource dont nous disposons pour rivaliser avec nos concurrents est la qualité et le prix de nos produits.
12	Brad :	Nous avons les meilleurs produits et une gamme de prix imbattables, ce qui devrait être la meilleure force de concurrence de tous les temps.
13	Brad :	Ceci étant dit, commençons. Jenny présentera un sketch sur un scénario de vente de nos produits à un client, Ryan.

14	Brad :	Regardons d'abord le sketch, puis discutons-en plus tard pour améliorer le scénario, si possible, en fonction de la stratégie marketing en cinq étapes. (Jenny présente le sketch avec Tom, qui joue Ryan.)
15	Ryan :	Bonjour, STM, c'est Ryan qui parle.
16	Jenny :	Bonjour, M. Smith. Je suis Jenny, et j'ai eu votre nom et votre numéro de téléphone par Sarah, votre camarade de classe.
17	Ryan :	Tu as dit Sarah?
18	Jenny :	Oui, Sarah. Elle est avec RMO, tu te souviens d'elle?
19	Ryan :	Ah, Sarah. Oui, je le sais. En fait, elle m'a dit que tu appellerais.
20	Jenny :	Tu as une minute? Sarah a dit que tu aimerais en savoir plus sur ce que je fais. Oh, elle a aussi dit beaucoup de bien de toi. Si tu es occupée, je peux t'appeler plus tard.
21	Ryan :	C'est une amie sympa. Elle fait toujours ça. Mais je ne pense pas avoir le temps maintenant. Je dois aller à une réunion tout de suite.
22	Jenny :	Bien sûr, pas de problème. Je te rappellerai plus tard dans la journée. J'aimerais avoir l'occasion de discuter avec toi de ce que je peux faire pour toi.
23	Ryan :	D'accord. Pourquoi ne m'appelles-tu pas plus tard cet après-midi?
24	Jenny :	Bien sûr. Merci pour ton temps. À plus tard. Au revoir.
25	Ryan :	D'accord, à plus tard. Au revoir.
26	Ryan :	(Plus tard dans l'après-midi, le téléphone sonne) Bonjour, STM, Ryan à l'appareil.

27	Jenny :	Salut Ryan, c'est encore moi, Jenny. Est-ce le bon moment pour parler?
28	Ryan :	Oui, vas-y.
29	Jenny :	Merci. Comment se passe ta journée jusqu'à présent?
30	Ryan :	Jusqu'ici tout va bien.
31	Jenny :	C'est bien. Je t'appelle juste pour voir si je peux avoir l'occasion de te faire une brève présentation de mes produits, qui, j'en suis sûre, t'intéresseront beaucoup.
32	Jenny :	Je travaille chez 3CSI, spécialisé dans les actionneurs électriques. Nous vous proposons des actionneurs électriques de la série RP très attractifs.
33	Ryan :	Des actionneurs électriques?
34	Jenny :	C'est vrai. Je suis sûre que vous connaissez de nombreux types d'actionneurs électriques. Cependant, nos produits présentent de nouvelles fonctionnalités qui ne sont pas disponibles sur d'autres produits.
35	Jenny :	Nos produits peuvent être utilisés sur des vannes à boisseau sphérique, des vannes papillon et des registres. Ce sont des actionneurs polyvalents.
36	Jenny :	Je suis convaincue que nos produits sont à la pointe de la technologie.
37	Jenny :	De plus, nos prix sont imbattables pour les fonctionnalités disponibles.
38	Ryan :	Cela semble très intéressant.
39	Jenny :	Oui, avec votre permission, je serai très heureuse de faire une présentation sur nos actionneurs électriques de la série RP.

40	Jenny :	Je sais que tu es occupée, et je ne voulais pas trop parler au téléphone. Si tu veux, je peux venir te présenter des échantillons de produits.
41	Ryan :	Ça a l'air bien. Pourquoi ne m'enverrais-tu pas des informations sur les produits? Je les consulterai avant de nous rencontrer.
42	Jenny :	Bien sûr, je t'enverrai les informations immédiatement. Ça te dérange si je te rappelle?
43	Ryan :	Bien sûr que non. Mais laisse-moi quelques jours pour y jeter un œil.
44	Jenny :	Bien sûr, prends ton temps. Si tu as des questions, n'hésite pas à me les poser.
45	Ryan :	Je le ferai.
46	Jenny :	Merci beaucoup pour votre temps aujourd'hui. C'était très agréable de discuter avec vous.
47	Ryan :	De même e.
48	Remarque :	(Quelques jours plus tard, Jenny fait un appel de suivi)
49	Ryan :	Bonjour, STM, c'est Ryan qui parle.
50	Jenny :	Bonjour, M. Smith. Voici Jenny.
51	Ryan :	Bonjour, Jenny. Tu peux m'appeler Ryan.
52	Jenny :	Merci, je le ferai. Alors, as-tu eu l'occasion de relire les informations que je t'ai envoyées la dernière fois?
53	Ryan :	Oui, j'ai effectivement transmis cette information à quelques-uns de mes collègues, et ils ont manifesté leur intérêt pour vos produits.
54	Jenny :	Merci, Ryan. C'est une excellente nouvelle. Alors, puis-je te faire un cadeau bientôt?

55	Ryan :	Oui, je pense que c'est une bonne idée.
56	Jenny :	Super. Quel est le moment le plus pratique pour toi, Ryan?
57	Ryan :	Nous avons habituellement une réunion sur les nouveaux produits le vendredi après-midi. Alors, qu'en pensez-vous de ce vendredi après-midi?
58	Jenny :	Parfait. À quelle heure dois-je être là?
59	Ryan :	La réunion commence à 14 h 30 et dure quelques heures. Vous aurez environ une demi-heure pour nous présenter vos produits.
60	Jenny :	Merveilleux. Je serai prête. Merci beaucoup pour cette opportunité. Je suis sûre que tu ne seras pas déçue.
61	Ryan :	J'espère que non.
62	Jenny :	Je te verrai alors, Ryan.
63	Ry an :	(à la réunion sur le nouveau produit) Laissez-moi vous présenter Jenny. Elle nous rend visite pour faire une présentation de son produit. Allez-y, Jenny.
64	Jenny :	Merci Ryan. Merci à tous de m'avoir donné cette opportunité aujourd'hui. Je m'appelle Jenny Colts.
65	Jenny :	Je travaille pour 3CSI, une société spécialisée dans les actionneurs électriques. J'ai cru comprendre que vous avez eu l'occasion de tester nos produits. Je vais donc faire une brève présentation et répondre à vos questions, si vous en avez.
66	Jenny :	J'ai apporté des brochures aujourd'hui pour que tu puisses les consulter plus tard. Je vais te montrer nos produits avec quelques diapositives PowerPoint.

67	Jenny :	Comme vous pouvez le constater, nos produits présentent sept caractéristiques distinctives. Vous pouvez les comparer à celles des produits d'autres entreprises.
68	Jenny :	Nous avons ajouté un indicateur extérieur pour faciliter le contrôle des pistes de soupapes. Cela permet de vérifier visuellement le fonctionnement des soupapes.
69	Jenny :	La prochaine fonctionnalité clé que nous avons ajoutée est le contrôle manuel de la vanne pour gérer une situation d'urgence.
70	Jenny :	Cette vanne manuelle vous permet d'être assuré de pouvoir faire face à tout type de situation d'urgence causée par une panne de courant ou par une panne de l'actionneur pour une raison quelconque.
71	Jenny :	Une autre caractéristique que je voudrais souligner est le revêtement en polyester époxy, qui assure la durabilité du produit dans un environnement corrosif (Jenny continue la présentation en couvrant d'autres caractéristiques).
72	Jenny :	Enfin et surtout, j'aimerais attirer votre attention sur les principales caractéristiques de nos produits.
73	Jenny :	Nos produits offrent des couples de sortie puissants et un temps de fonctionnement rapide. Ils fonctionnent avec différents niveaux de tension d'entrée.
74	Jenny :	Avec nos produits, vous avez l'assurance d'obtenir des produits de la meilleure qualité et des garanties maximales. Nous sommes très confiants et fiers de nos produits.

75	Jenny :	Merci encore beaucoup de m'avoir donné cette opportunité. Je serai ravie de répondre à vos questions.
76	Ryan :	Merci pour la présentation, Jenny. C'était intéressant de connaître vos produits. J'aimerais en savoir plus sur leur prix unitaire.
77	Jenny :	J'ai oublié de vous dire que le prix est l'un de nos atouts. Nous pensons que nos produits sont imbattables compte tenu de leurs caractéristiques.
78	Jenny :	Notre prix de détail régulier pour la série RP-002 est de 45 $ par unité ; le RP-004 est de 56 $ par unité et les produits de la série RP-006 commencent à 62 $ par unité.
79	Jenny :	Comme vous pouvez le constater maintenant, les prix sont nettement inférieurs à ceux des produits de nos concurrents.
80	Jenny :	Cela est possible parce que nous, en tant que société à capital-risque, n'avons pas autant de frais généraux que nos concurrents.
81	Ryan :	Offrez-vous une remise sur un achat en gros?
82	Jenny :	Pour les achats en quantité, oui, nous le faisons certainement.
83	Ryan :	Combien de temps vous faut-il pour la livraison?
84	Jenny :	Cela dépend de la quantité achetée. Cependant, nous pouvons généralement livrer les produits sous deux semaines.
85	Jenny :	Pour une petite commande comme moins de 50 unités, nous pouvons livrer dans un délai d'une semaine.

86	Ryan :	Merci, Jenny. Je suppose que nous allons vous laisser partir maintenant. Nous discuterons de vos produits et vous tiendrons au courant.
87	Jenny :	Merci encore.
88	Ryan :	(Jenny appelle Ryan après quelques jours) Bonjour, STM, c'est Ryan à l'appareil.
89	Jenny :	Ryan, c'est moi, Jenny.
90	Ryan :	Salut Jenny. J'allais t'appeler au sujet de ta présentation la semaine dernière.
91	Jenny :	Merci. Qu'ont-ils pensé de ma présentation?
92	Ryan :	Nous avons tous apprécié. Nous avons décidé de passer une première commande pour 100 unités de la série RP-002.
93	Jenny :	C'est merveilleux. Merci, Ryan. Bien sûr, j'aimerais beaucoup recevoir votre bon de commande. Nous livrerons les produits dès que possible, au plus tard dans deux semaines.
94	Ryan :	Maintenant, parlons du prix. Quelle remise pouvez-vous nous offrir?
95	Jenny :	Par politique, nous offrons 10 % de réduction pour l'achat de 90 à 100 unités.
96	Ryan :	Allez, Jenny, descends un peu plus.
97	Jenny :	C'est notre politique. Mais je vais en parler à mon patron et je te rappelle. Je te rappelle tout de suite.
98	Ryan :	(répond à l'appel téléphonique de Jenny) Voici Ryan.
99	Jenny :	Ryan. C'est moi, Jenny. Mon patron a approuvé une remise de 15 % sur ton bon de commande.
100	Ryan :	Merci pour le travail supplémentaire que vous avez fait pour nous.

101	Jenny :	Pas de problème. Veuillez m'envoyer le bon de commande et je ferai livrer les produits.
102	Ryan :	Bien sûr, je le ferai. À plus tard.
103	Jenny :	Merci pour votre confiance. Au revoir.
104	Remarque :	(Fin de la présentation du sketch)
105	Brad :	Merveilleux. Merci Jenny et merci Ryan. C'était une excellente présentation.
106	Brad :	Commençons maintenant à analyser ce sketch en cinq étapes de la stratégie marketing. Alors, qu'en est-il de la première étape de Jenny : approcher le client?
107	Tom :	Eh bien, le sketch ne montre pas comment Jenny a obtenu les coordonnées du client. C'est donc un peu vague.
108	Jenny :	Permettez-moi de clarifier ce point. J'ai obtenu les coordonnées d'une dame de mon club de lecture. Elle s'appelle Sarah.
109	Brad :	Constituer une liste de contacts est essentiel pour nous tous. Nous savons tous que cela simplifie grandement notre travail.
110	Tom :	C'est évidemment un moyen efficace et simple d'approcher des clients potentiels. Cependant, il est vrai que notre liste de contacts ne peut pas être infinie.
111	Tom :	Alors, devrions-nous parler d'autres moyens d'approcher les clients potentiels?
112	Sue :	Quelqu'un a-t-il essayé le démarchage téléphonique?
113	Jenny :	Je l'ai fait, et je déteste ça. J'ai découvert que ce n'était pas mon genre.
114	Sue :	Cependant, il y a des gens gentils qui vous permettraient de parler.

115   Tom :   Oui, c'est aussi plus qu'une coïncidence que
                   vous rencontriez des gens qui recherchent les
                   mêmes produits que nous.

116   Remarque :   (La discussion continue pour développer des
                   stratégies de marketing)

11

De Véritables Apports Pour Apprendre À Lire Et À Écouter

1 - Et… C'est Parti![15]

2   Un jour, après l'école, ma mère m'a demandé : «Ça te dirait de voyager sac au dos à travers l'Europe pendant deux mois?» J'avais déjà demandé si je pouvais passer une partie de l'été chez une amie en France, mais c'était une opportunité bien plus excitante. Sinon, quand pourrais-je voir l'Europe gratuitement?

3   Plus la date de mon départ approchait, plus la vie devenait trépidante. J'étais occupé par quelques révisions de dernière minute pour les examens finaux, mais un chaos inexplicable semblait régner en arrière-plan. Avec tout cela, je n'ai guère eu le temps de réfléchir sérieusement à ce qu'impliquait la préparation du voyage jusqu'à la dernière minute.

4   Toujours prévoyante, ma mère avait organisé mon volontariat pour Habitat pour l'Humanité en Pologne dès la

---

[15] Cet article est tiré d'un livre inédit, *Seven Weeks Alone in Europe*, de Peter Kang LEE alias Jae Joon LEE.

première semaine. Je prévoyais de faire des études d'architecture et elle pensait que ce serait une excellente expérience. Il ne me restait plus qu'à commander mon pass Eurail et un sac à dos robuste (tous deux devant arriver juste avant mon départ), et cela résume bien les préparatifs. À l'arrivée, je l'ai rempli de produits de toilette, de quelques vêtements de rechange, d'appareils électroniques et de chargeurs, ainsi que d'un livre «Allons en Europe!». J'avais essayé d'établir un itinéraire, mais cela n'a pas fonctionné. Je suis donc partie sans.

5   Avant même de m'en rendre compte, l'école était finie et j'étais dans un avion pour Cracovie, en Pologne. C'était le 8 juin 2012. Je devais rentrer le 29 juillet. L'idée de débarquer sur un continent à des milliers de kilomètres de chez moi sans vraiment de plan me terrifiait, mais j'essayais de ne pas le montrer. Je me disais que tout irait bien, car ce n'était pas acceptable que les choses aillent mal. De plus, j'avais tout ce qu'il me fallait : vêtements, chaussures, bouteille d'eau, argent, pass Eurail (à livrer à Gliwice, en Pologne) et, au final, un billet d'avion pour rentrer. J'avais même un iPad, une trousse de premiers secours, une lampe de poche et mes livres de lecture d'été pour l'école. Et après réflexion, j'ai réalisé qu'en réalité, il aurait été quasiment impossible de planifier un voyage de deux mois à l'avance. J'étais plus prête que jamais.

6   La veille de mon départ, j'ai préparé mes vêtements pour le lendemain, préparé mon sac à dos, chargé un sac de sport (qui me servirait de sac à dos pour les deux prochains mois) et attendu de m'endormir. J'étais tellement excitée. J'avais hâte que le soleil se lève.

7   Ce matin avec beaucoup de temps libre. J'ai commencé ma journée en déposant mon poisson bêta chez mon ami. Je venais de le recevoir, mais je ne pouvais évidemment

pas l'emporter. J'ai pris mon matériel, je l'ai chargé dans notre voiture, et c'était parti.

8   Tout allait bien jusqu'à mon arrivée à l'aéroport, où j'ai subi le premier retard du voyage. Le système informatique d'Air Canada était en panne. Nous avons attendu. Et attendu. Et attendu encore. Pendant ce temps, nous avons rencontré une famille en route pour Munich qui, par coïncidence, prendrait les mêmes vols que moi. Mes parents, inquiets que je ne puisse pas me déplacer seul dans tous les aéroports, leur ont demandé s'ils pouvaient m'aider à changer de vol jusqu'à Munich. Ils ont gentiment accepté. Après cette courte interruption de la monotonie de l'attente, nous avons réalisé que mon père devait partir travailler. Alors je lui ai serré la main pour lui dire au revoir, et ma mère et moi avons attendu encore un peu.

9   Enfin, après deux heures de retard, les ordinateurs ont repris. Ils ont pu attribuer les sièges et l'embarquement a commencé. J'ai serré ma mère dans mes bras et suivi mes nouveaux amis allemands jusqu'à la porte d'embarquement. Bien qu'excitée d'être enfin en route, j'étais aussi un peu inquiète. Je n'étais pas sûre d'y arriver. Toute cette inquiétude s'est dissipée, cependant, à mon arrivée à Montréal. J'étais à des centaines de kilomètres de chez moi et il n'y avait pas de retour en arrière possible. Une fois à Munich, j'ai remercié les Allemands qui m'avaient aidée pendant plus de dix heures et je me suis dirigée vers la porte d'embarquement pour le vol pour Cracovie. Une famille de bénévoles d'Habitat m'attendait. J'avais hâte de mieux les connaître et j'attendais avec impatience le projet, mais au moment d'embarquer pour ce dernier vol, je ne pensais qu'à arriver à Cracovie et à profiter d'une bonne douche chaude.

12

De Véritables Apports Pour Apprendre À Lire Et À Écouter 2 - Cracovie et Gliwice, Pologne16

2   De nombreuses heures, nous avons atterri en Pologne. J'ai atterri à Cracovie, l'ancienne capitale. Je n'arrivais pas à y croire. De tous les endroits au monde, j'étais à Cracovie. C'était tellement surréaliste, même si je savais depuis des mois que cette ville serait ma première destination européenne. J'ai dû me pincer pour confirmer que je ne rêvais pas. J'ai repensé à mon arrivée à Lima, au Pérou, deux étés auparavant. J'avais ressenti la même incrédulité à l'époque.

3   J'ai suivi la foule depuis l'avion jusqu'à l'entrée de l'aéroport où j'ai entendu quelqu'un crier mon nom. C'était mon chef d'équipe, Tom. Nous avions parlé au téléphone avant le voyage, mais je ne savais pas à quoi il ressemblait. Pour une raison inconnue, je ne l'avais pas imaginé avec

---

[16]   Cet article est tiré d'un livre inédit, *Seven Weeks Alone in Europe,* de Peter Kang LEE alias Jae Joon LEE.

une barbe. Pourtant, il était là, barbu. À part sa barbe, il ressemblait exactement à ce que j'avais imaginé. Il avait les cheveux bruns courts, de fines lunettes à monture métallique, était légèrement plus grand que moi et, bien sûr, portait le maillot de notre équipe. Je me suis approché et lui ai serré fermement la main. La famille des bénévoles du vol est arrivée et nous nous sommes tous dirigés vers un petit café à l'étage pour attendre que le reste de l'équipe nous rejoigne.

4   Suivantes, les autres arrivèrent au café. Finalement, tout le monde était arrivé et nous sommes partis en van pour notre hôtel. Personne n'était très bavard pendant le trajet, ce qui me convenait parfaitement. Je n'avais pas sommeil à l'aéroport, mais je sentais clairement mes paupières s'affaisser une fois dans le van. Ne voulant pas m'évanouir pendant le trajet, je me suis distrait en pensant à cette incroyable aventure que je venais de commencer. Et à la distance qui me séparait de ma maison où je ne remettrais pas les pieds avant sept semaines. Après un peu de route, notre van est arrivé à notre hôtel. C'était un hôtel trois étoiles, près de la place principale. Nous sommes entrés dans le bâtiment climatisé où la réceptionniste nous a accueillis en anglais, à ma grande surprise. Nous avons été enregistrés rapidement et avons reçu nos clés de chambre. Je suis monté à ma chambre au troisième étage avec Kyle, un autre Habitater d'un an mon cadet, que je venais de rencontrer à l'aéroport de Munich. Notre chambre était un peu plus petite et plus étouffante que les autres, mais c'était le cadet de mes soucis.

5   J'ai ouvert mon sac à dos et découvert qu'une bouteille de bain de bouche avait coulé à cause des changements de pression pendant les vols. Elle avait trempé quelques serviettes et chemises, et pire encore, avait teint mon car-

digan bleu en vert… VERT! Je l'ai rapidement apporté à la réception pour voir si l'hôtel pouvait faire disparaître la tache. Malheureusement, j'ai fini par payer cher pour rien ; les dégâts étaient permanents. Malgré ma déception, j'avais retenu ma première leçon de voyage : n'emportez jamais d'articles de toilette faciles à acheter sur place.

6   Le reste de la journée s'est déroulé sans leçons de vie. J'ai passé du temps à discuter avec mes camarades volontaires et à savourer un bol de bortsch blanc, une soupe polonaise populaire. Ensuite, je suis parti visiter la ville avant de revenir pour une réunion de groupe et un dîner. Je suis ensuite monté dans ma chambre pour appeler mes parents. Je leur ai annoncé que j'étais bien arrivé en Pologne et leur ai fait part de mes impressions et de mon expérience. Après avoir raccroché, je me suis lavé et préparé pour aller me coucher, mais je n'ai pas réussi à m'endormir tout de suite. Je suis resté éveillé, pensant aux gens qui me manquaient à la maison, même si je n'étais parti qu'un peu plus de 24 heures. À un moment donné, tous les visages se sont estompés et je me suis endormi profondément.

7   Lendemain matin, je me suis réveillé plus énergique que jamais, malgré mes trois heures de sommeil. J'avais maintenant sept heures d'avance sur mon fuseau horaire et, à mon réveil, il était déjà deux heures de l'après-midi. Nous avons pris le petit- déjeuner au même endroit où nous avions dîné la veille, car il était juste à côté de l'hôtel et nous n'avions pas beaucoup de temps. Après le petit-déjeuner, certains membres du groupe ont fait leurs valises. Comme j'avais réglé tout ça après le fiasco du bain de bouche, je suis parti avec quelques nouveaux amis faire un peu de tourisme.

8   Barbacoa, une ancienne tour de défense située juste à l'extérieur des remparts de la ville. La plupart du temps,

nous ne comprenions pas vraiment ce que nous voyions, mais ce n'était pas grave, car nous reviendrions à Cracovie dans une semaine pour une visite officielle. Nous avons continué notre route et nous sommes retrouvés près de la cathédrale du Wawel, entourée de douves. Nous avons appris plus tard que l'église abritait les cryptes de nombreux personnages importants de l'histoire polonaise, dont saint Stanislas [1]. En traversant le Wawel, nous avons soudain réalisé qu'il était presque temps de rentrer et nous sommes rapidement rentrés. À notre arrivée, nous avons trouvé la camionnette qui nous attendait. Personne d'autre n'était encore prêt, mais j'ai récupéré mes sacs et me suis quand même dirigée vers le hall. Après avoir flâné un moment, nous sommes montés dans la camionnette et sommes partis pour Gliwice, le site d'Habitat pour l'Humanité où nous allions travailler les jours suivants. J'aurais bien voulu rester éveillé pour profiter du paysage, mais je me suis endormi avant même de m'en rendre compte.

9   Je faisais du bénévolat auprès d'Habitat pour l'Humanité du comté de Boulder depuis un peu plus d'un an, principalement parce que je souhaitais devenir architecte. L'opportunité de faire du bénévolat en Pologne, grâce à ma mère – ainsi qu'à mes nombreux oncles, tantes et grands-parents qui m'ont aidée à financer cette expérience – était l'occasion idéale de découvrir un style de construction différent et de comparer les styles architecturaux du monde entier. Lorsque ma mère m'a proposé ce voyage, j'ai répondu que j'adorerais, car cela semblait très amusant, et ça l'a été.

10   Mais cette expérience m'a aussi appris de précieuses leçons. J'ai beaucoup appris non seulement sur la construction, mais aussi sur le travail d'équipe et la collaboration. J'ai appris que l'objectif n'est pas de terminer le plus vite pos-

sible et de passer au projet suivant, mais de se donner à 100 % et de s'entraider. Certains d'entre nous étaient jeunes, d'autres plus âgés. Tout le monde n'aurait pas pu faire le même travail, mais chacun a contribué de manière égale à la construction. J'ai compris que le travail d'équipe implique que chaque membre fournisse le même niveau d'effort. Qu'il est important de reconnaître les forces et les faiblesses de chacun afin qu'en tant que groupe, il n'y ait pas de points faibles et que le travail soit mené à bien.

11   À Gliwice, tous les jours sauf les deux derniers étaient des jours de travail. J'étais tellement en décalage horaire que je me suis sentie privée de sommeil pendant la majeure partie du séjour à Habitat. Je me couchais entre 2 h et 3 h 30 chaque nuit et, même si je n'étais pas obligée de me lever avant 7 h 30, je me réveillais sans cesse à 5 h 30. Je devais donc me forcer à me rendormir pendant deux heures. Le petit-déjeuner était le même chaque matin : du pain, un assortiment de fromages et de charcuterie, et une tasse de café. Cela ne me dérangeait pas, cependant.

12   Pendant l'année scolaire, je me levais généralement trop tard pour prendre mon petit- déjeuner, ce qui était vraiment décevant, car j'aimais bien manger dès le matin pour tenir le coup. Après le petit-déjeuner, ma routine quotidienne consistait à prendre mon sac de sport et à rejoindre le reste du groupe près de la camionnette pour le trajet d'une demi-heure jusqu'au chantier. Une fois sur place, on nous donnait les instructions de la journée et le menu du midi. Une fois toutes les questions répondues et les commandes passées, nous partions au travail.

13   Tous les jours ne consistaient pas à travailler sur site, cependant. Le deuxième jour, j'ai été invité à faire une "excursion" avec deux de mes collègues. Comme j'étais vraiment curieux de voir comment les rénovations de

maisons en Pologne se comparaient à celles auxquelles j'avais participé aux États-Unis, j'ai sauté sur cette opportunité. Adam, le fondateur d'Habitat pour l'Humanité en Pologne, nous a conduits à Katowice, qui se trouve à un peu moins d'une heure de notre site de travail. C'était une ville assez petite, de banlieue, avec des routes pavées.

14 Une fois sur place, nous avons d'abord visité un refuge pour femmes battues afin de voir si l'on pouvait remédier aux moulures détériorées des salles de bains et des buanderies. La visite fut brève, mais je ne pouvais m'empêcher de penser à ma gratitude pour la vie que mes parents m'avaient offerte. Des portes bordaient les couloirs menant à de petites chambres réservées aux résidentes et à leurs enfants. Ces chambres étaient à peine plus grandes que ma chambre, de la taille d'un salon américain typique. En passant et en jetant un coup d'œil dans les chambres aux portes ouvertes, j'ai constaté qu'au lieu de lits, il n'y avait que des canapés pour dormir. Bien que chaque chambre soit différente, chacune devait accueillir de une à trois personnes, et je ne pouvais m'empêcher de me sentir un peu claustrophobe.

15 Incertaine de la conduite à tenir, je suis restée silencieuse et j'ai suivi notre guide. On nous a conduits dans une salle où des rafraîchissements étaient offerts et nous avons attendu pendant qu'Adam discutait en polonais avec le personnel du refuge. Ils avaient beaucoup de choses à discuter, et notre attente a été longue. J'aurais voulu oublier cette expérience et ne plus y penser, mais je n'y suis pas parvenue. Et c'était peut-être une bonne chose, car même si je ne pouvais rien faire pour aider les gens là-bas, ce que j'ai vu m'a profondément touchée. J'étais reconnaissante pour le monde dans lequel je vis, pour les gens qui m'en-

tourent et pour la possibilité de voir le monde sous un angle différent.

16 Ensuite, au programme, nous avons visité deux maisons en cours de rénovation. Bien que ces projets n'aient pas été réalisés par Habitat, je voulais les comparer à ceux sur lesquels j'avais travaillé aux États-Unis. Pour une raison inconnue, je m'attendais à ce que les rénovations de Gliwice soient assez spartiates. Je me suis complètement trompé. La première rénovation que nous avons visitée était encore en cours. C'était un petit projet, mais l'attention méticuleuse portée aux détails était vraiment remarquable. Bien qu'inachevé, je savais qu'il serait très beau une fois terminé. La deuxième rénovation était déjà terminée. D'ailleurs, la famille (une mère de trois enfants, employée dans un McDonald's) organisait une journée portes ouvertes.

17 Dès mon entrée, j'ai été bluffé. J'étais pour le moins jaloux. Aussi ridicule et cliché que cela puisse paraître, je ne pouvais m'empêcher de penser au dicton : «Il ne faut pas juger un livre à sa couverture.» Non seulement la plupart des bâtiments que j'avais vus semblaient médiocres et délabrés de l'extérieur, mais j'avais développé la fausse impression que la Pologne n'offrait pas le meilleur niveau de vie. Le succès de cette initiative m'a montré que si nous contribuions tous, même modestement, quelle que soit la cause ou le lieu, nous pourrions améliorer considérablement la vie de nombreuses personnes. C'est une raison de plus pour laquelle j'aime faire partie d'Habitat pour l'Humanité.

18 Gliwice, notre travail consistait à mélanger du ciment et à empiler des blocs de pierre ponce contre les murs du bâtiment afin d'améliorer l'isolation. Nous transportions également de lourdes briques (environ 18 kg) dans de nombreux escaliers grâce à une équipe de bénévoles. La

manipulation des briques m'a tellement abîmé le poignet que j'ai fini par avoir une belle cicatrice sur le gauche, mais cela ne m'a pas dérangé. Je la considérais comme une sorte de cicatrice de guerre qui me rappelait plus tard cette belle expérience.

19   Jour, pendant le déjeuner, j'ai fait le tour du chantier pour prendre des photos. J'en ai pris une juste avant l'arrivée d'un futur résident. (La politique d'Habitat prévoit que les résidents contribuent à la construction de la maison.) Le monsieur a cru à tort que je l'avais inclus sur la photo et a immédiatement répondu : «Pas de photos.» Je lui ai montré la photo pour lui prouver qu'il n'y figurait pas, mais j'ai vu à son expression qu'il était encore mal à l'aise. Cependant, il s'est détendu une fois que nous avons repris le transport des briques, nous retrouvant côte à côte, et il a réalisé que nous étions du même côté, malgré nos origines différentes.

20   Les briques mesuraient 63 x 18 x 7,5 cm et, compte tenu de leur poids, elles n'étaient pas faciles à transporter dans les escaliers. Nous avons cependant fait de notre mieux, et ce fut bientôt un exercice hilarant. Tout a commencé avec l'un des membres les plus âgés de notre équipe. Il s'est mis à grogner de manière agaçante à chaque fois qu'il passait une brique. Je me suis joint à lui et je l'ai imité. Bientôt, le Polonais que j'avais rencontré plus tôt a fait de même. À maintes reprises, je me suis penché par-dessus mon côté droit pour prendre les briques de la personne en dessous de moi et les ai balancées pour les transférer à mon ami grognon à ma gauche. Les briques ont touché la même partie de mon poignet gauche, juste au-dessus de ma paume à chaque fois. La marque est devenue rouge puis a commencé à saigner. Aussi douloureux que cela puisse paraître, je n'ai rien senti. Je suppose que je m'amusais trop pour m'en soucier!

21   Jour, après le travail, nous avons fait une courte – mais mémorable – excursion à la tour radio de Gliwice. Cela peut paraître fou de s'enthousiasmer pour une tour radio, mais cette tour est la plus haute tour en treillis de bois du monde actuel. C'est la tour qu'Hitler a utilisée pour déclencher la Seconde Guerre mondiale. Il avait tenté de former une alliance avec la Pologne afin d'attaquer la Russie, mais la Pologne a refusé de se joindre à lui. Hitler a alors envoyé des troupes SS déguisées en soldats polonais à la tour de Gliwice. Ils ont diffusé un communiqué anti-allemand et, une heure plus tard, Hitler a répondu à son propre message en déclarant la guerre à la Pologne. Bien que je n'aie jamais été fasciné par l'histoire, je dois admettre que j'ai trouvé cette histoire plutôt intéressante. C'était la vraie histoire : un lieu réel qui a eu un impact sur le monde entier. C'était l'Histoire.

22   À la fin de cette visite, notre équipe a visité le quartier juif de Gliwice et a été invitée à dîner pour clôturer notre expérience en ville. Je ne me souviens peut-être pas de ce que j'ai mangé, mais je me souviens de la musique, produite par un petit groupe composé d'un pianiste-chanteur, d'un trompettiste et d'un autre chanteur. C'était très caractéristique. En quittant le restaurant, nous sommes partis à la recherche d'un glacier, mais il n'y en avait pas. Nous sommes retournés lentement à l'hôtel, où j'ai rejoint ma chambre et me suis endormie rapidement après cette journée épuisante et bien remplie.

23   Le lendemain matin, nous avons sauté dans le van une dernière fois et sommes partis pour Cracovie. Le premier jour de retour, nous l'avons passé en grande partie avec un guide qui nous a fait une visite très complète de la ville. Il faisait beau, l'ambiance était animée et le temps passait à toute vitesse – comme le dit le proverbe : le temps passe

vite quand on s'amuse. Tout s'est parfaitement déroulé cette journée, sauf lorsqu'un vendeur de glaces a essayé de me voler 10 złotys (environ 3,50 $). Voici l'histoire : après une pause de 10 minutes, la plupart d'entre nous se sont dispersés pour trouver un stand de glaces afin de se rafraîchir un peu. J'ai payé avec un billet plus élevé, car je n'avais pas la monnaie exacte. En retour, on m'a donné une liasse de pièces. Un peu agacé, car je devais maintenant compter chaque pièce de cette monnaie inconnue, j'ai commencé à faire l'addition. J'ai vite réalisé qu'il me manquait exactement 10 złotys. Alors que je pensais n'avoir plus le choix, le guide est arrivé. Je lui ai raconté ce qui s'était passé et elle m'a raccompagné jusqu'au stand.

24 Une fois sur place, nous avons fait la queue. Quand notre tour est venu, le guide a commencé à interroger la caissière, qui s'est mise à crier. Le gérant est alors apparu et a demandé ce qui se passait. Le guide m'a expliqué la situation et la caissière m'a tendu à contrecœur un billet de 10 zł. En nous éloignant, le guide m'a expliqué que de nombreux petits vendeurs volaient les touristes sans hésiter. Je n'étais pas particulièrement contrarié, après tout, grâce au guide, j'avais récupéré mon argent. J'ai essayé de comprendre que la caissière avait probablement essayé de me voler parce qu'elle était en difficulté et pensait que j'étais une riche touriste avec de l'argent à revendre.

25 Journée s'est toutefois terminée sur une note bien plus positive. Les futurs résidents du projet sur lequel nous avions travaillé avaient préparé un merveilleux dîner pour tous les bénévoles. La nourriture était tout simplement phénoménale : steak, saucisse, salades variées, assortiment de desserts et Sprite. Le Sprite était une sorte de blague interne au travail. Mon chef d'équipe me l'a dédié, car le Sprite était ma boisson préférée.

26   Après le dîner, nous avons joué avec un ballon de volley que nous avions trouvé. C'était drôle ou incroyable, je ne sais plus, que même si nous ne pouvions pas communiquer, nous savions tous jouer au volley. Il y avait des barrières linguistiques et culturelles, nous avions tous grandi à des milliers de kilomètres de distance, et pourtant, nous étions là, à jouer au volley!

27   Après cet interlude, on nous a invités à visiter la maison d'un bénéficiaire. En partant, j'ai remarqué la cage pleine de hamsters. J'ai demandé en anglais si je pouvais en tenir un. La femme a compris comme par magie (mon langage corporel?) et m'a permis d'en prendre un. Après quelques minutes de jeu avec le hamster, la femme m'a suggéré de l'emmener. Je m'amusais tellement que j'ai accepté sans hésiter. Je plaisante! La première idée qui m'est venue à l'esprit a été de faire monter un hamster en douce dans un avion, avec toutes les erreurs que cela pourrait engendrer.

28   Une des plus belles expériences de ma vie. Les gens, la langue, les villes, la culture, la nourriture, etc., m'ont ouvert les yeux sur la réalité du monde, contrairement à ce que je me voyais chez moi. Faire du bénévolat avec Habitat pour l'Humanité en Pologne, et honnêtement aussi aux États-Unis, m'a permis de mieux comprendre la réalité du monde en dehors de ma zone de confort. J'ai réalisé que beaucoup de gens ont des vies bien plus difficiles. C'était assez bouleversant de ne pas savoir comment aider tous ceux qui en ont besoin. J'y ai réfléchi un bon moment, mais ce n'est que bien plus tard que j'ai compris que, même si je ne peux pas aider tout le monde, par mes petits efforts, je contribue à un groupe qui a un impact énorme et améliore considérablement la vie de nombreuses personnes : Habitat pour l'Humanité.

CHAPITRE 4

Relations Linguistiques

Pourquoi certaines langues sont -elles plus faciles à apprendre que d'autres?

Existe-t-il une langue particulière qui est plus facile à apprendre pour tout le monde?

Comment pouvons-nous déterminer le degré relatif de facilité à apprendre?

1

Langues Faciles Et
Langues Difficiles

Existe-t-il une langue facile à apprendre? Pour répondre à cette question, laissez-moi vous présenter quelques anecdotes intéressantes.

Un jour, alors que je travaillais comme rédactrice en chef du journal anglophone du campus d'une université coréenne, deux étudiantes de première année m'ont rendu visite. Elles étaient très proches depuis le lycée. Peu après leur entrée à l'université, elles ont fait des projets d'avenir ensemble. L'une de leurs premières intentions était de s'occuper d'abord du service militaire obligatoire afin de pouvoir travailler directement sur le long terme. Forfaits à terme sans interruption.

Ils se sont ensuite promis de mémoriser chaque mot et expression idiomatique de Word Power[17] pendant leur service militaire et avant leur démobilisation. Ils étaient tous deux très fiers d'avoir tenu leur promesse. Ils m'ont même demandé de les tester sur n'importe quel mot de Word Power. Ils étaient également très enthousiastes à

---

[17] Ce célèbre dictionnaire de vocabulaire anglais, contenant environ 5 000 mots et expressions idiomatiques, était considéré dans les années 1970 comme un ouvrage de vocabulaire incontournable pour les étudiants coréens.

l'idée qu'ils seraient très bons en anglais. Leur projet était d'apprendre l'anglais pour pouvoir partir étudier à l'étranger.

Ils m'ont notamment demandé de leur enseigner la grammaire anglaise. Ils étaient convaincus qu'ils avaient besoin de la maîtriser pour exceller en anglais. Ils étaient convaincus qu'une fois familiarisés avec la grammaire anglaise, ils seraient capables de parler anglais avec brio grâce à Word Power.

Cependant, même s'ils avaient mémorisé tous les mots et expressions idiomatiques de Word Power, leur prononciation était très mauvaise. Même s'ils m'avaient demandé de leur enseigner la grammaire anglaise, je leur ai expliqué mes réflexions sur les difficultés liées à l'étude de la grammaire en premier. D'une certaine manière, je les ai forcés à suivre ma méthode d'enseignement. Ils ont accepté à contrecœur de commencer par Babble Training. Ils ont eu beaucoup de mal à cause de la prononciation difficile des mots anglais, et surtout à cause de leurs doutes et hésitations à se concentrer entièrement sur Babble Training pour parler. Ils avaient l'habitude de se concentrer sur la grammaire et de consacrer des heures supplémentaires chaque jour à l'étude de la grammaire anglaise de leur propre chef.

Pendant six mois, ils ont étudié avec acharnement pour découvrir et maîtriser les secrets de l'anglais. Ils se parlaient même coréen dans l'ordre des mots anglais afin de se familiariser avec la structure orale anglaise.

Cependant, leur anglais était si médiocre qu'ils n'avaient aucune confiance en eux pour s'exprimer en anglais. Du coup, après six mois, ils m'ont annoncé qu'ils abandonneraient l'anglais, n'ayant pas obtenu ce qu'ils attendaient de ces six mois d'étude. C'était très frustrant pour eux de ne pas avoir réussi à maîtriser l'anglais en six mois, après avoir mémorisé tout le vocabulaire de Word Power pendant près de trois ans de service militaire. Au lieu de cela, les deux amis m'ont dit qu'ils allaient commencer à étudier le japonais.

Certains leur avaient assuré qu'ils pourraient maîtriser le japonais assez couramment en six mois.

Environ six mois plus tard, ils sont revenus me voir et m'ont confié avoir fait le bon choix en abandonnant l'anglais pour le japonais. Ils étaient très satisfaits de ce qu'ils avaient accompli pendant ces six mois d'études. Ils m'ont confié qu'ils avaient étudié le japonais avec autant d'assiduité que l'anglais.

Pourtant, en six mois, ils ont découvert qu'ils pouvaient penser et parler couramment japonais, et ont acquis la conviction qu'ils pourraient bientôt améliorer leur japonais. Il leur a été beaucoup plus facile de percer les secrets de la langue. Après avoir obtenu leur diplôme, ils sont partis au Japon pour poursuivre leurs études. J'utiliserai le terme «cas japonais» pour décrire cette histoire.

Il y a une autre histoire intéressante. J'ai rencontré un homme d'affaires, M. C, dans le Colorado. Après avoir obtenu son diplôme d'une université coréenne, il est parti au Japon et y est resté environ quatre ans. La première année, il a étudié le japonais dans un institut. Après une année d'étude, il a pu communiquer très bien en japonais, si bien que certains Japonais le considéraient comme un locuteur natif. Il est ensuite parti en Angleterre où il a fréquenté une école anglaise pour apprendre l'anglais. Il y est resté environ deux ans, puis est retourné en Corée. Peu après, il est arrivé aux États-Unis.

Lorsque je lui ai demandé quelle langue, hormis le coréen, il se sentait le plus à l'aise, il a répondu : «Le japonais». Il n'a pas étudié le japonais en Corée, mais il y est resté environ quatre ans après ses études. Il vit aux États-Unis depuis un peu plus de neuf ans, où il exerce des activités commerciales. Auparavant, il a séjourné environ deux ans en Angleterre. Il a suivi une formation en anglais pendant une dizaine d'années en Corée, du collège à l'université. Il a également essayé d'apprendre le chinois. De plus, grâce à son activité professionnelle, il parle suffisamment espagnol pour être en contact avec la clientèle. Il a expliqué qu'il n'avait pas réussi à apprendre le chinois, faute d'avoir étudié suffisamment longtemps.

Parmi les quatre langues autres que le coréen, comme le japonais, le chinois, l'anglais et l'espagnol, M. C a identifié le japonais comme la langue la plus facile à apprendre, suivi du chinois, même s'il ne la parle pas. Selon lui, l'anglais est la langue la plus difficile à apprendre pour lui, même après avoir vécu près de dix ans aux États-Unis. L'espagnol, qu'il a finalement commencé à apprendre parmi ces quatre langues, lui a été encore plus facile à apprendre que l'anglais. J'utiliserai le terme «cas C» pour décrire cette histoire.

Sur la base des deux cas précédents, je constate une relation significative entre l'acquisition et les similitudes linguistiques. Autrement dit, les langues qui partagent le plus de similitudes ou de traits communs avec la langue maternelle de l'apprenant sont plus faciles à apprendre et à maintenir. Le coréen et le japonais sont connus pour partager un nombre important de traits communs ou de similitudes : l'ordre des mots, le système phonétique et un certain nombre de ressources linguistiques avec des différences phonétiques mineures. En revanche, le chinois et le coréen partagent un nombre important de ressources linguistiques.

La plupart des formes nominales coréennes sont empruntées à la langue chinoise, dont beaucoup de sons sont facilement apparentés. À titre de référence, j'utiliserai le terme de **langues voisines** pour désigner des langues qui partagent de nombreuses similitudes linguistiques et des caractéristiques communes, notamment linguistiquement, et pas nécessairement géographiquement, comme le japonais, le coréen et le chinois.

Dans ce sens, on comprend que, pour les anglophones, l'apprentissage d'une langue indo-européenne comme l'italien, l'allemand, le français et d'autres langues est bien plus facile que celui de langues étrangères à l'anglais. À titre indicatif, j'utiliserai le terme de «**langues familiales**» pour désigner les langues qui entretiennent de telles relations. Les langues familiales partagent par nature de nombreuses caractéristiques communes ou similaires, notamment en termes d'écriture, de phonologie, de grammaire et de ressources linguistiques. Cependant, la relativité entre les langues familiales d'origine s'est affaiblie, car elles se sont divisées en différents groupes de familles au fil du temps.

Ainsi, certaines langues ne semblent partager aucun point commun. Par exemple, le russe est classé parmi les langues indo-européennes, comme l'anglais, mais il utilise son propre système d'écriture et ne partage que peu de caractéristiques avec les autres langues indo-européennes. Il en va de même pour l'hindi.

Par conséquent, pour identifier la relativité entre les langues d'une famille, il serait nécessaire d'utiliser des termes tels que **langues cousines** pour les langues ayant de nombreuses caractéristiques communes et **langues cousines au second degré pour les langues** ayant peu de caractéristiques communes à partager.

En revanche, apprendre le coréen est très difficile pour un anglophone, et inversement, car les deux langues partagent très peu de caractéristiques linguistiques significatives. Il en va de même pour l'anglais et le japonais, je crois.

Il semble encore plus difficile pour les apprenants coréens d'apprendre l'anglais que l'inverse, car les caractéristiques sonores du coréen, dépourvues d'accents, d'intonations et de variations entre les sons et les caractères, sont plus simples que celles de l'anglais. L'arabe semble être assez difficile pour les anglophones, les coréens, les japonais et les chinois, car son système d'écriture est totalement différent, avec des systèmes de voyelles assez confus et des caractéristiques sonores totalement différentes. À titre de référence, j'utiliserai le terme de «**langues étranges**» pour désigner les langues qui entretiennent ce type de relations.

Revenons maintenant à la question de savoir s'il existe une langue facile à apprendre. Ma réponse est qu'aucune langue n'est suffisamment simple et facile pour être apprise en une matinée. Toutes les langues nécessitent un entraînement intensif au babble. Deuxièmement, comparées aux langues voisines et aux langues étrangères, les langues de la famille sont relativement plus faciles à apprendre dès le début, car elles partagent de nombreux points communs. Par conséquent, les langues étrangères nécessitent plus de temps et d'efforts pour être apprises.

2

Distance Linguistique

On dit que certaines langues sont faciles à apprendre au début, mais très difficiles après le niveau débutant. D'autres affirment le contraire. Ces commentaires sont-ils réalistes? Pourquoi? Pourquoi les langues apparentées, ou les langues cousines en général, seraient-elles plus faciles à apprendre que les langues étrangères? Comment expliquer la facilité d'apprentissage de certaines langues qui ne sont pas apparentées à la sienne? Je pense que la réponse à ces questions réside dans les similitudes linguistiques entre ces langues.

J'ai déjà introduit des termes tels que langues familiales, langues cousines, langues de second degré, langues voisines et langues étrangères pour désigner les relations entre la langue maternelle et la langue maternelle. Cependant, pour répondre à ces questions de manière plus concrète, il est nécessaire de décrire les relations entre ces langues sous forme numérique.

Afin de numériser les similitudes ou les dissemblances entre les langues, j'aimerais introduire le concept de distance linguistique. La distance linguistique désigne le degré de difficulté que les apprenants doivent affronter pour acquérir une TL. La distance, ou le degré de difficulté, est mesurée par des «scores de distance» basés sur la comparaison des groupes respectifs de caractéristiques systématiques de deux langues. Les caractéristiques systématiques sont regroupées en trois catégories : les caractéristiques phonétiques, les caractéristiques syntaxiques et les caractéristiques lexicales. Par nature, les caractéristiques phonétiques sont liées à la capacité physique ; les facteurs syntaxiques à l'intuition linguistique ; et les caractéristiques lexicales aux ressources linguistiques.

Examinons comment le tableau de distance linguistique est établi. Tout d'abord, la distance linguistique pour les caractéristiques phonétiques est mesurée en comparant des caractéristiques telles que les voyelles, les consonnes, les suprasegmentales, les disparités lettre-son et le principe de syllabation des deux langues. À l'exception des suprasegmentales, qui reçoivent un point de base de 10, les caractéristiques phonétiques de la langue d'apprentissage qui n'existent pas dans la langue maternelle de l'apprenant sont mesurées par un point chacune.

Par exemple, d'après mes recherches, l'anglais possède au moins 11 voyelles, ce qui est absent du coréen. Par conséquent, la distance entre le coréen et l'anglais pour les caractéristiques des voyelles est de 11. De même, la distance pour les caractéristiques des consonnes est de 15, et celle pour la disparité lettre-son, c'est-à-dire les lettres représentant plusieurs sons, est de 13. Selon cette méthode, la distance linguistique totale pour les caractéristiques phonétiques entre le coréen et l'anglais est de 49.

Cependant, le score total pour les caractéristiques phonétiques de l'anglais vers le coréen n'est pas le même que pour l'inverse. Cela s'explique par le fait que les caractéristiques phonétiques d'une langue peuvent être beaucoup plus complexes ou plus simples que celles de l'autre. D'après le tableau ci-dessous, le score total pour les caractéristiques phonétiques de l'anglais vers le coréen est de 19. Comparé au score total du coréen vers l'anglais, qui est de 49, ce score est nettement inférieur, ce qui signifie que les caractéristiques phonétiques de l'anglais sont beaucoup plus complexes que celles du coréen.

Deuxièmement, les scores de distance linguistique pour les traits syntaxiques et lexicaux sont mesurés selon un système de scores de base. Les scores de chaque trait sont déterminés en déduisant les scores au prorata des scores de base, selon le ratio statistique des traits donnés de la langue maternelle apparaissant en langue des signes. Par exemple, si le ratio statistique pour un groupe de traits donné de la langue maternelle est d'environ 30 % de toutes les occurrences de ces groupes en langue des signes, le score de distance pour ce trait sera un nombre équivalent à 70 % du score de base pour ce trait. Quant aux scores de base pour les traits respectifs de chaque groupe, j'ai calculé des scores au prorata en fonction du poids que chaque trait semble avoir. Franchement, il s'agit d'une question plutôt subjective qu'objective.

Cependant, tant que l'on maintient un principe cohérent et raisonnable dans l'évaluation des scores de base pour toutes les caractéristiques, cela ne devrait pas entraîner de différence significative dans l'évaluation de la distance linguistique entre deux langues données. À terme, de nombreuses discussions et travaux, menés par et entre les linguistes des langues du monde, seraient nécessaires pour établir un ensemble standard de critères permettant de mesurer et de comparer objectivement les distances entre plusieurs langues dans toutes les directions. Cependant, pour l'instant, je ne m'en préoccuperai pas à ce stade. J'ai également essayé de refléter tous les groupes de caractéristiques linguistiques importantes à maîtriser pour une communication efficace.

Le coréen et l'anglais ne partagent pas vraiment de points communs, tant au niveau syntaxique que lexical. J'ai donc attribué des notes de base à chaque caractéristique, à l'exception de la structure du syntagme, pour laquelle j'ai attribué 3 points à l'anglais, car, en coréen, un syntagme adjectival précède toujours un syntagme nominal, et qu'en anglais, un syntagme adjectival peut se placer avant ou après un syntagme nominal selon le type d'adjectifs. J'ai donc calculé que le degré de difficulté de la structure du syntagme anglais non partagée valait 3 points. Ce type de structure s'applique de la même manière aux syntagmes adverbiaux qui, en coréen, se placent toujours avant un syntagme verbal, alors qu'en anglais, ils se placent avant et après un syntagme verbal.

Types de fonctionnalités[1] du coréen vers l'anglais		Scores de distance linguistique	
		du coréen vers l'anglais	Anglais vers coréen
Caractéristiques phonétiques	Voyelles	11	8
	Consonnes	15	4
	Disparité lettre-son	13	7
	Syllabification	0	0
	Suprasegmentaux (10)	10	n / A
Sous-total pour les caractéristiques phonétiques		49	19
Caractéristiques syntaxiques	Structures de phrases (5)	3	0
	Structures de phrases (10)	10	10
	Interrogatif (5)	5	5
	Prépositions (5)	5	n / A
	Postpositions (5)	n / A	5
	Voix (5)	5	5
	Types d'affixes (5)	0	3
Sous-total pour les caractéristiques syntaxiques		28	28

	Alphabets (10)	1 0	1 0
	Aucun alpha-bétique (20)	n / A	n / A
	2ème série d'alphabets (5)	1	n / A
	Utilisation des 3èmes alphabets (5)	n / A	n / A
	Utilisation d'un 3ème non-alphabet (5)	n / A	1
	Système de cas (5)	5	5
Caractéristiques lexicales	De genre (5)	n / A	n / A
	Système de classification (5)	1	4
	Système numérique (5)	5	5
	2ème système numérique (5)	n / A	5
	Vocabulaires (50)	50	48
	Système honorifique (5)	n / A	5
	Système de modalité (5)	n / A	5
Sous-total pour les caractéristiques lexicales		72	88
Score total de distance linguistique		149	135

À partir du tableau ci-dessus, examinons d'abord les difficultés rencontrées par les Coréens pour apprendre l'anglais. Le score de distance linguistique entre le coréen et l'anglais est de 149, ce qui est assez élevé par rapport à la plupart des langues cousines, qui ne devraient pas dépasser 50 au maximum. Sur ce score total de 149, la distance totale pour les caractéristiques phonétiques est de 49, soit un peu moins de 30 % de la distance totale. Cela explique pourquoi il est si difficile pour les Coréens d'acquérir les sons anglais. Après plus de dix ans d'enseignement scolaire en anglais, la plupart des élèves coréens ne parviennent toujours pas à articuler correctement la plupart des sons anglais. C'est pourquoi la plupart d'entre eux ne parviennent pas à surmonter les difficultés liées aux sons anglais.

D'autre part, de nombreux Coréens bilingues ayant appris l'anglais comme langue seconde m'ont confié que l'anglais était très pratique et facile à utiliser. Ils admettent même que le coréen est assez compliqué et peu pratique en raison des nombreuses règles d'usage axées sur les relations interpersonnelles. Cela témoigne de leur capacité à assimiler les caractéristiques syntaxiques et lexicales après avoir acquis les caractéristiques phonétiques et orales.

Examinons maintenant le degré de difficulté des anglophones à apprendre le coréen. Le score total de distance pour les caractéristiques phonétiques est de 19 ; celui pour les caractéristiques syntaxiques est de 28 ; et celui pour les caractéristiques lexicales est de 88. Le score de distance pour les caractéristiques phonétiques indique que la difficulté pour les anglophones est environ deux fois moindre que celle des coréens. D'après mon expérience d'enseignement, cela semble très juste, même si les anglophones apprenant le coréen pour la première fois peuvent avoir l'impression qu'il est encore très difficile d'apprendre les sons. À l'exception de quelques élèves hésitants, la plupart de mes élèves assimilent les sons de la langue coréenne avec une certaine fluidité en un ou deux semestres : ils peuvent lire des phrases, écouter et comprendre les sons d'un locuteur natif, et produisent également des sons coréens assez précis lorsqu'ils parlent ou lisent sans accent anglais prononcé. Ils n'ont aucune difficulté à lire des mots coréens écrits avec des sons précis.

Cependant, pour que les étudiants coréens soient capables de lire, d'écouter et de produire correctement les sons anglais, je pense qu'il faut au moins six à huit semestres, voire plus. Pourtant, les étudiants ne parviennent pas encore à identifier toutes les caractéristiques sonores en étudiant les mots anglais écrits, ni à les accentuer correctement. À ce titre, deux semestres peuvent être considérés comme une période relativement courte pour apprendre tous les sons coréens.

Cependant, les anglophones bilingues ayant appris le coréen comme langue seconde se plaignent des difficultés liées à des systèmes honorifiques apparemment incontrôlables, ainsi que du nombre inconnu de marqueurs de modalité, qui témoignent des différentes attitudes du locuteur envers ses interlocuteurs et envers l'information transmise. Après tout, l'utilisation correcte des éléments lexicaux en coréen est très difficile à maîtriser pour les étrangers ayant un niveau élevé de coréen.

Selon le tableau ci-dessus, en cours d'élaboration, de la distance linguistique entre l'anglais et le coréen, la distance entre le coréen et l'anglais est de 149. En revanche, la distance dans le sens inverse est de 135. Apparemment, la distance entre l'anglais et le coréen s'est avérée inférieure à celle dans l'autre sens. Ainsi, les coréenophones auraient plus de difficultés à acquérir l'anglais que les anglophones à acquérir le coréen.

S'il est vrai qu'aucune langue n'est facile à apprendre, il est également vrai que certaines langues peuvent l'être plus que d'autres. Le tableau des distances linguistiques permet de mesurer l'écart entre la langue maternelle et la langue maternelle. Ainsi, grâce à ces informations, on peut déterminer quelle partie de la langue maternelle est la plus difficile à apprendre.

Par conséquent, les langues apparentées devraient obtenir des scores très faibles, car elles partagent de nombreuses caractéristiques communes. Les langues voisines devraient obtenir des scores bien supérieurs à ceux des langues apparentées. De même, les langues étrangères devraient obtenir des scores relativement élevés entre elles, comme les scores des langues paires que sont le coréen et l'anglais. Le tableau montre que la difficulté d'apprentissage de la TL est proportionnelle au score de distance.

Sur la base du concept de distance linguistique présenté dans le tableau ci-dessus, je dirais que toute langue dont la distance linguistique totale par rapport à la langue maternelle est d'environ 50 est relativement plus facile à acquérir. Pour ces langues, les étudiants n'ont pas besoin d'acquérir un nouvel ensemble de facteurs d'acquisition [18]de la langue maternelle. En revanche, toute langue dont la distance linguistique totale est supérieure à 100 nécessite l'acquisition d'un nouvel ensemble de facteurs d'acquisition.

Afin de dégager des idées concrètes sur les relations entre le processus d'apprentissage et la distance linguistique, et d'exploiter les informations relatives aux scores de distance pour une meilleure adéquation, la mesure de la distance linguistique présentée ici doit être approfondie. Pour produire des cartes de distance linguistique précises et fiables entre des langues particulières, la coopération de nombreux linguistes serait nécessaire. Une approche plus systématique de la distance linguistique entre la langue maternelle et la langue seconde aiderait les enseignants de langues étrangères à comprendre la relation dynamique entre les deux langues et à concevoir leurs cours.

---

[18] La définition de ce terme est introduite dans un article ultérieur.

3

Distance Linguistique
Et Méthodes FLE

Il est admis que les langues apparentées ou familiales présentant un score de distance linguistique très faible peuvent être apprises relativement facilement et rapidement. Cela signifie que les élèves qui apprennent des langues familiales présentant un score de distance linguistique très faible peuvent généralement atteindre un niveau de compétence bien supérieur sur la même période. En revanche, les élèves qui apprennent des langues étrangères présentant un score de distance linguistique très élevé n'atteignent généralement pas le même niveau de compétence sur la même période.

Alors, faut-il appliquer des méthodes d'enseignement du français langue étrangère (FLE) différentes à différents groupes de langues, en fonction de la distance linguistique par rapport à la langue d'enseignement? Par exemple, si la langue maternelle et la langue d'enseignement appartiennent au même groupe linguistique et que les scores linguistiques sont très faibles, inférieurs à 50, quelle serait la meilleure méthode d'enseignement? Étant donné la grande similitude des deux langues, serait-il préférable d'introduire et de mettre l'accent sur la grammaire dès le début afin que les élèves puissent facilement comprendre les différences entre elles?

D'un autre côté, si la TA et la TL sont des langues totalement étrangères l'une à l'autre, quelle méthode d'enseignement utiliser? Étant donné que les deux langues diffèrent radicalement sur tous les plans linguistiques, devrions-nous commencer par enseigner les différences majeures une par une? Ou devrions-nous simplement commencer par enseigner le Babble Training à parler?

La réponse à ces questions réside à nouveau dans l'observation du processus naturel d'acquisition des langues familiales et des langues voisines ou étrangères par les enfants, par exemple. Une chose est sûre : quelle que soit l'intuition linguistique développée à l'égard d'une langue familiale ou voisine, les phénomènes spécifiques à une langue relèvent davantage des compétences linguistiques à acquérir que des connaissances linguistiques à comprendre. L'observation du processus d'acquisition naturelle des langues permet de comprendre clairement le processus de développement de ces compétences linguistiques.

En observant le processus naturel d'acquisition des langues, nous pouvons être certains d'une chose : il conduit les apprenants au développement des compétences linguistiques fondamentales, à savoir la capacité à parler. Ce processus commence par le développement des compétences linguistiques fondamentales. En ce sens, il contraste radicalement avec les différentes méthodes traditionnelles, qui se concentrent sur l'enseignement de connaissances linguistiques basées sur la grammaire, de compétences linguistiques non fondamentales comme la lecture et l'écriture, ou tout au plus de compétences superficielles d'écoute et d'expression orale.

Si j'utilise l'expression «enseigner des compétences superficielles d'écoute et d'expression orale», c'est parce que l'acquisition d'une langue ne peut se faire par des activités d'écoute exclusives et inconditionnelles, ni par des pratiques conversationnelles parfois irrégulières en face à face. On peut se demander si ce serait la méthode la plus efficace pour l'apprentissage d'une langue seconde par des étudiants adultes. Cependant, l'apprentissage de l'anglais langue seconde (FLE) basé sur diverses méthodes n'ayant pas été couronné de succès, on peut supposer qu'une méthode utilisant l'acquisition du langage naturel pourrait être la meilleure solution pour l'acquisition d'une langue seconde.

Par conséquent, la réponse à ces questions est la suivante : quelles que soient les différences linguistiques entre la langue maternelle et la langue d'enseignement, les méthodes d'enseignement les plus efficaces devraient être les mêmes. C'est pourquoi j'insiste sur le fait que, quelles que soient les relations linguistiques entre la langue maternelle et la langue d'enseignement, nous devrions commencer par enseigner le niveau 1 de babillage, l'entraînement au babillage, et poursuivre avec les niveaux suivants afin d'atteindre et d'améliorer le niveau de compétence des élèves.

Bien sûr, selon la distance linguistique par rapport à la TL, les élèves peuvent progresser très ou très lentement vers des niveaux plus élevés du processus de babillage. Plus le score de distance par rapport à la TL est faible, plus la progression vers les niveaux supérieurs du processus de babillage sera rapide. Plus le score de distance est élevé, plus la progression vers les niveaux supérieurs du processus de babillage sera lente.

Les questions ci-dessus sur les différences et les méthodes d'enseignement des langues familiales, des langues des voisins ou des langues étrangères peuvent être comparées à celles sur les différences et les méthodes d'enseignement d'instruments de musique similaires ou étrangers. Quelle que soit la similitude ou l'étrangeté des instruments par rapport à son propre instrument, le processus d'enseignement est fondamentalement identique aux méthodes d'enseignement classiques. Autrement dit, les enseignants doivent exiger des élèves qu'ils pratiquent beaucoup à chaque fois. La différence réside simplement dans le fait que les élèves apprendront plus ou moins vite, selon les similitudes ou les différences du nouvel instrument.

De plus, comme un score de distance plus faible signifie que les élèves possèdent déjà une intuition linguistique, des capacités physiques et des ressources linguistiques supérieures pour la TL, l'acquisition de la TL nécessiterait moins d'entraînements intensifs, moins de temps et moins d'efforts. Pour de nombreuses langues de la famille des langues indo-européennes, il est vrai que de nombreux facteurs d'acquisition sont encore communs aux locuteurs de chaque langue. Par conséquent, les élèves qui apprennent cette TL l'acquerraient avec un processus de babillage relativement moins intensif pour apprendre à parler, lire, écouter et écrire.

C'est, à mon avis, la principale raison pour laquelle la méthode traditionnelle de traduction grammaticale a été la tendance dominante du FLE. C'est-à-dire qu'avant le vingtième siècle, le FLE était généralement principalement axé sur l'enseignement de langues familiales assez fortes qui étaient utilisées dans les pays voisins. Compte tenu de la faible distance linguistique entre la langue maternelle et la langue seconde, la méthode de traduction grammaticale restait très efficace, car elle aidait les étudiants à acquérir des compétences communicatives telles que la lecture et l'écriture, simplement en étant capables de distinguer les différences grammaticales entre les deux langues.

En revanche, les élèves qui apprennent une langue étrangère avec un score de distance linguistique très élevé devront surmonter de nombreuses difficultés en suivant un entraînement intensif au babble, avec un nombre important d'expressions, afin de développer leur intuition linguistique, leurs capacités physiques et leurs ressources linguistiques suffisantes pour acquérir la langue étrangère. En particulier, les élèves qui s'efforcent d'apprendre une langue étrangère dont le score de distance linguistique pour les caractéristiques phonétiques est très élevé rencontreront de nombreuses difficultés dès le début. De fait, de nombreux élèves ne parviendront pas à franchir le niveau 1 de l'entraînement au babble, faute de moyens et de temps.

En conclusion, toutes les langues requièrent l'acquisition d'intuition linguistique, de capacités physiques et de ressources linguistiques. De même, toutes les activités sportives font appel à des sens athlétiques, à des capacités physiques et à toutes sortes de compétences. Par conséquent, tout comme les activités sportives, L'apprentissage nécessiterait les mêmes pratiques intensives et routinières, tandis que l'apprentissage des langues exige le même processus intensif et ciblé de formation Babble, quelle que soit leur similarité avec la langue maternelle. Après tout, la distance linguistique avec la langue maternelle ne devrait pas modifier les méthodes de FLE ; au contraire, elle influencerait la rapidité des progrès.

CHAPITRE 5

Méthodes D'évaluation

Peut-on enseigner indépendamment des tendances générales des critères d'évaluation?

Peu importe ce que nous enseignons, les étudiants auront tendance à se tourner vers les tendances des critères d'évaluation.

1

Transitions Des Méthodes D'évaluation Des Langues Étrangères

En matière d'enseignement de l'anglais langue étrangère (FLE), il est évident que le programme le plus intensif et le plus répandu au monde est le TESL. D'innombrables manuels, audios, vidéos et ouvrages de référence sur l'enseignement de l'anglais remplissent les rayons de toutes les librairies des pays non anglophones. Le simple fait d'observer le marché de l'anglais en Corée du Sud est impressionnant. Chaque mois, de nouveaux ouvrages de référence sur l'enseignement de l'anglais sont mis sur le marché.

Aux États-Unis, je ne vois pas de programmes de FLE aussi intensifs, quelle que soit la langue, qu'ils soient en Corée. Je n'y constate pas non plus autant d'enthousiasme ni d'enthousiasme social pour l'apprentissage d'une langue étrangère. Je comprends que d'autres pays asiatiques, comme le Japon et la Chine, ne diffèrent guère de la Corée en matière de FLE. Je suppose que la situation serait similaire dans la plupart des autres pays non anglophones. Connaissant bien mieux les programmes de FLE en Corée et aux États-Unis, je vais aborder la situation du FLE en comparant les deux pays.

Comparés aux vives inquiétudes suscitées par le FLE en Corée, les Américains semblent relativement généreux et sereins quant aux bénéfices qu'ils en retirent. Aux États-Unis, les résultats d'un apprentissage du FLE n'ont pas une influence aussi déterminante sur la promotion ou la progression tout au long de la vie qu'en Corée. En général, les étudiants coréens s'efforcent d'obtenir plus de 100 % de ce qui leur a été enseigné, faute de quoi ils risquent de prendre du retard lors des épreuves cruciales. Par conséquent, les étudiants coréens, et probablement aussi ceux d'autres pays, n'ont pratiquement d'autre choix que d'étudier aveuglément et avec assiduité tout ce qui leur est enseigné en anglais.

Je souhaite maintenant aborder l'évolution du TESL à l'échelle mondiale. Les tendances du TESL à l'échelle mondiale ont été influencées par les tendances des méthodes d'évaluation de l'anglais, qui ont connu des changements radicaux au cours des vingt dernières années. Certains pourraient affirmer que l'inverse pourrait également se produire. Cependant, je pense qu'historiquement, les tendances des évaluations de l'anglais ont eu davantage d'influence sur celles du TESL que celles du TESL sur celles de l'évaluation de l'anglais.

Avant les années 1970, les étudiants coréens étaient évalués sur la base de tests fortement axés sur la grammaire. Ainsi, une personne maîtrisant parfaitement la grammaire anglaise pouvait grandement faciliter sa vie et assurer sa réussite scolaire et professionnelle. Je suppose que la plupart des pays non anglophones ont suivi les mêmes tendances que la Corée. Jusqu'aux années 1980, ils étaient évalués sur la base de tests axés sur la grammaire et la lecture.

Par conséquent, les gens ont travaillé très dur pour pouvoir lire et comprendre de longs paragraphes anglais, contrairement aux phrases d'exemple très courtes utilisées pour expliquer la grammaire avant les années 1980, en analysant chaque phrase en fonction de leurs connaissances grammaticales. Depuis les années 1980, le TESL des pays du monde est dirigé par l'ETS, le TOEFL et le TOEIC étant considérés par l'ETS comme des programmes de test d'anglais de référence à l'échelle mondiale. Depuis lors, les enseignants et les élèves d'anglais ont adapté leur approche de l'enseignement de l'anglais en fonction des tendances de l'évaluation de l'ETS.

Ainsi, alors que l'ETS évaluait les élèves sur la grammaire, la lecture et l'écoute via le TOEIC et le TOEFL, le TESL a ajouté la compréhension orale à son programme d'études, en plus des cours existants axés sur la grammaire et la lecture. Puis, avec l'ajout de l'épreuve d'écriture à son évaluation dans les années 1990, la préparation de l'épreuve d'écriture s'est intensifiée, en plus des tests de grammaire, de lecture et de compréhension orale de l'anglais.

Cependant, avec le début du vingt-et-unième siècle, l'ETS a pris conscience des graves problèmes de ses propres programmes. Le problème était que très peu de ceux qui obtenaient d'excellents résultats au TOEFL ou au TOEIC parlaient couramment anglais. La plupart d'entre eux, notamment ceux originaires de pays non européens, se sont avérés incapables de communiquer correctement en anglais.

En conséquence, l'ETS a développé l'iBT TOEFL, incluant l'épreuve d'expression orale. De plus, l'ETS a décidé que l'évaluation grammaticale serait effectuée lors des épreuves d'expression écrite et orale, plutôt que dans une section grammaticale distincte. Ces modifications apportées au TOEFL n'ont fait qu'accroître la confusion chez les étudiants et compliquer leur apprentissage de l'anglais. Bien que l'ETS ait supprimé la section grammaticale de l'iBT TOEFL, personne ne semble considérer que cela signifie qu'«aucune étude grammaticale distincte n'est nécessaire». L'ETS a même précisé que les compétences grammaticales seraient évaluées lors des épreuves d'expression écrite et orale, ce qui explique la forte conviction qu'une étude grammaticale distincte et ciblée de l'anglais est indispensable.

En ajoutant ces domaines de test dans une telle séquence, l'ETS, avec l'autorité qui lui est naturellement conférée par sa réputation très reconnue en tant que meilleure agence de programmes de tests d'anglais professionnels au monde, semble avoir silencieusement ratifié la séquence traditionnelle du TESL se concentrant d'abord sur la grammaire et la lecture.

En d'autres termes, avec la séquence des méthodes d'évaluation traditionnelles, les enseignants ont été amenés à enseigner la grammaire en premier, puis la lecture en second. S'appuyant sur la séquence des matières supplémentaires ajoutées aux programmes d'examen de l'ETS, comme le TOEFL, les enseignants ont également été amenés à enseigner l'expression écrite, la compréhension orale et l'expression orale selon la même séquence que celle du TOEFL.

Par conséquent, l'entraînement à l'expression orale est toujours considéré comme le dernier cours du programme scolaire d'anglais, et ce programme ne dispose pas de suffisamment de temps pour atteindre le niveau d'expression orale, et ce pour plusieurs raisons. Il consacre l'essentiel de son temps à la grammaire et à la compréhension écrite, tandis que les compétences d'expression écrite et d'écoute sont très marginales.

Il est donc tout à fait naturel, et pas vraiment surprenant, pour moi, de constater que des personnes ayant suivi près de dix ans d'enseignement de l'anglais ne parlent pas du tout anglais. Comme nous ne l'avons pas enseigné, les élèves ne peuvent tout simplement pas le faire. C'est une conséquence logique. Nous leur avons enseigné la grammaire, la lecture, l'écriture et la compréhension orale de l'anglais. Ainsi, les élèves sont bien dotés en grammaire, lecture, écriture et compréhension orale, proportionnellement à leur niveau d'éducation. En ce sens, l'enseignement de l'anglais dans le monde entier est une grande réussite. Nous ne pouvons pas nous en plaindre, car ils ont très bien assimilé ce que nous leur avons enseigné.

Cependant, nous sommes profondément contrariés par la conséquence logique que les élèves ne maîtrisent pas bien l'anglais. Cela montre que nous enseignons l'anglais avec l'idée invraisemblable que les élèves seraient capables de parler anglais après avoir appris la grammaire, la lecture, l'écriture et la compréhension orale. Tout le monde pensait à tort que l'enseignement de la grammaire, de la lecture, de l'écriture et de la compréhension orale devait précéder l'enseignement de l'expression orale.

À première vue, cela paraît plausible, mais c'est une grave erreur. Ils ignoraient totalement qu'une fois l'expression orale acquise grâce à un entraînement Babble approfondi, et non à un entraînement superficiel, tous les autres aspects comme la grammaire, la lecture, l'écriture et l'écoute seraient résolus d'un seul coup. Aujourd'hui encore, la plupart des enseignants de FLE sont profondément convaincus de cette incroyable erreur et s'élèvent pour défendre les méthodes traditionnelles.

La raison pour laquelle j'ai présenté l'évolution du TESL à l'échelle mondiale est qu'il a une influence très significative non seulement sur le FLE des États-Unis mais aussi sur celui de tous les pays du monde.

Les États-Unis semblent être une exception : il n'existe pas de langue particulière que chacun s'engage à apprendre pendant de nombreuses années et, comparé à de nombreux autres pays, un nombre important de langues sont proposées dès l'école primaire, avec un poids équivalent. De plus, il est particulièrement singulier et avantageux pour les élèves américains que la quasi-totalité des langues soient enseignées par des locuteurs natifs partout dans le pays. Peu de pays au monde peuvent se permettre une telle diversité de ressources humaines.

Cependant, des problèmes persistent. En effet, de nombreux enseignants locuteurs natifs de ces langues ont suivi des cours de FLE dans leur pays avant de venir aux États-Unis. Ils ont donc suivi les cours traditionnels de TESL dans leur pays. Les programmes de TESL à l'étranger sont principalement influencés par des enseignants qui ont été fortement influencés par le programme traditionnel de TESL, basé sur les nouveaux critères d'évaluation de l'ETS.

Par conséquent, la plupart des enseignants de FLE aux États-Unis, comme dans d'autres pays, ont vu et expérimenté un environnement scolaire exclusivement FLE (TESL) dans leur pays. Par conséquent, même s'ils peuvent le nier catégoriquement, ils ont naturellement été amenés à croire que les méthodes traditionnelles de TESL sont les plus systématiques et les mieux conçues pour le FLE.

Par conséquent, je pense que de nombreux professeurs de langues étrangères aux États-Unis ont autant, voire plus, de préjugés sur les séquences d'enseignement des langues (grammaire, lecture, écriture, écoute et expression orale) – ou des préjugés similaires –, tout comme les professeurs d'anglais en Corée et dans de nombreux autres pays. On pourrait se demander : «Et alors? Quel est le problème avec une telle séquence?» Cependant, il y a un problème majeur dans cette séquence, qui m'inquiète beaucoup.

Le principal problème est que le TESL traditionnel, basé sur de telles séquences, antérieur à la génération iBT TOFEL, a prouvé depuis longtemps, et auprès de millions de personnes, son incapacité à former des anglophones performants. Compte tenu de sa courte histoire, l'iBT TOFEL reste à venir. Cependant, je ne vois pas comment les étudiants pourraient atteindre le niveau de l'iBT TOFEL en suivant les cursus traditionnels. Il leur faudrait une éternité avant d'être prêts pour l'iBT TOFEL.

Comme le TESL traditionnel n'a pas réussi à former des anglophones fluides, la plupart des enseignants de FLE natifs aux États-Unis, élevés et éduqués dans l'environnement scolaire TESL de leur pays, n'ont pas vraiment assimilé l'anglais à l'école. Ils étaient pour la plupart capables de lire et d'écrire correctement l'anglais.

Ensuite, dans des environnements spécifiques, après le cursus scolaire normal, ou après leur arrivée aux États-Unis, ils ont appris l'anglais grâce à de nombreuses activités intensives de babillage. Se basant uniquement sur leur propre expérience, beaucoup d'entre eux pensent qu'il est impossible d'apprendre couramment l'anglais sans avoir été élevé et éduqué dans la société de l'anglais.

Maintenant, on peut comprendre d'où viennent mes inquiétudes concernant les professeurs de langues étrangères qui s'en tiennent aux filières traditionnelles et insistent sur celles-ci, car ils ne connaissent pas d'autres filières pour enseigner les langues étrangères.

Je comprends que de nombreux professeurs de langues soient conscients des problèmes liés au FLE traditionnel et s'efforcent de trouver de meilleures solutions en analysant leurs cours de langue, en lisant des ouvrages de pédagogie des langues et en participant à des conférences sur le FLE. Pourtant, sans une compréhension approfondie des véritables sources des problèmes des méthodes traditionnelles de FLE, les enseignants ne parviendront pas à surmonter les influences de leur propre expérience avec les méthodes TESL traditionnelles lors de la conception de leurs programmes de FLE.

Comment identifier les véritables problèmes de l'apprentissage du français langue étrangère traditionnel? Il est important de réfléchir attentivement à la manière dont chaque être humain a acquis cette langue.

2

Méthode D'évaluation Axée Sur Les Compétences

Depuis son apparition à la fin des années 1970 et au début des années 1980, le concept de mouvement de compétence a suscité d'importants débats et rassemblements au sein de nombreuses professions et enseignants de langues étrangères aux États-Unis. Il a eu une influence considérable sur l'enseignement des langues étrangères, incitant de nombreux enseignants à revoir les différentes méthodes d'enseignement qu'ils ont adoptées.

Il reste à voir dans quelle mesure cette mise en œuvre par les enseignants a été efficace. Elle a également suscité de nombreuses inquiétudes et objections. Nombre d'entre elles concernent la définition floue de certains termes tels que «compétence», «enseignement de la compétence», «test de compétence», «fonction», «instructions basées sur la compétence», etc. De plus, l'importance excessive accordée à la précision grammaticale et aux corrections dès le début a suscité des critiques.

Grâce aux échanges de critiques et de réponses, les positions des partisans du mouvement de maîtrise ont été considérablement clarifiées. De plus, le malentendu ou la mauvaise interprétation de l'importance des directives de compétence et de l'entretien d'évaluation de compétence orale (ECO) par le Conseil américain pour l'enseignement des langues étrangères (ACTFL) est devenu plus clair. Les partisans des programmes axés sur la maîtrise affirment que l'EAP est moins important comme instrument d'évaluation que comme vecteur de changement. Cette affirmation nous éclaire clairement sur la manière dont nous devrions considérer les directives de maîtrise et l'EAP. Autrement dit, l'EAP lui-même peut encore être amélioré, mais il ouvre clairement une nouvelle voie pour l'enseignement des langues étrangères.

Le mouvement de maîtrise de l'oral se compose de deux volets : l'enseignement axé sur la maîtrise de l'oral et l'IPA. Au cœur de ce mouvement se trouve l'IPA, qui évalue la maîtrise de l'oral des élèves en quatre niveaux : novice, intermédiaire, avancé et supérieur. À l'exception du niveau supérieur, ces niveaux comportent trois sous-niveaux : faible, moyen et élevé. Pour aider les enseignants de langues étrangères à planifier et à concevoir leurs programmes conformément aux critères de l'IPA, l'enseignement axé sur la maîtrise de l'oral a été proposé à partir des cinq hypothèses de travail suivantes :

1. Il convient de donner aux étudiants la possibilité de s'exercer à utiliser la langue dans une gamme de contextes susceptibles d'être rencontrés dans la culture cible.

2. Il convient de donner aux étudiants la possibilité de s'exercer à exécuter une série de fonctions susceptibles d'être nécessaires dans leurs relations avec d'autres personnes dans la culture cible.

3. Il convient de se préoccuper du développement de la précision linguistique dès le début de l'enseignement dans une approche axée sur les compétences.

4. Les approches axées sur les compétences doivent répondre aux besoins affectifs et cognitifs des élèves. Ces derniers doivent être motivés à apprendre et avoir la possibilité

d'exprimer leurs propres idées dans un environnement serein.

5. La compréhension culturelle doit être encouragée de diverses manières afin que les étudiants soient préparés à vivre plus harmonieusement dans la communauté de la langue cible.

Même si les instructions axées sur la maîtrise ne se revendiquent pas comme une méthode d'enseignement des langues étrangères, les hypothèses montrent clairement aux enseignants comment les cours de langues étrangères devraient être orientés. De plus, les partisans du mouvement de maîtrise insistent sur l'équilibre entre les quatre compétences langagières ainsi que sur la culture de la langue étrangère. Les questions soulevées par ces hypothèses sont certes pertinentes, mais elles couvrent des domaines très limités, uniquement liés à l'enseignement des langues étrangères. Elles n'indiquent pas comment débuter le FLE ni comment amener les élèves à un niveau d'acquisition élevé. Elles paraissent tape-à-l'œil, mais elles ne sont pas vraiment pertinentes.

Les hypothèses ne renseignent les agriculteurs que sur la manière d'élever des poussins. Elles supposent simplement que les poussins éclosent et se reproduisent d'eux-mêmes. Elles ne tiennent pas compte des étapes essentielles de l'éclosion des œufs. Si le programme était conçu selon ces hypothèses, il serait difficile de démarrer les cours de niveau débutant. De plus, même en parvenant à démarrer les cours de niveau débutant, les élèves ne pourraient pas progresser au-delà du niveau intermédiaire, conformément aux directives de l'OPI.

Ces hypothèses semblent également représenter un fardeau considérable pour les enseignants internationaux de langues étrangères, à l'exception de ceux des États-Unis, dont la plupart ne sont pas des locuteurs natifs de la langue étudiée et ne connaissent pas bien le contexte culturel de la langue étrangère. Dans la plupart des pays autres que les États-Unis, les environnements de cours de langues étrangères sont très différents de ceux des États-Unis.

Certaines des principales raisons pour lesquelles les enseignants non natifs de la langue seconde insistent pour se concentrer sur un enseignement intensif basé sur la grammaire sont, je crois, qu'ils ne parlent pas couramment la langue seconde ; ils ne comprennent pas très bien comment une langue est acquise ; et ils ne savent pas grand-chose de la langue seconde autre que la grammaire et comment lire la langue seconde en fonction de la grammaire.

Avant de devenir professeurs de langues étrangères, la plupart d'entre eux étaient naturellement influencés par la situation traditionnelle du FLE qu'ils ont vécue à l'école et pensaient que la grammaire était une base essentielle avant tout. Par conséquent, ils sont convaincus d'enseigner correctement en enseignant la grammaire la plupart du temps, chaque jour et chaque année.

Même si les directives pédagogiques axées sur la maîtrise incitent clairement les enseignants de langues étrangères à explorer de nouvelles voies, je pense que les hypothèses ne sont pas suffisamment claires et solides pour modifier l'orientation générale des méthodes d'enseignement de ces langues. Elles ne mettent pas en garde contre les graves problèmes liés à l'addiction aux méthodes d'enseignement axées sur la grammaire. Jusqu'à présent, ces méthodes n'ont produit qu'un nombre incalculable de grammairiens experts en langues étrangères, à différents niveaux (débutant, intermédiaire et avancé).

Nous savons que les grammairiens n'ont pas besoin de parler couramment la TL, pourvu qu'ils puissent analyser la grammaire de la TL à partir de textes collectés et rédiger des articles à partir de ceux-ci. De plus, certains d'entre nous savent que, à moins d'avoir acquis la TL auparavant, la plupart des grammairiens parlent la TL, comme un ordinateur 286 processeurs obsolète, équipé d'un haut-parleur de très mauvaise qualité, qui échoue fréquemment à rassembler les données. En réalité, au lieu de prévenir de tels problèmes, ces hypothèses fournissent des excuses aux enseignants de grammaire pour s'en tenir à leurs méthodes traditionnelles.

De plus, la plupart des hypothèses ne s'appliquent pas à ceux qui n'ont pas les moyens de payer des cours de langues étrangères et qui, par conséquent, souhaitent se les enseigner eux-mêmes. Pour les adultes qui se lancent dans l'auto-apprentissage, ces hypothèses sont décourageantes. Avons-nous besoin d'ensembles distincts d'hypothèses de travail pour les instructions axées sur la maîtrise des langues étrangères, adaptés à différents environnements de cours et à différents groupes d'élèves?

D'un autre côté, je comprends la confusion autour du concept de compétence. Il peut recouvrir des notions très diverses et des niveaux de performance variés. Il doit être clair et précis pour une compréhension commune. Pourtant, les hypothèses rendent le concept flou. C'est tout comme la notion traditionnellement confuse d'anglais pour beaucoup dans les pays où l'enseignement de l'anglais est si crucial et obligatoire.

Par exemple, lorsqu'on dit «Éric est très bon en anglais», cela signifie plusieurs choses. On pourrait lui faire un compliment en disant : il obtient toujours d'excellents résultats aux tests d'anglais ; il est très bon en grammaire anglaise ; il est très bon en lecture anglaise ; il écrit en anglais sans fautes ; il a obtenu un très bon score au TOEIC ou au TOEFL ; il enseigne l'anglais à des élèves d'une école ou d'un institut privé ; il a remporté un prix à un concours d'expression orale en anglais ; ou il parle, lit et écrit très bien l'anglais.

Même si je considère que le concept de compétence se réfère principalement à la compétence orale basée sur des hypothèses et des lignes directrices, je ne parviens toujours pas à me défaire de l'idée que les hypothèses, qui constituent le fondement des instructions basées sur la compétence, semblent trop approximatives pour être fiables. C'est parce que je crois qu'elles n'abordent pas les concepts clés nécessaires aux élèves pour atteindre une compétence réussie.

En d'autres termes, les hypothèses ne tiennent pas compte de facteurs factuels tels que la compétence orale ne peut être atteinte sans acquérir au préalable la TL ; les méthodes d'enseignement pour l'acquisition ne sont pas nécessairement les mêmes que celles pour le développement de la compétence ; et il faut d'énormes efforts de répétitions et d'expériences pour développer la compétence.

Offrir des occasions d'exprimer leurs propres pensées dans un environnement non menaçant pourrait être amusant et motivant. Cependant, pour les élèves débutants, cela n'est pas envisageable dès le début. De plus, cela ne représente qu'une part mineure du fonctionnement de la classe. Nous, enseignants de langues étrangères, savons qu'il faut bien plus que simplement offrir de telles occasions. Les hypothèses n'ont pas établi de lien entre la maîtrise de la langue et son acquisition. Autrement dit, elles ont clairement négligé le fait qu'une maîtrise réussie de la langue ne peut être atteinte sans une acquisition réussie de la langue.

Par conséquent, ces hypothèses conduisent certainement les enseignants de langues étrangères à négliger le processus d'acquisition de la langue maternelle et à se concentrer sur sa maîtrise. Autrement dit, l'objectif de l'OPI ne semble pas être l'acquisition de la langue maternelle. Comme la maîtrise de la langue maternelle ne peut être atteinte sans l'acquisition préalable de la langue maternelle, cette hypothèse est en soi contradictoire.

Malgré les problèmes évoqués précédemment, je salue le concept d'enseignement axé sur la compétence, et notamment l'OPI comme vecteur de changement. Il est encourageant de constater un tournant majeur dans les méthodes d'enseignement du français langue étrangère. Grâce à l'OPI, de nombreux enseignants de langues étrangères ont déjà revu et continueront de revoir et d'actualiser leurs méthodes d'enseignement, d'évaluation, leurs programmes, leur conception des cours, leur environnement de classe et leurs relations élèves-enseignants afin de se conformer aux critères de l'OPI.

Malheureusement, peu d'entre nous, professeurs de langues étrangères, pourrions enseigner notre langue indépendamment des tendances en matière d'évaluation. Rares sont ceux qui ont des objectifs indépendants, hormis celui de satisfaire aux exigences de la méthode d'évaluation en vigueur. Presque tous suivraient les tendances actuelles en matière de méthodes d'évaluation, comme l'ont fait la plupart de nos prédécesseurs. C'est pourquoi il est si important d'adopter une nouvelle méthode d'évaluation, pour le meilleur comme pour le pire. Sinon, beaucoup d'entre nous, professeurs de langues étrangères, ne seraient guère motivés à changer, pour le meilleur comme pour le pire. C'est pourquoi je souhaite vivement que l'OPI se développe comme méthode d'évaluation du niveau d'acquisition des langues étrangères par les élèves.

Comme les instructions axées sur la compétence et les lignes directrices de l'OPI ne prétendent pas être la méthode axée sur la compétence, mais un vecteur de changement, nous revenons à notre tradition, poursuivant nos activités traditionnelles. Nous avons désormais acquis un nouveau concept d'enseignement des langues étrangères, appelé instructions axées sur la compétence, en plus d'une douzaine de méthodes traditionnelles d'enseignement du français langue étrangère. Pourtant, nous ne savons pas quoi conserver ni quoi supprimer de ces douze méthodes traditionnelles pour les instructions axées sur la compétence. Nous ignorons quelle quantité de ces éléments doit être enseignée pour répondre aux critères de l'OPI. La tâche de développer des méthodes pédagogiques permettant à nos élèves d'acquérir la connaissance des langues étrangères nous incombe à nouveau.

3

Questions Pour Nous-Mêmes, Professeurs De Langues Étrangères

Qui sommes-nous? Nous sommes des professeurs de langues étrangères. Quel est notre devoir? Notre devoir est d'enseigner nos langues aux étudiants. Voici les réponses que nous pouvons facilement partager aux nombreuses questions que nous nous posons, nous, professeurs de langues étrangères.

Pour des questions plus complexes, comme les méthodes d'enseignement des langues étrangères, les bases de la planification du programme et l'objectif ultime de notre enseignement, il faudrait expérimenter un moment avec les questions pour obtenir les réponses souhaitées. Pour les questions de détail, comme le «comment» et le «pourquoi», il est impossible d'espérer une réponse prédominante.

Aux États-Unis, du moins, pour les professeurs de langues étrangères, l'idée d'un enseignement axé sur la maîtrise de la langue dominante dans les discussions sur les méthodes d'enseignement des langues étrangères a permis aux enseignants de réfléchir aux méthodes utilisées jusqu'à présent. Même si beaucoup d'entre nous sont encore confus et ne savent pas quoi faire ni comment, la plupart ressentent le besoin de revoir les méthodes utilisées depuis de nombreuses années.

Pourquoi accordons-nous autant d'attention aux méthodes d'enseignement? Pourquoi maintenant? Pourquoi pas avant? En aurait-il été de même sans la puissante initiative de l'OPI d'ACTFLE? Non, je ne le pense pas. Sans l'OPI, le concept d'enseignement axé sur la maîtrise n'aurait pas reçu autant d'attention de la part des enseignants de langues étrangères, tout comme la plupart des méthodes d'enseignement de langues étrangères introduites jusqu'à présent.

Cependant, cela aurait pu être inscrit dans l'histoire, comme de nombreuses méthodes d'enseignement des langues étrangères. Ainsi, en ce qui concerne le concept d'enseignement axé sur la maîtrise, qu'avons-nous trouvé d'ajouté à ce que nous faisions déjà? Ou qu'avons-nous trouvé d'abandonné dans les méthodes que nous utilisions jusqu'à présent? Je crois que peu d'entre nous ont encore trouvé les réponses à ces questions. Au contraire, beaucoup d'entre nous se sont embrouillés et reviennent à ce que nous faisions auparavant.

Des mouvements similaires ont vu le jour ces dernières années dans les pays où l'anglais est considéré comme l'une des matières scolaires les plus importantes. L'urgence d'un changement dans l'enseignement de l'anglais dans ces pays est devenue une réalité, car ETS a lancé il y a plusieurs années le TOEFL iBT, qui a ajouté l'évaluation de l'expression orale en anglais et supprimé la grammaire. Les autorités scolaires et gouvernementales chargées de l'enseignement de l'anglais ont stimulé la recherche de méthodes pédagogiques permettant aux élèves d'obtenir d'excellents résultats au TOEFL iBT ou au TOEFL nouvelle génération.

Jusqu'à présent, ils ont commencé à enseigner la grammaire de manière intensive pour établir des bases solides en compréhension écrite, puis ont ajouté l'enseignement de la compréhension orale vers la fin de leur programme d'enseignement pluriannuel de l'anglais. Pourtant, ils manquent désormais de temps pour intégrer l'enseignement de l'anglais oral au programme existant. Ils ne pensent pas pouvoir renoncer à l'enseignement de la grammaire, de la lecture ou de la compréhension orale. Je ne serais donc pas surpris de voir qu'ils choisissent, sans le vouloir, d'augmenter les cours d'anglais et les heures consacrées à l'enseignement de l'expression orale.

Pourquoi ces changements devraient-ils se produire de temps à autre? Ne pouvons-nous pas définir un objectif clair et cohérent pour notre enseignement? Ou sommes-nous naturellement censés modifier les objectifs de notre enseignement à chaque fois que de nouvelles méthodes d'évaluation sont introduites? Imaginons que nous passions des années à développer une méthode d'enseignement efficace basée sur les critères de l'OPI ou de l'iBT TOEFL. Pouvons-nous être sûrs que ce soit la dernière fois que nous changerons? Et si l'ACTFEL proposait un système similaire à l'OPIW en ajoutant l'évaluation de la compétence écrite à l'OPI avec un vague ensemble d'hypothèses de travail? Et si l'ETS proposait l'EOPI pour l'entretien de compétence orale en anglais? Allons-nous alors à nouveau faire des allers-retours pour assister à des séminaires et des conférences sur la façon de modifier nos méthodes d'enseignement? Où allons-nous guider nos étudiants? Notre enseignement vise-t-il les compétences nécessaires à une évaluation réussie ou l'acquisition complète de la langue des signes?

Nous devrions nous fixer un objectif permanent pour l'enseignement de nos langues, n'est-ce pas? L'objectif ultime et permanent de notre enseignement devrait être d'aider les élèves à acquérir la langue des signes et à en développer une maîtrise orale avancée, n'est-ce pas? Nous devrions continuer à développer nos méthodes d'enseignement pour atteindre cet objectif constant, n'est-ce pas? Une fois que les élèves ont acquis la langue des signes et développé une telle maîtrise orale, ils devraient être capables de gérer tous les types d'évaluations en langue des signes, n'est-ce pas? Si nous enseignons réellement à nos élèves pour l'acquisition et la maîtrise orale, nous n'avons pas besoin de nous laisser guider par les types d'évaluations, n'est-ce pas?

En tant que professeurs de langues étrangères, nous avons la responsabilité de développer des méthodes d'enseignement adaptées à chaque situation de nos élèves, afin de les aider à acquérir une langue étrangère. Les méthodes d'enseignement des langues étrangères ne doivent pas être influencées par les méthodes d'évaluation, car ces dernières, toutes incomplètes, sont vouées à évoluer. Peu importe que l'ACTFEL ou l'ETS évaluent intensivement la grammaire, la lecture, l'écriture ou l'oral, car notre priorité est d'aider nos élèves à acquérir nos langues. Nous sommes ainsi certains qu'une fois qu'ils auront acquis la langue étrangère et la maîtrise de l'oral, ils réussiront ces types d'évaluation.

Nous, professeurs de langues étrangères du monde entier, devrions nous réunir pour discuter des meilleures méthodes d'enseignement et rassembler des idées pour une gestion efficace des cours de langues étrangères. Nous ne devrions pas nous réunir pour découvrir les techniques secrètes permettant à nos élèves d'obtenir d'excellents résultats à certains types d'évaluations. Nous ne devrions pas compromettre notre objectif premier avec des compétences permettant d'obtenir d'excellents résultats, car la meilleure façon de préparer nos élèves aux évaluations est toujours de les aider à acquérir d'abord, autant que possible, la maîtrise de la langue étrangère.

Il est temps de nous interroger sérieusement sur qui nous sommes, en quoi consiste notre métier et quel devrait être l'objectif ultime de notre enseignement. Il est temps de nous démarquer des préoccupations liées aux différents critères et méthodes d'évaluation ; de recueillir nos réflexions et analyses sur les méthodes d'enseignement que nous avons choisies ; et de surmonter les préjugés que nous avons souvent nourris envers ou en faveur de certaines méthodes. Il est temps d'être autonomes et d'établir des bases solides pour le bien des étudiants.

CHAPITRE 6

Théories BTM

Les termes «babble», «babillage» ou «le babillage» utilisés dans ce livre proviennent des actes verbaux des bébés au cours du processus d'acquisition de la langue maternelle.

J'utilise le terme «babble», «le babillage» ou «le babill-age» pour désigner les actes répétés de l'apprenant con-sistant à imiter, copier, se parler à soi-même, mémoriser, en utilisant et en pratiquant Apport réel visant à acquérir la langue, notamment la maîtrise orale. Cependant, au sens large, j'utilise également ce terme pour désigner la pratique répétée d'écoute, de lecture et d'écriture par l'ap-prenant après un Apport Réel, dans le but d'acquérir les compétences correspondantes.

L'acquisition est plus efficace grâce à un entraînement intensif au babble ; et le développement de la compétence orale est plus efficace grâce à un entraînement intensif à la performance. Par conséquent, demander aux apprenants débutants de pratiquer la lecture orale ne serait pas une technique d'enseignement efficace.

1

Qu'est-ce Que BTM?

Si l'on examine les méthodes traditionnelles de FLE, telles que la méthode de traduction grammaticale et la méthode de lecture, qui semblent avoir été appliquées de manière plus générale au FLE actuel, l'idée principale de ces méthodes semble être que l'acquisition des règles de la TL facilitera ou accélérera l'apprentissage de la TL. L'idée principale des méthodes traditionnelles pourrait également être de fournir aux étudiants les compétences nécessaires pour lire et comprendre la TL.

Si la première idée correspond aux véritables intentions des méthodes, l'enseignement du français langue étrangère (FLE) basé sur ces méthodes a clairement échoué. De plus, il a clairement produit plus d'élèves en difficulté d'apprentissage de la langue étrangère que toute autre méthode. En revanche, si la deuxième idée correspond aux véritables intentions des méthodes, on peut dire que l'enseignement du FLE basé sur ces méthodes a été une réussite. Cependant, si telle était la véritable intention de l'enseignement du FLE traditionnel, nous devrions maintenant envisager d'en améliorer l'idée principale de manière plus réaliste afin de répondre aux attentes de la société moderne en matière d'enseignement du FLE.

L'idée des méthodes complémentaires aux méthodes traditionnelles de FLE, telles que la Méthode Directe, les Approches Techniques et la Méthode par Contenu, semble être d'immerger les étudiants directement dans la langue des signes et de les forcer à s'exprimer en langue des signes pour les aider à acquérir le langage oral de la langue des signes. Pourtant, d'après mon expérience et mes observations, les étudiants qui ne maîtrisent pas les formes orales de la langue des signes ne pourraient pas réellement participer à une immersion aussi brutale en classe. Il semble notamment peu réaliste pour les étudiants fortement formés aux méthodes traditionnelles de FLE de s'adapter à cette immersion soudaine en classe. Ils ont été entraînés à décomposer les phrases de la langue des signes et à en assembler les composants dans leur système linguistique avant de comprendre les phrases de la langue des signes, et inversement avant de produire les expressions de la langue des signes qu'ils souhaitent exprimer.

Ces habitudes tenaces ne resteraient pas inactives lorsque les élèves tenteraient de s'immerger dans la langue des signes. Au contraire, elles interféreraient fortement avec le processus de parole lorsqu'ils tenteraient de réagir à une situation où on leur demanderait de répondre en langue des signes, ce qui entraînerait des retards importants dans les réponses et des interruptions dans les performances linguistiques. Tels sont les effets secondaires néfastes des méthodes traditionnelles de FLE.

La méthode BTM, que je propose dans cet ouvrage comme méthode d'apprentissage du français langue étrangère (FLE) axée sur la maîtrise de l'oral, repose sur des hypothèses de travail concernant l'acquisition et les apports/résultats des langues, ainsi que sur le fait évident que tous les êtres humains ont acquis avec succès leurs langues par le biais du babillage. Elle s'appuie également sur ma propre expérience d'acquisition de l'anglais comme langue d'apprentissage et d'enseignement de l'anglais et du coréen comme langues d'apprentissage.

Je dis cela parce que la seule chose que font les bébés, qui semble uniquement liée à l'acquisition du langage, est, je crois, le babillage par-dessus les indications des animateurs. Les personnes qui n'ont pas réussi à acquérir les formes verbales de leur langue sont celles qui, pour une raison ou une autre, n'ont pas pu babiller. Les personnes qui ont suivi la formation au babillage des signes ont acquis la langue des signes.

Je ne vois vraiment pas de méthode plus efficace pour acquérir le langage que le babillage. En effet, sachant que les très jeunes enfants, dont le cerveau est moins fonctionnel, acquièrent leur langage entre 36 et 40 mois grâce à un babillage facile et détendu, l'apprentissage du babillage semble être la méthode la plus simple et la plus efficace. Au moins, nous sommes certains qu'au bout de l'apprentissage du babillage se trouve l'acquisition du langage.

Je crois que l'apprentissage du babble est une méthode universelle unique que tous les êtres humains ont utilisée pour acquérir certaines langues naturelles. De même, la méthode d'enseignement des langues adoptée par les parents pour leurs enfants est une méthode universelle unique qui a toujours permis aux apprenants d'acquérir certaines langues, sauf dans des situations exceptionnelles comme les enfants handicapés.

L'éducation linguistique dispensée par les parents peut être classée en trois niveaux principaux : expression orale, compréhension écrite et expression écrite. Aucun enseignement grammatical systématique n'est proposé aux jeunes enfants. De plus, l'éducation linguistique est exclusivement axée sur la maîtrise de l'oral. Ce processus d'éducation linguistique constitue le modèle de la BTM.

Le terme babillage dans la nature fait référence aux actes vocaux répétés consistant à imiter les expressions cibles et à tenter de produire leurs propres expressions par les jeunes enfants, ce que je considère comme un processus de préparation ou de pratique de l'acquisition de l'intuition linguistique, de la capacité physique et des ressources linguistiques, qui sont des facteurs très cruciaux dans l'acquisition du langage.

Compte tenu de la nature du babillage, je le définis comme le principal processus d'apprentissage des facteurs d'acquisition de la TL. Au sens strict, j'utilise également le terme «babillage» pour désigner les efforts répétés visant à acquérir des expressions individuelles de la TL. Ainsi, selon les objectifs de l'apprentissage du babillage, j'utilise des termes tels que «babillage pour parler», «babillage pour lire», «babillage pour écouter», «babillage pour écrire» et «babillage pour parler librement».

Basé sur une caractéristique universelle unique de Babble Training comme le processus d'apprentissage de l'acquisition du langage, l'idée principale de BTM est d'appliquer l'ensemble du processus d'enseignement du langage naturel au FLE de la manière la plus efficace.

Pour ce BTM efficace, je propose les cinq domaines suivants de Babble Training pour le FLE : Babble Training pour parler, Babble Training pour Lire, Babble Training pour écouter, Babble Training pour écrire et Babble Training pour les activités de libre expression. Selon BTM, ces cinq domaines de babillage sont déployés dans les niveaux suivants.

Types	Babiller Niveaux	Sujets de bavardage ajoutés
Formation Babble pour l'acquisition	Niveau 1	Parler
Formation Babble pour la maîtrise orale	Niveau 2	Ajouter une lecture
	Niveau 3	Ajouter l'écoute
	Niveau 4	Ajouter de l'écriture
	Niveau 5	Ajouter une conversation gratuite
Option	Niveau 6	Ajouter la grammaire TL

Le BTM débute par le niveau 1, qui enseigne aux élèves l'apprentissage du babble en TL. Ce niveau 1 est conçu pour permettre aux élèves d'acquérir suffisamment de compétences linguistiques pour communiquer librement avec leurs interlocuteurs en TL, en utilisant les expressions et le vocabulaire appris lors du babble. L'objectif du niveau 1 est d'atteindre le niveau d'acquisition de la TL pour les enfants de 36 à 40 mois, âge auquel beaucoup commencent à lire.

À partir du niveau 2, il s›agit d›un processus de renforcement de la compétence orale en développant et en élargissant les compétences linguistiques acquises au niveau 1, vers une qualité supérieure.

Une fois le niveau 1 bien établi et poursuivi, l'entraînement à la lecture en langue des signes (TL) est ajouté au niveau 2. Cet entraînement est essentiel pour préparer les niveaux suivants, car il exige des élèves qu'ils acquièrent de nombreuses ressources linguistiques et maîtrisent la compréhension intuitive des structures de phrases en TL grâce à la lecture. Sans un vocabulaire riche et une compréhension intuitive des structures de phrases en TL, les niveaux suivants d'entraînement à la lecture en TL à débit normal et en TL libre seraient extrêmement difficiles pour les élèves.

Pour le niveau 3, le babillage de compréhension orale de la TL est ajouté au niveau 2. Les élèves sont désormais familiarisés avec les expressions de type conversationnel, qui diffèrent des expressions courantes utilisées dans les médias. Pour comprendre efficacement le langage général des médias, un entraînement intensif à l'écoute est nécessaire.

Le niveau 4, qui consiste à ajouter l'entraînement Babble à l›écriture en TL, est ensuite présenté aux étudiants. Cet entraînement vise à les aider à acquérir la logique linguistique de la TL et à les entraîner à exprimer leurs idées de manière créative et productive.

Enfin, après avoir atteint le niveau 4, l'entraînement au babble pour la conversation libre en TL est ajouté au niveau 5. L'entraînement au babble pour la conversation libre étant une étape essentielle pour améliorer sa maîtrise de l'oral, il est essentiel de multiplier les expériences de conversation libre sur des sujets variés.

Le dernier niveau, mais optionnel, du BTM de FLE est le niveau 6, «Révision du système de TL», qui correspond au cours de grammaire de la TL. Contrairement aux domaines du babillage, la grammaire n'est pas un objet de babillage. Il s'agit plutôt d'un sujet d'étude, moins crucial que les différents sujets de babillage pour l'acquisition et la pratique d'une langue.

Cependant, cela ne signifie pas que les élèves doivent franchir ces six niveaux pour maîtriser la langue. Je suggère de les franchir pour atteindre un haut niveau de compétence orale. Les élèves peuvent néanmoins maîtriser la langue des signes et gérer la plupart des activités de la vie quotidienne en se concentrant continuellement sur le niveau 1 de l'entraînement Babble, qui comprend environ 500 expressions indépendantes liées à des activités quotidiennes, recueillies dans diverses situations de la vie quotidienne. Autrement dit, avec une formation réussie au niveau 1 en langue des signes, il est possible d'acquérir les compétences nécessaires pour communiquer en langue des signes en utilisant les expressions acquises au cours du premier niveau. Les personnes analphabètes, qui parlent mais ne savent pas lire leur langue maternelle, démontrent qu'il est possible d'acquérir une langue sans savoir la lire ni l'écrire.

Les objectifs et les concepts pédagogiques détaillés de chaque niveau seront présentés dans les chapitres suivants. Le diagramme de séquence suivant montre comment chacun des six niveaux doit être traité avec un minimum d'intrants réels pour acquérir une langue de base. Pour un niveau supérieur, un plus grand nombre d'intrants réels est requis.

Vous trouverez plus de détails et d'idées concrètes pour une formation efficace au babillage dans le dernier chapitre de ce livre, le chapitre 14. Même si le dernier chapitre est destiné à l'auto-formation au babillage, il est également conçu pour que les enseignants puissent créer des programmes BTM efficaces.

Diagramme BTM[19]

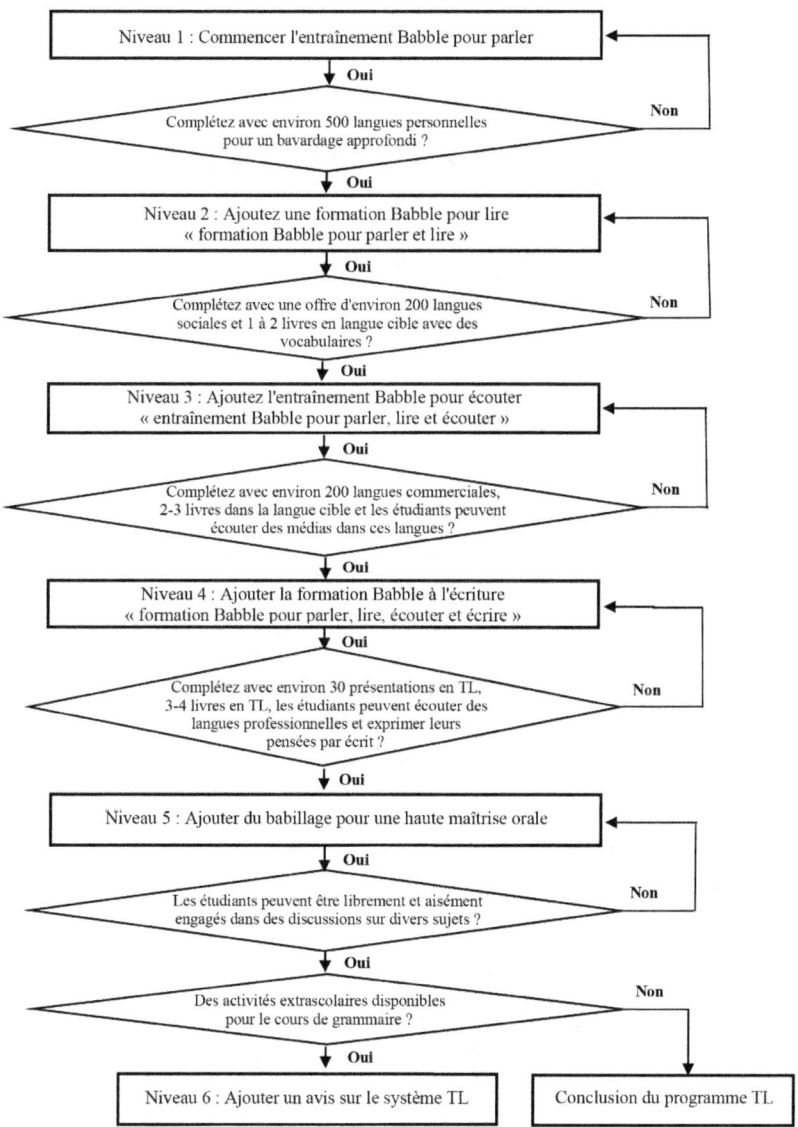

---

[19] L'accomplissement de ces conditions à chaque niveau nécessite le jugement discrétionnaire des enseignants, car les conditions peuvent ne pas être satisfaites par chaque élève de la classe.

2

Qu'est-ce Que L'acquisition Du Langage?

Avant d'aller plus loin, j'aimerais clarifier la définition de l'acquisition du langage dont je souhaite parler. Sinon, chacun se fiera à sa propre interprétation pratique du concept et ne pourra éviter d'importants conflits d'interprétation. D'un point de vue linguistique général, on peut appliquer le concept d'acquisition de compétences linguistiques à l'acquisition d'une langue.

Ici, selon la définition du dictionnaire, le terme «compétence» désigne la connaissance qu'un locuteur a de sa langue, le système de règles qu'il maîtrise pour produire et comprendre un nombre indéfini de phrases, et pour reconnaître les fautes et ambiguïtés grammaticales. Il s'oppose à la notion de «performance», c'est-à-dire les énoncés spécifiques du discours.

Pour acquérir ce type de compétence linguistique, surtout dans une langue étrangère, il n'est pas nécessaire de maîtriser parfaitement la langue orale. Bien sûr, les locuteurs natifs acquièrent la connaissance de la langue en l'apprenant et en la pratiquant, c'est-à-dire en la parlant. Ils n'ont pas besoin de fournir d'efforts particuliers pour acquérir la connaissance de leur langue, car elle s'acquiert simplement par l'acquisition et la pratique.

Cependant, pour les personnes qui apprennent une langue comme langue étrangère, elles n'ont pas besoin de se concentrer sur l'acquisition de la langue orale pour obtenir la compétence linguistique ou la connaissance de la langue d'enseignement pour pouvoir produire et comprendre un nombre indéfini de phrases, et pour reconnaître les erreurs grammaticales et les ambiguïtés.

En réalité, de nombreux étudiants en langues étrangères parviennent à acquérir les connaissances nécessaires en étudiant uniquement les règles de la langue seconde. Autrement dit, il existe deux manières d'acquérir la compétence linguistique : en acquérant l'expression orale et sans l'acquérir.

Par conséquent, l'idée d'acquérir une compétence linguistique comme définition de l'acquisition d'une langue est en réalité assez contradictoire. Il est extrêmement contradictoire de considérer qu'une personne maîtrise parfaitement la grammaire d'une langue étrangère, mais ne la maîtrise pas aussi bien, ce qui n'est pas rare dans ce monde.

L'idée d'acquérir une compétence linguistique sans acquérir de compétences orales n'est pas celle que j'utilise dans ce livre pour désigner l'acquisition d'une langue. De même, l'idée d'acquérir une compétence linguistique avec des compétences orales n'est pas non plus ce que je considère comme l'acquisition d'une langue.

De plus, le concept général d'acquisition d'une langue est assez vague et ne semble pas tenir compte des niveaux de performance individuels. Ainsi, si une personne affirme avoir acquis une langue, elle est susceptible d'être considérée comme une experte de cette langue. Sur la base de ce type de concept, personne n'acquerra une langue.

Le concept que j'utilise pour l'acquisition du langage à des fins de FLE est l'acquisition des niveaux de base de l'intuition linguistique, de la capacité physique et des ressources linguistiques pour l'exécution significative des flux entrants et sortants de la langue orale.

Les ressources linguistiques ici dans ce livre signifient, dans un sens étroit, le vocabulaire, mais, dans un sens plus large, cela signifie les mots, les phrases, les expressions idiomatiques et les expressions réalistes.

Parallèlement, les niveaux fondamentaux d'intuition linguistique, de capacité physique et de ressources linguistiques se réfèrent, par exemple, au niveau d'acquisition des enfants typiques de 36 à 40 mois. Ces enfants semblent avoir acquis les niveaux fondamentaux d'intuition linguistique, de capacité physique et de ressources linguistiques suffisants pour exécuter les flux entrants et sortants du langage oral.

En d'autres termes, ils semblent comprendre le langage oral qui leur est adressé et exprimer leurs idées oralement sans difficulté particulière. Dans leurs activités langagières orales, ils ne semblent limités que par leurs ressources linguistiques limitées. Le niveau de compétence orale de ces enfants peut servir de baromètre pour évaluer le degré d'acquisition du langage.

Les méthodes traditionnelles d'enseignement du français langue étrangère (FLE) privilégient l'acquisition de compétences linguistiques plutôt que l'acquisition de l'intuition linguistique, des capacités physiques et des ressources linguistiques. De plus, nombreux sont ceux qui croient fermement que l'acquisition de ces compétences linguistiques est essentielle à l'acquisition de la TL. Cette conviction repose sur la conviction qu'enseigner aux élèves la connaissance des règles systématiques de la TL conduirait naturellement à l'acquisition de cette dernière.

Cela permettrait d'acquérir des compétences linguistiques, mais pas les niveaux fondamentaux d'intuition linguistique, de capacités physiques et de ressources linguistiques nécessaires à une interprétation pertinente des flux entrants et sortants de la langue orale. De plus, ils ne semblent pas reconnaître les graves problèmes posés par les méthodes traditionnelles d'enseignement du français langue étrangère (FLE) aux étudiants qui tentent ensuite d'acquérir des compétences linguistiques orales en langue des signes. J'aborderai cette question ultérieurement.

Comme je l'ai souligné à plusieurs reprises, je crois que l'histoire du FLE a prouvé que les méthodes traditionnelles de FLE, dont l'objectif principal était d'enseigner aux étudiants à acquérir la compétence linguistique sans avoir à acquérir les compétences orales, n'ont pas réussi à produire des locuteurs bilingues solides.

Je suis convaincu que les méthodes traditionnelles d'enseignement du français langue étrangère en Corée ont permis à de nombreux élèves d'acquérir des compétences linguistiques en apprentissage de la langue seconde. Par exemple, grâce à un enseignement intensif de l'anglais en Corée, des centaines de milliers d'élèves acquièrent un niveau d'anglais proche de celui d'un locuteur natif dès la fin de leurs études secondaires. La plupart d'entre eux lisent et comprennent très bien l'anglais.

À la fin de leurs études supérieures, de nombreux étudiants maîtrisent parfaitement l'anglais, notamment en écoutant et en comprenant parfaitement l'anglais, en plus de posséder un excellent niveau de connaissance de cette langue et de très bonnes compétences en lecture et en écriture. Pourtant, aucun élève n'a acquis l'anglais oral des programmes d'anglais de l'école publique au point de devenir un bilingue confirmé.

On peut affirmer que les méthodes traditionnelles d'enseignement du français langue étrangère (FLE) en Corée ont été efficaces, les étudiants ayant acquis des compétences en grammaire, en lecture, en expression écrite et en compréhension orale. Cependant, je ne peux pas partager cet argument, car je suis convaincu que l'acquisition d'une langue doit s'accompagner d'une maîtrise de l'oral.

En conclusion, pour améliorer les méthodes traditionnelles d'apprentissage du français langue étrangère, le concept d'acquisition du langage doit être compris comme l'acquisition des niveaux fondamentaux d'intuition linguistique, de capacités physiques et de ressources linguistiques nécessaires à une interprétation pertinente des flux entrants et sortants de la langue orale. Or, cette acquisition du langage ne serait pas possible sans une quantité suffisante de ressources linguistiques accumulées individuellement jusqu'au niveau courant.

3

Acquisition Du Langage vs. Compétence Orale

Tous les programmes de FLE s'engagent à intégrer les langues étrangères à l'apprentissage des élèves. Tous les enseignants de langues étrangères, internes comme externes, s'engagent à développer des programmes et des cursus permettant aux élèves de parler couramment les langues étrangères. Pourtant, la plupart des établissements et les actions concrètes menées par les enseignants de langues étrangères jusqu'à présent ne reflètent pas ces engagements et ces déclarations réalistes. J'ai identifié de nombreuses raisons à cet échec dans de précédents articles. Si j'en ajoute une autre, ce serait la conception erronée et incompréhensible de l'acquisition des langues.

Comme je l'ai souligné dans l'article précédent, le concept traditionnel d'acquisition d'une langue ne parvient pas à établir une définition adéquate des compétences linguistiques réelles. [20]De plus, le concept général d'acquisition d'une langue est si vague qu'il ne

---

[20] J'utilise des compétences linguistiques réelles comme référence aux compétences linguistiques réalistes permettant aux étudiants de communiquer efficacement dans leur environnement réel.

définit pas correctement les niveaux de compétences linguistiques individuels. Soit il identifie mal, soit il n'indique pas clairement les exigences pour acquérir une langue. Par conséquent, cela crée des confusions et induit en erreur les enseignants de langues étrangères qui doivent adapter et réorganiser leurs méthodes d'enseignement pour aider les élèves à acquérir la langue d'apprentissage.

Par conséquent, aux fins de l'ELE, j'ai défini l'acquisition du langage dans l'article précédent comme l'acquisition des niveaux fondamentaux d'intuition linguistique, de capacités physiques et de ressources linguistiques nécessaires à la performance significative des flux entrants et sortants du langage oral. Les concepts clés de cette définition sont ceux d'«acquisition des capacités physiques intuitives de base», de «processus significatif» et de «langage oral».

Le terme «intuitif» est utilisé ici par opposition au concept de «fondé sur la connaissance» ; le terme «significatif» est utilisé par opposition à l'idée d'«inacceptable», mais pas nécessairement à celle d'«agrammaticalement incorrect» ; et l'expression «capacité physique» est utilisée par opposition à la notion de «compétences mentales». Enfin, l'expression clé de «langage oral» est utilisée par opposition au concept de «langage écrit».

Par ailleurs, la notion de «ressources linguistiques» désigne l'accumulation d'expressions variées, utilisables avec une grande maîtrise à tout moment. Ces notions clés indiquent clairement ce que les élèves doivent faire pour acquérir une langue. On retrouve ce type de capacité intuitive de base pour les langues orales chez les enfants de 36 à 40 mois élevés dans un environnement de langue maternelle naturelle. Ce type de capacité intuitive de base peut être acquis par un entraînement intensif au babillage, comme on peut le constater chez les enfants. Autrement dit, l'acquisition de la langue maternelle ne nécessite aucune connaissance particulière ni compétence en lecture/écriture.

Permettez-moi ensuite d'introduire le concept de compétence orale. Il semble qu'aucune définition précise n'ait été donnée à ce concept. Je le définirais donc comme la capacité à exprimer avec fluidité les flux entrants et sortants de la langue orale. Pour développer cette compétence orale, il est nécessaire d'acquérir des niveaux avancés d'intuition linguistique, de capacités physiques et de ressources linguistiques.

Les concepts d'acquisition du langage et de développement de la compétence orale sont quasiment identiques, à l'exception de quelques mots : «niveaux avancés» et «niveaux de base». Ces deux concepts démontrent clairement l'existence d'une relation séquentielle entre eux. Autrement dit, l'acquisition du langage doit précéder le développement de la compétence orale.

Cependant, cela ne signifie pas nécessairement qu'il est possible d'atteindre la maîtrise orale en poursuivant simplement les mêmes méthodes d'acquisition de la TL. Les compétences de base s'acquièrent plus efficacement en imitant le modèle, ce qui est l'objectif de l'entraînement au bavardage, mais les compétences de niveau avancé nécessitent un effort créatif personnel, ce qui est l'objectif de l'entraînement à la performance.

Si j'ai introduit ces deux termes distincts, mais étroitement liés, c'est parce que je crois que l'acquisition d'une langue et le développement de la compétence orale sont deux concepts étroitement liés, mais distincts. Par conséquent, les méthodes d'enseignement des langues étrangères pour l'acquisition de la connaissance et la maîtrise de l'oral doivent être développées de manière appropriée.

En d'autres termes, un enseignement intensif des langues étrangères axé sur l'acquisition de la langue d'enseignement tout au long du programme ne permettrait pas aux élèves d'acquérir une maîtrise orale. Inversement, un enseignement intensif des langues étrangères axé sur l'acquisition de la maîtrise orale dès le début ne permettrait pas non plus aux élèves d'acquérir une maîtrise orale.

Sur la base de ces deux concepts, il devient désormais clair que l'enseignement des langues étrangères doit commencer par se concentrer sur l'acquisition de la langue et qu'après avoir réussi cette acquisition, l'enseignement des langues étrangères doit se concentrer sur le développement de la compétence orale étape par étape.

En conclusion, la relation entre l'acquisition et le développement de la compétence orale en langues étrangères est une relation conditionnelle à sens unique : l'acquisition sert de base à la construction de la compétence orale. Par conséquent, les méthodes d'enseignement des langues étrangères devraient refléter cette relation.

En d'autres termes, la formation pour développer la compétence orale devrait suivre l'acquisition réussie de la langue cible par les étudiants. Je crois que le moyen le plus efficace pour les étudiants d'acquérir la langue cible est à travers des formations intensives de Babble Training ; et que le moyen le plus efficace de développer la compétence orale est à travers des formations intensives de performance. Sans une solide base de Babble Training, aucun effort d'activités de performance en surface ne peut être significatif.

Par conséquent, l'enseignement axé sur l'acquisition doit être achevé avant celui axé sur la compétence orale. De même qu'aucun bâtiment ne peut être construit sans que les fondations soient posées avec succès, aucune compétence orale ne peut être acquise sans l'acquisition de la compétence orale. Un enfant ne doit pas être entraîné à la course avant de marcher.

4

Le Mystère De L'acquisition Du Langage

De nombreux linguistes et psycholinguistes ont mené des recherches sur l'acquisition du langage. Ils ont mené de nombreuses batailles autour du mystère de l'acquisition du langage. De nombreuses théories ont été avancées sur ce sujet. Les théories du nativisme, de l'empirisme, du renforcement, de l'imitation et du rôle des apports ont été les principales études visant à expliquer le phénomène mystérieux de l'acquisition du langage chez le nourrisson. Pourtant, aucune d'entre elles ne semble illustrer clairement le processus d'acquisition du langage.

Il est évident qu'aucun être humain ne naît avec une langue. Cependant, je crois que le mystère de l'acquisition du langage peut être compris à travers la capacité innée de l'être humain à collecter des données, à développer son intuition à partir des informations reconnues et à réaliser des actions attendues avec créativité. Sans ce postulat, rien de ce que nous faisons en tant qu'êtres humains ne semble s'expliquer. Ainsi, je crois que les êtres humains naissent avec la capacité d'acquérir le langage.

Cependant, l'acquisition du langage ne peut se faire sans apport de données linguistiques exactes et exactes, même si des données erronées peuvent parfois être temporairement validées sans renforcement. De plus, elle ne peut se faire sans le développement de l'intuition nécessaire à la réalisation des actes attendus. Ce développement repose sur des pratiques répétées ou des simulations basées sur les données linguistiques collectées. Grâce à ces simulations répétées, divers types d'informations linguistiques sont analysés dans le système de développement de l'intuition.

L'affaire Genie illustre l'importance des données linguistiques et du processus de construction de l'intuition. Genie, dont le véritable nom n'est pas révélé au public et qui était la plupart du temps enfermée dans sa chambre sans être exposée aux interactions humaines habituelles jusqu'à ce qu'elle soit retrouvée par une autorité à l'âge de 13 ans, n'a pas reçu d'apports linguistiques suffisants et appropriés et, par conséquent, n'a pas eu le processus nécessaire pour construire son intuition linguistique.

En conséquence, elle n'a pas acquis de langue. Bien que des chercheurs aient tenté de lui enseigner cette langue pendant environ un an, elle n'y est pas parvenue. De nombreuses raisons peuvent expliquer son échec, mais je pense qu'elle n'a pas reçu suffisamment de langues parlées pour les traiter et développer son intuition linguistique. Je pourrais reprendre l'analogie du piano pour mieux comprendre le processus. Nous savons que tous les êtres humains naissent avec la capacité d'acquérir le piano. Pourtant, sans apprentissage du piano, un vrai piano, et sans des pratiques répétées de jeu du piano, personne ne peut acquérir les compétences pianistiques.

En ce qui concerne l'acquisition de la langue maternelle, chaque enfant présente exactement le même processus. Même si les progrès réalisés selon l'âge présentent de légères différences individuelles, les processus fondamentaux d'acquisition du langage sont identiques pour chaque enfant. Les méthodes d'enseignement des langues maternelles sont universelles dans le monde entier. Aucun parent ni enseignant au monde ne commence immédiatement à enseigner les compétences grammaticales, la lecture, l'écriture, l'écoute et l'expression orale. Aucun parent ne donne de cours de sciences à ses enfants. Aucun parent ne les expose intensivement à la télévision ou aux films en espérant qu'ils assimilent la langue. Parents et proches tentent simplement de leur parler de situations très réalistes et concrètes, ce qui les amène à babiller sur les expressions.

Jusqu'à l'acquisition de la langue maternelle, les bébés semblent se contenter de répéter le babillage ou d'imiter les expressions qu'on leur a apprises et qu'ils peuvent suivre dans une certaine mesure. Même le babillage ne semble pas être intentionnellement ciblé. Aucun bébé ne semble subir de fortes pressions stressantes pour babiller. Tout semble très détendu et naturel dans l'acquisition de la langue.

Comparé à la quantité et à l'intensité des expressions linguistiques des parents et des proches envers les bébés, l'apprentissage du babillage par les bébés ne semble pas si important ni aussi intensif. Il semble que leur langage s'enrichisse avec l'apprentissage du babillage, aussi simplement et naturellement que leur corps grandit avec le temps.

Il est évident que les enfants acquièrent l'intuition linguistique, les capacités physiques et un grand nombre de ressources linguistiques grâce au babillage, ce qui leur permet de maîtriser la langue orale avec une grande fluidité pour gérer leurs activités quotidiennes. Grâce à l'apprentissage du babillage, ils parviennent à reconnaître les lettres et le sens des nouveaux mots pour lire et comprendre des textes écrits. Enfin, ils parviennent à écrire une fois qu'ils ont reconnu les lettres et les sons correspondants.

Pour que les bébés acquièrent l'intuition linguistique, les capacités physiques et les ressources linguistiques nécessaires pour maîtriser le langage oral de manière quasi instinctive et fluide, et pour atteindre le stade où ils seront prêts à appréhender le langage écrit, il suffit de 30 à 48 mois, au maximum, d'un entraînement au babillage détendu et libre dès la naissance. Cependant, le temps nécessaire pour que les bébés soient réellement capables de babiller est d'environ 20 mois.

Cependant, en observant la quantité d'expressions que les enfants débitent pendant leurs 30 premiers mois environ, il est étonnant de les voir produire des expressions qui ne semblent pas leur avoir été présentées auparavant. Cela ne peut s'expliquer que par l'hypothèse que les êtres humains sont dotés dès la naissance de la capacité d'accomplir des actes attendus de manière créative, en se basant sur leur intuition.

En résumé, partant du principe que l'être humain est inné à collecter des données, à développer son intuition à partir des informations qu'elles contiennent et à réaliser les actes attendus avec créativité, deux facteurs sont essentiels à l'acquisition du langage : l'apport de données ; et le processus de construction de l'intuition. Grâce aux données réalistes et concrètes que nos parents nous ont présentées, et aux bavardages sur ces données linguistiques, nous avons acquis nos langues aussi facilement qu'auparavant. Si les apports avaient été l'inverse, notre première utilisation du langage aurait également été différente.

En tant que professeurs de langues étrangères, nous savons que de nombreux bilingues acquièrent les langues étrangères de la même manière que leurs enfants ont acquis leur langue maternelle. Nous savons également que la plupart de nos élèves, malgré tous les efforts de coopération entre nous et eux, ne sont pas parvenus à devenir de solides bilingues grâce à nos enseignements basés sur les méthodes traditionnelles de FLE. Nous n'avons pas réussi à faire de nos élèves de bons locuteurs de nos langues, que même des enfants aux capacités d'apprentissage très limitées peuvent pleinement acquérir en 36 à 40 mois, après des cursus intensifs et pluriannuels aussi ciblés.

En repensant à l'histoire du FLE, force est de constater que les apports présentés à nos étudiants étaient très irréalistes, irréels, non concrets, et nombre d'entre eux étaient même totalement non linguistiques. De même, les méthodes que nous avons enseignées à nos étudiants pour développer leur intuition linguistique étaient tout aussi irréalistes, non concrètes, et nombre d'entre elles totalement non linguistiques.

Nous devons maintenant réfléchir sérieusement aux données linguistiques que nous présenterons à nos élèves et à la démarche que nous leur demanderons de développer leur intuition linguistique. Pour un enseignement efficace du français langue étrangère (FLE), nous avons besoin de données linguistiques et de démarches correctes. En tant que professeurs de langues étrangères, nous sommes responsables de ces deux aspects. Si nous ne proposons pas de données linguistiques et de démarches d'acquisition correctes, nous sommes également responsables envers les élèves du temps qu'ils leur consacreront si nous leur donnons des instructions incorrectes pour l'apprentissage de nos langues.

5

Hypothèse De Travail Sur L'acquisition Du Langage

De quoi les étudiants ont-ils besoin pour acquérir une langue étrangère?

La connaissance approfondie d'une langue permettrait-elle de la parler couramment? Non. Pour doter les étudiants d'une connaissance approfondie d'un système linguistique, il faut au moins quelques années de cours intensifs. C'est du moins ce que confirment la plupart des programmes actuels de FLE dans de nombreuses langues. Cependant, l'histoire et les résultats de la Méthode de Traduction Grammaire FLE nous apportent la réponse. Peu de personnes peuvent parler couramment une langue grâce à de telles connaissances, aussi approfondies soient-elles.

Serait-on capable de parler couramment une langue si l'on en connaissait parfaitement la grammaire et si l'on savait lire une langue étrangère? Non. Nous connaissons cette réponse par expérience, ou par l'expérience de personnes que nous connaissons et qui excellent en grammaire et en lecture d'une langue étrangère.

Serait-il possible de parler couramment une langue étrangère si l'on pouvait la lire à voix haute avec une excellente prononciation, en plus de la connaissance de la grammaire et de la compréhension écrite? Non, cela ne fonctionnerait pas. Nous le savons par expérience.

Alors, l'excellente maîtrise de la langue seconde permettrait-elle de parler couramment cette langue? Non, certainement pas.

Pourrait-on parler couramment une langue étrangère si l'on possède des dizaines de milliers de mots de vocabulaire? Certainement pas.

Pourrait-on parler couramment une langue étrangère si l'on pouvait l'écouter et la comprendre parfaitement? Non, cela ne fonctionnerait pas non plus. Nous le savons grâce aux témoignages de nombreuses personnes ayant atteint un très haut niveau d'écoute dans une langue étrangère donnée.

Et si une personne connaissait parfaitement la grammaire, possédait des dizaines de milliers de vocabulaire et pouvait lire à voix haute, écrire, écouter et comprendre parfaitement la langue des signes? Cette personne pourrait-elle parler couramment cette langue? Malheureusement, d'après les nombreux témoignages de personnes ayant obtenu d'excellents résultats au TOEFL ou au TOEIC et les observations de nombreuses personnes possédant des compétences aussi diverses et solides, la réponse est catégoriquement négative.

Peut-on parler couramment en suivant des cours de conversation pendant un an environ, où les professeurs appliquent la Méthode Directe? Pas vraiment. Je connais beaucoup de personnes qui ont suivi des cours de conversation anglaise privée avec la Méthode Directe pendant un an environ, mais qui n'ont pas réussi à maîtriser la langue, hormis des compétences communicatives très basiques, qui disparaissent de leur mémoire peu après leur départ.

Peut-on acquérir une langue étrangère en étant immergé dans la communauté linguistique pendant un an environ? Non. Presque tous les Coréens venus aux États-Unis pour apprendre l'anglais, et que j'ai rencontrés dans ce pays, sont rentrés en Corée avec peu de connaissances en anglais après quelques années de séjour aux États-Unis.

Alors, pourquoi une langue n'est-elle pas maîtrisée malgré tant d'efforts, de temps et d'argent? Quelles sont les causes de cet échec? Qu'est-ce qui fait la réussite de l'acquisition et du développement de la maîtrise orale de la langue des signes?

Pour répondre aux questions, j'émets l'hypothèse que l'acquisition du langage nécessite de bavarder [21]sur une quantité appropriée d'informations [22]réelles et de temps [23]pour acquérir simultanément les trois facteurs d'acquisition suivants : (1) l'intuition linguistique, (2) la capacité physique, (3) les ressources linguistiques.

Les trois Les facteurs d'acquisition doivent être acquis simultanément pour pouvoir maîtriser et maîtriser la langue des signes couramment. Pour parler couramment une langue, ces facteurs doivent être acquis simultanément. Sans l'un de ces trois facteurs, on ne peut parler couramment la langue des signes.

Par conséquent, la relation entre ces trois facteurs est plutôt une multiplication qu'une addition. Mathématiquement, on peut l'exprimer ainsi : «Acquisition (%) = Intuition linguistique (%)» x Capacité physique (%) x Ressources linguistiques (%) '. On ne peut parler TL qu'en fonction du degré d'acquisition de ces trois facteurs.

---

[21] J'utilise le terme «babillage» ou «babillage» pour désigner les actes répétés d'imitation, de copie, d'imitation ou de pratique d'un apport linguistique par l'apprenant dans le but d'acquérir une langue, notamment orale. Cependant, au sens large, j'utilise également ce terme pour désigner les exercices répétés d'écoute, de lecture et d'écriture effectués par l'apprenant après un apport linguistique, dans le but d'acquérir les compétences correspondantes.

[22] Il s'agit d'un terme que j'utilise pour désigner les apports réalistes que les apprenants peuvent acquérir et utiliser concrètement dans leur environnement de vie. Selon les résultats attendus, les apports réels peuvent être définis comme des apports réels pour l'expression orale, la lecture, l'écoute et l'écriture, respectivement. Un apport qui ne présente pas les caractéristiques requises pour acquérir le résultat attendu n'est pas considéré comme un apport réel efficace.

[23] La quantité et le temps nécessaires varient en fonction de la résistance linguistique de chacun à la TL et de son degré d'immersion mentale dans l'apprentissage de la TL. Une discussion concrète sera abordée ultérieurement.

C'est un concept crucial que nous devons garder à l'esprit lorsque nous enseignons nos langues. Sans un fonctionnement harmonieux et naturel de ces facteurs d'acquisition de la langue d'apprentissage, il est impossible de parler couramment une langue bilingue. La qualité de l'apprentissage d'une langue dépend du niveau d'acquisition de ces facteurs.

J'utilise le terme «intuition linguistique» pour désigner les compétences linguistiques intuitives permettant de reconnaître les sons, les structures des mots et des phrases, d'interpréter le sens et d'utiliser des ressources linguistiques telles que des ensembles d'expressions, des morphèmes, des mots, des idiomes et autres expressions utiles de la TL. Il s'agit également de la capacité intellectuelle d'une personne à traiter naturellement et instantanément les informations linguistiques entrantes et sortantes.

Une telle intuition linguistique se développe et s'acquiert, je crois, le plus efficacement par des expériences répétées de mise en pratique de nombreux apports réels. L'intuition est un flux dynamique de reconnaissance semi-instinctive de ce processus, et non un ensemble de connaissances statiques stockées dans le cerveau et récupérées manuellement comme référence pour coordonner les éléments du langage. Pour pouvoir traiter les informations ou ressources linguistiques entrantes et sortantes de manière aussi naturelle et instantanée, il est essentiel d'acquérir une intuition des phénomènes sonores, des structures des mots et des phrases et de l'usage de la langue.

Toute connaissance de compétences artificielles ou manuelles, basées sur un système, pour traiter l'information linguistique ne peut pas encore être considérée comme une performance basée sur l'intuition linguistique. On peut acquérir cette intuition linguistique de la langue seconde en étant exposé à un environnement linguistique, soit par de nombreuses lectures en langue seconde, soit par une écoute prolongée de médias en langue seconde. On peut également acquérir passivement certaines capacités physiques et ressources linguistiques au cours du processus. Cependant, une telle intuition linguistique de la langue seconde, combinée à de telles capacités physiques et ressources linguistiques passives, ne ferait pas d'un locuteur bilingue compétent.

J'utilise le terme «capacité physique» pour désigner la capacité physique des organes de la parole à exécuter des activités verbales avec fluidité. La capacité à utiliser les organes de la parole de manière semi-instinctive, en harmonie avec l'intuition linguistique, ne découle pas d'une connaissance approfondie de l'articulation correcte de chaque phonème. Elle ne s'acquiert pas simplement par l'imagination, à partir des informations que l'on obtiendrait en écoutant attentivement chaque son. Elle requiert plutôt d'importants exercices répétés des organes de la parole. La connaissance de la phonétique et de la phonologie de la TL permet d'interpréter chaque son phonétiquement correctement à des fins de démonstration.

Cependant, ces connaissances et ces compétences démonstratives ne suffisent pas à elles seules à permettre de parler la langue instantanément et intuitivement. De plus, on peut développer cette capacité physique en se concentrant simplement sur la lecture répétée de textes médiatiques à voix haute, après les sons d'un modèle, sans avoir à développer une intuition linguistique basée sur les informations reconnues dans les textes. Autrement dit, on peut acquérir cette capacité physique par un entraînement intensif, sans passer par le processus de développement de l'intuition linguistique.

J'utilise le terme «ressources linguistiques» pour désigner des éléments linguistiques tels que divers ensembles d'expressions, de mots, d'idiomes et autres expressions utiles, prêts à l'emploi, nécessaires à la communication orale et écrite. Ces ressources ne comprennent pas nécessairement des connaissances linguistiques en TL, telles que la grammaire, la phonétique, la morphologie, la syntaxe et la sémantique. Elles sont essentielles pour permettre aux étudiants de communiquer en TL et ainsi survivre jusqu'à l'acquisition et le développement de la maîtrise orale de cette langue.

Ces ressources linguistiques sont également très importantes car elles constituent les données sur lesquelles les élèves s'appuient pour recueillir des informations linguistiques et développer leur intuition linguistique ainsi que leurs capacités physiques. Si les ressources linguistiques collectées par les élèves ou proposées par les enseignants de langues vivantes n'offraient que des informations grammaticales ou d'interprétation, les élèves ne pourraient pas tout faire.

De plus, si nous, professeurs de langues étrangères, demandions aux élèves de se concentrer uniquement sur la compréhension orale, ils se limiteraient à développer leur intuition linguistique à partir des informations obtenues à partir des sons. Par conséquent, les ressources linguistiques proposées aux élèves devraient inclure des ensembles complets d'informations leur permettant de développer leur intuition et leurs capacités physiques.

Sur la base des hypothèses, on serait défini comme ayant acquis la TL en acquérant, au niveau équivalent ou supérieur d'un locuteur natif typique de 36 à 40 mois, les trois facteurs d'acquisition simultanément, l'intuition linguistique globale, la capacité physique et les ressources linguistiques de la TL.

Une fois l'acquisition de la langue réalisée, les méthodes et les efforts d'enseignement doivent être ajustés pour se concentrer sur le développement d'une compétence orale de haut niveau en renforçant les intuitions linguistiques globales, les capacités physiques et surtout les ressources linguistiques de la TL.

6

Hypothèses De Travail Sur Les Entrées Et Les Sorties

Pour les besoins de mon argumentation ici, je définis le concept d'«entrée» comme les matériaux individuels dans un sens étroit, et les catégories de matériaux dans un sens global qui sont présentés aux étudiants à des fins de FLE. Les catégories d'intrants les plus connues et utilisées dans les programmes publics de FLE sont la grammaire, la compréhension écrite, la compréhension orale, l'expression écrite, l'enrichissement du vocabulaire et l'expression orale directe en langue des signes. Je définis également les «extrants» comme ce que les élèves acquièrent réellement grâce au processus de transition entre les intrants.

Alors, quelle est l'importance de parler des intrants? Dans quelle mesure est-il important d'utiliser des intrants adaptés aux différents niveaux d'acquisition linguistique? Pour répondre à ces questions, il convient de prendre en compte de nombreux facteurs clés nécessaires à la réussite d'un programme de FLE, tels que le temps consacré par les étudiants, les efforts investis, la motivation des étudiants (ci-après, les «facteurs étudiants») et le programme lui-même (le «facteur programme»). Ces facteurs sont tous interdépendants, de sorte que l'échec de l'un d'entre eux peut entraîner un échec total.

Cela montre combien il est difficile de mener à bien un programme de FLE.

Parmi les facteurs, le facteur programme est le seul sur lequel les étudiants n'ont que peu de contrôle, tandis qu'ils contrôlent largement les facteurs étudiants. Par conséquent, pour les étudiants qui maîtrisent parfaitement tous les facteurs étudiants, le facteur programme est le seul facteur sur lequel, n'ayant aucun contrôle, ils devraient s'appuyer pour réussir leur apprentissage de la langue d'apprentissage.

Cependant, à ma connaissance, dans la plupart des programmes publics de FLE, très peu de personnes ont réussi à atteindre une maîtrise orale courante de la TL, c'est pourquoi je pense que les programmes publics de FLE à travers le monde ont échoué.

Le fait que les programmes de FLE dans les écoles publiques n'aient pas réussi à former des locuteurs couramment parmi des millions d'étudiants à travers le monde, dont au moins des centaines de milliers d'étudiants travailleurs ont entièrement consacré leur temps et leurs efforts au programme avec une motivation de survie tout au long des programmes, nous indique que les programmes doivent avoir quelque chose à voir avec l'héritage défaillant des programmes de FLE.

Alors, quels sont les problèmes avec les programmes? Pour répondre à cette question, examinons les éléments du facteur programme. Parmi les plus courants, on trouve la durée, la fréquence des cours, les enseignants et les intrants. Parmi ces quatre éléments, la durée, la fréquence des cours et les enseignants ne semblent pas être les principaux facteurs d'échec, car les résultats en termes de compétence orale ont été sensiblement les mêmes parmi les programmes ayant mis en œuvre divers éléments de ce type.

Par conséquent, il en résulte que l'élément d'entrée a été le principal facteur d'échec des programmes d'ELF. Jusqu'à présent, divers types d'entrées ont été mis en œuvre, les exigences en matière de compétences ayant évolué au fil du temps, sans pour autant obtenir de résultats satisfaisants en termes de compétence orale.

Pourquoi en est-il ainsi? Pour répondre à cette question, je propose les hypothèses de travail suivantes sur les entrées et les sorties : lors de l'apprentissage d'une langue, il existe certaines relations entre les entrées et les sorties, comme suit :

1. Il n'y a pas de mutation entre l'entrée et la sortie.
2. Aucune entrée ne produit aucune sortie.
3. Il existe une résistance linguistique individuelle à surmonter pour une transition significative de l'entrée à la sortie.
4. L'entrée la plus réelle, la plus simple et la mieux comprise par les étudiants produit la sortie la plus efficace.
5. Le niveau de compétence des extrants dépend de la qualité, de la quantité et de la réalité des intrants conservés dans le pool de ressources linguistiques de l'étudiant.
6. La meilleure façon de conserver les informations dans le pool de ressources linguistiques est de les exécuter de manière répétée et régulière avec un niveau constant et fort d'immersion mentale.
7. Il existe une certaine séquence et combinaison de catégories d'entrées qui sont les plus efficaces pour acquérir et développer la compétence orale en tant que sortie.

Ces hypothèses de travail expliquent les différents phénomènes de production en FLE. Elles présentent également des idées sur ce qu'il faut proposer comme intrants en fonction des résultats attendus. Elles offrent également un aperçu clair des erreurs commises par de nombreux étudiants et enseignants concernant ce qu'il faut enseigner ou apprendre et comment.

La première hypothèse nous indique que la nature du résultat ne peut être différente de celle de l'entrée. Il ne faut pas s'attendre à des résultats différents de ceux des entrées. Par exemple, si un programme de FLE privilégie les cours de grammaire-traduction, les étudiants devraient traduire des expressions de la langue d'apprentissage et relever les problèmes grammaticaux de la langue d'apprentissage.

De plus, si un programme de FLE proposait des cours de grammaire-traduction, puis des cours de vocabulaire, les résultats seraient la traduction grammaticale et la mémorisation du vocabulaire. De nombreux étudiants ont montré qu'ils ne parvenaient pas à démontrer une compétence orale significative en combinant la grammaire et le vocabulaire acquis. Par conséquent, les apports devraient être soigneusement déterminés en fonction des résultats attendus.

La deuxième hypothèse nous indique clairement l'une des principales raisons pour lesquelles les étudiants des programmes publics traditionnels de FLE n'ont pas réussi à acquérir la maîtrise orale de la langue des signes. L'absence d'apports appropriés pour la maîtrise de l'oral dans la plupart des programmes publics traditionnels de FLE. En conséquence, aucun résultat de compétence orale n'a été produit.

Cette hypothèse stipule également que l'apprentissage comprend un entraînement intensif et répété au babillage sur une période prolongée. Grâce à cet entraînement intensif et répété, on peut acquérir l'intuition linguistique, les capacités physiques et les caractéristiques vocales requises, telles que la prononciation, l'intonation, l'accent tonique, etc.

Par conséquent, l'absence d'entraînement intensif au babble produira des résultats infructueux conduisant à l'échec de l'acquisition.

La troisième hypothèse montre les relations de productivité relative entre l'entrée et la sortie en fonction de la résistance linguistique de chacun. Cette résistance correspond au degré d'inaptitude physique et cognitive à traiter les intrants, ce qui freine la production d'extrants. Elle est principalement due à la distance linguistique entre la langue maternelle et la langue cible, ainsi qu'à l'âge. L'âge reflète le degré d'adhésion physique et cognitive aux caractéristiques linguistiques de la langue maternelle.

De plus, la résistance linguistique peut être accentuée par toute forme d'inaptitude individuelle à traiter les données d'entrée. Cette résistance explique pourquoi l'acquisition de différentes langues est plus ou moins difficile pour les élèves issus de différents contextes de traduction automatique. Elle explique également pourquoi les enfants en général acquièrent une langue étrangère relativement plus rapidement que les adultes. La résistance linguistique entraîne une perte de données d'entrée lors de la transition vers la sortie.

Par conséquent, plus le score de distance linguistique est élevé et plus l'élève est âgé, plus la compensation linguistique est nécessaire pour que l'entrée soit produite comme une sortie significative. L'une des méthodes les plus courantes pour compenser l'entrée consiste à réintroduire l'entrée aux élèves de manière répétée, ce que j'appelle «Entraînement au babillage» dans cet ouvrage.

Le quatrième L'hypothèse nous indique comment prioriser les intrants. Elle nous indique également que les programmes de FLE doivent être axés sur les besoins des élèves. Elle souligne également que les intrants doivent être aussi concrets et simples que possible. Ainsi, une fois la catégorie d'intrants choisie en fonction de la première hypothèse pour atteindre les objectifs spécifiés d'un programme, les supports de cours peuvent être produits en tenant compte des besoins des élèves.

Le 5ème L'hypothèse indique le niveau d'intensité requis pour un programme de FLE. J'utilise ici le terme «maîtrise», que je définis comme les compétences linguistiques réelles permettant de maîtriser les ressources appropriées du bassin de ressources. Réaliser des activités linguistiques.

Ici, la qualité fait référence à la fluidité réelle ou à la capacité physique à maîtriser les ressources individuelles. La quantité fait référence à la quantité d'intrants retenus ; et la réalité fait référence à l'utilité de ces intrants retenus pour l'apprenant.

Selon les activités linguistiques, la compétence peut être divisée en compétence grammaticale, compétence en lecture, compétence en écoute, compétence orale, etc.

La sixième hypothèse nous donne des pistes sur la manière d'intégrer les intrants au pool de ressources. Elle indique également que la simple introduction d'intrants et leur utilisation ultérieure ne laisseraient pas beaucoup d'intrants dans le pool. Autrement dit, les programmes de FLE devraient être conçus de manière à ce que les étudiants soient amenés à effectuer régulièrement des performances répétées sur les intrants introduits.

Un autre élément important mis en évidence dans cette hypothèse est l'immersion mentale. Cette immersion est directement liée à la motivation ou à l'engagement à apprendre la TL. Une immersion mentale constante et forte, ou motivation, permet de capter et de retenir les ressources disponibles. Elle aide les étudiants à éviter d'être perturbés par les nombreux autres éléments qui les entourent.

Pour acquérir et développer des compétences, il faut avant tout mémoriser les informations stockées dans le réservoir de ressources, la zone de mémoire du cerveau. Sans mémorisation, aucune compétence ne peut être acquise. Ensuite, pour améliorer les compétences, il est nécessaire d'améliorer autant que possible la qualité et la quantité des informations stockées dans le réservoir de ressources. De plus, la réalité des informations stockées dans le réservoir de ressources joue un rôle crucial, car des ressources peu pratiques ne permettent pas aux élèves d'en faire l'expérience concrète.

La qualité des intrants retenus fait ici référence au niveau d'acquisition de toutes les compétences linguistiques nécessaires pour obtenir les intrants sans perte. Pour les intrants d'expressions familières, par exemple, il faut au moins acquérir les compétences d'écoute et d'expression orale pour les expressions concernées.

Par conséquent, toute acquisition retenue qui ne peut être correctement exprimée ne serait pas considérée comme une acquisition complète des compétences requises. Il faudrait plutôt la considérer comme une acquisition partielle. La mémorisation d'une acquisition partielle abaisserait le niveau de compétence. En revanche, pour les apports grammaticaux, l'acquisition complète nécessiterait seulement une compréhension approfondie de la grammaire. De cette façon, le niveau de compétence grammaticale peut être atteint à un niveau très élevé.

Le septième L'hypothèse suggère que les catégories d'intrants doivent être séquencées et combinées de manière à permettre aux élèves d'acquérir et de développer efficacement leur maîtrise orale de la langue d'enseignement. Compte tenu des conséquences des méthodes traditionnelles de FLE, on peut supposer que la séquence et la combinaison des catégories d'intrants déployées par les programmes de FLE traditionnels se sont avérécs inefficaces. Traditionnellement, les catégories d'intrants de la plupart des programmes de FLE se présentaient plutôt comme suit :

Étape 1 : Grammaire
Étape 2 : Lecture ajoutée à l'étape 1
Étape 3 : Écriture ajoutée à l'étape 2
Étape 4 : Écoute ajoutée à l'étape 3

Cependant, la plupart des programmes publics traditionnels de FLE n'ont pas eu suffisamment de temps pour aller au-delà de l'étape 2, car il a fallu de nombreuses années pour ne réaliser que les étapes 1 et 2. Par conséquent, la plupart des programmes n'offraient pas d'apports pour l'écriture et l'écoute, et encore moins pour la compétence orale.

D'autres programmes ont proposé dès le départ des apports très minimes à la compétence orale. Cependant, la pondération de la compétence orale étant très faible, alors que celle d'autres types d'apports, comme la grammaire et la lecture, était largement prédominante, les facteurs étudiants n'ont pas été suffisamment investis dans la compétence orale, ce qui a limité la quantité d'expressions familières pleinement acquises.

Par conséquent, avec un bassin de ressources vide pour les expressions familières, on ne peut pas s'attendre à des résultats de performance familière de la part des étudiants.

À partir d'observations informelles sur de nombreuses personnes ayant acquis la compétence orale en langues étrangères, ainsi que sur le processus d'acquisition du langage naturel, j'ai trouvé des raisons de construire une certaine séquence de combinaison des catégories d'entrée pour produire des sorties pour la compétence orale de manière très efficace, ce qui est le fondement de Babble Training Méthode (BTM).

La figure suivante présente les concepts clés des hypothèses sur les relations entre les entrées et les sorties. Le réservoir de ressources linguistiques représente l'espace de stockage cérébral où les entrées doivent être conservées et traitées pour que l'apprenant puisse développer l'intuition et les ressources linguistiques nécessaires à l'acquisition et au développement de la maîtrise de la TL.

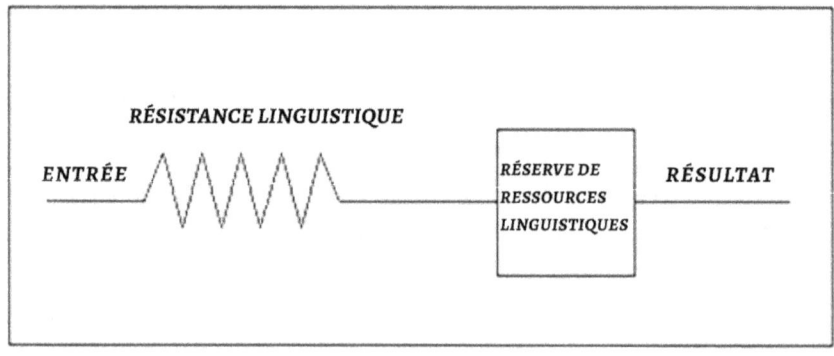

7

Une Idée Pour Évaluer La Compétence Orale - LCST

J'ai précédemment cité le niveau général de compétences linguistiques acquis par les enfants de 36 à 40 mois comme critère d'évaluation de l'acquisition de la langue. Toute personne ayant acquis la langue à ce niveau peut être considérée comme ayant réussi. Avec un tel niveau de compétences linguistiques, aucun élève ne sera en mesure de communiquer dans les activités de la vie quotidienne. Même après avoir acquis un tel niveau de compétences linguistiques dans les activités de la vie quotidienne, un élève devra néanmoins développer sa maîtrise orale pour communiquer couramment dans des sujets plus complexes, comme la vie sociale et professionnelle.

En d'autres termes, même si l'acquisition des compétences linguistiques de la TL et le développement de la compétence orale de la TL sont mutuellement liés dans une relation séquentielle, ils appartiennent à des processus différents d'acquisition de la TL et doivent être clairement distingués sans confusion.

Alors, comment vérifier si les élèves ont acquis la TL? Comment comparer la quantité de ressources linguistiques acquises par des enfants de 36 à 40 mois avec celle acquise par les élèves? Si les enfants comprennent environ 1 700 mots de vocabulaire et maîtrisent environ 300 expressions, comment savoir si nos élèves ont atteint le même niveau d'acquisition de la TL?

Même si nous pouvons trouver de nombreuses données concrètes dans divers ouvrages et articles sur le niveau de compétences linguistiques des enfants de 36 à 40 mois, il serait difficile d'utiliser ces données pour évaluer le niveau d'acquisition de la langue des élèves. Si tel est le cas, quelle méthode pourrions-nous, enseignants de langues étrangères, utiliser pour déterminer facilement si les élèves ont acquis la langue des signes?

Pour développer une méthode permettant de mesurer l'acquisition de la TL par les élèves, il faut laisser de côté pour un moment l'idée de se fier au nombre de vocabulaires et d'expressions acquis par les enfants, et prêter une attention plus particulière aux phénomènes linguistiques dont font preuve les enfants de 36 à 40 mois.

L'un des phénomènes observés chez les enfants ayant acquis le langage est la capacité à copier les langues. Autrement dit, ils imitent ou citent des langues parlées par d'autres dans le cadre d'une communication instantanée. Ce type de copie est fréquent lors d'échanges ludiques avec les enfants. Il arrive aussi que les enfants copient les langues entre leurs parents.

Ce type de copie diffère du babillage. Les enfants copient parfois des langues pour s'amuser à démontrer leurs compétences linguistiques. Lorsqu'ils copient des langues, ils le font généralement de manière contextuellement correcte. Ils copient parfois une expression entière telle quelle, et parfois des parties d'expressions pour les adapter au contexte.

La copie linguistique ne peut normalement se faire sans l'appui des trois facteurs d'acquisition. Si l'intuition linguistique acquise n'est pas suffisamment forte, il sera très difficile de copier ou de restructurer, sans avoir à mémoriser, les expressions dites par autrui pour les adapter instantanément au contexte donné.

Même si l'on avait acquis l'intuition linguistique, il serait encore difficile d'articuler les expressions avec autant de fluidité si l'on n'avait pas acquis la capacité physique nécessaire pour articuler la TL. Or, il est possible que les élèves reproduisent mal les langues, selon leur niveau de difficulté, sans avoir à acquérir de très bonnes capacités physiques.

Cependant, cela ne ferait que révéler le niveau d'acquisition immature des capacités physiques requises par le locuteur. De plus, les enfants ne semblent pas copier les langues qu'ils ne comprennent pas . Si l'on copie des langues sans en comprendre le sens, on peut facilement constater que les langues copiées sont hors contexte.

Par conséquent, sur la base des observations sur la façon dont les enfants copient les langues, et sur la base des relations logiques entre les actes de copie des langues et le statut d'acquisition des trois facteurs d'acquisition, nous pouvons utiliser les compétences de copie des langues comme un moyen de mesurer les niveaux d'acquisition de la TL par les élèves.

Alors, comment évaluer les compétences de copie linguistique des élèves? Tout d'abord, le test de compétence de copie linguistique (LCST) serait mieux utilisé dans le cadre des différentes méthodes d'évaluation régulières du programme scolaire général. Les méthodes concrètes d'utilisation des compétences de copie linguistique peuvent varier selon les situations spécifiques.

Cependant, dans des situations générales, les étudiants peuvent être testés de la manière suivante :

1. Présentez aux élèves des expressions de la vie quotidienne en TL à un rythme régulier, via des supports audio ou en personne, lors d'interactions individuelles. Les formes d'expression en TL doivent être telles que l'élève doive les modifier pour les adapter au contexte. Par exemple, hier, *l'enseignant je n'ai pas enseigné* parce que le *professeur* ne pouvait pas venir à l'école à cause du froid.

2. Demandez à l'élève d'expliquer le sens dans la langue source.

3. Demandez à l'élève de reformuler les expressions TL pour leur propre signification : Demandez à l'élève de modifier ou de manipuler des parties des expressions pour créer sa propre histoire.

4. Selon l'âge de l'élève, son niveau scolaire et les difficultés des expressions TL, le nombre et les formes des expressions TL à copier par l'élève peuvent varier.

Demander à l'étudiant d'expliquer d'abord le sens du texte vise à interrompre le processus inconscient de mémorisation des expressions et, par conséquent, à vérifier le fonctionnement de l'intuition linguistique en TL. De plus, il est évident que cette démarche permet de vérifier si l'étudiant a acquis le niveau nécessaire de ressources linguistiques en TL.

Si l'élève n'a pas acquis une bonne intuition linguistique en TL, il est très peu probable qu'il puisse formuler des expressions contextuellement correctes. Si ses capacités physiques sont insuffisantes, il présentera des difficultés d'articulation lors de la copie d'expressions en TL. De plus, s'il n'a pas acquis suffisamment de ressources linguistiques en TL, il aura des difficultés à expliquer le sens.

8

Une Idée Pour Évaluer La Compétence Orale - OMT

Une autre idée pour évaluer l'acquisition de la TL ou le niveau de compétence orale des étudiants est la méthode du test de correspondance orale («OMT») sur un certain nombre d'expressions familières à la fois dans et hors contexte.

Cette idée peut également être utilisée pour évaluer les performances des étudiants dans le cadre des évaluations régulières du semestre. Bien qu'utile à tous les niveaux, du niveau débutant au niveau avancé, elle est particulièrement efficace pour les étudiants débutants et intermédiaires qui ont encore besoin d'acquérir un vocabulaire de langue des signes utile et concret pour développer leurs compétences linguistiques fondamentales et maîtriser la langue des signes avec aisance. L'OMT peut également être utilisé comme un outil efficace pour sélectionner les candidats en fonction de leur maîtrise orale de la langue des signes.

Fondamentalement, l'idée de la TMO est de présenter un certain nombre d'expressions en langue source et de demander aux élèves de les utiliser en langue des signes. Pour évaluer globalement et de manière exhaustive le niveau d'acquisition ou de compétence orale des élèves en langue des signes, l'évaluateur peut produire une liste écrite d'expressions familières, par exemple 100 expressions variées parmi les différents niveaux (débutant 1, débutant 2, intermédiaire 1, intermédiaire 2, avancé 1 et avancé 2), en fonction des niveaux d'acquisition ou de compétence orale attendus. Les élèves doivent ensuite être invités à utiliser les expressions correspondantes en langue des signes.

L'OMT peut également servir de méthode d'évaluation régulière des performances des élèves en apprentissage de la langue. Grâce au BTM, les élèves sont généralement initiés à diverses expressions familières et amenés à les acquérir à travers différents dialogues concrets et concrets.

De cette façon, les élèves peuvent assimiler efficacement l'ensemble des expressions. Cependant, cela ne signifie pas nécessairement qu'ils peuvent les extraire et les utiliser individuellement dans une situation réelle, indépendamment des exemples de contexte dans lesquels elles sont présentées.

Pour évaluer la capacité d'un élève à acquérir et à utiliser les expressions individuelles, des exercices de vocabulaire en anglais (OMT) réguliers tout au long du semestre peuvent s'avérer très utiles. Pour cela, l'enseignant de langues étrangères peut établir une liste d'expressions variées, en langue source, parmi toutes celles présentées en classe jusqu'au moment de l'examen, et demander aux élèves de prononcer les expressions correspondantes en langue des signes.

De cette façon, les élèves doivent maîtriser couramment toutes les expressions présentées en cours tout au long du semestre ou de l'année scolaire. Les élèves qui maîtrisent mieux les expressions individuelles obtiendront de meilleurs résultats en OMT.

L'idée sous-jacente de l'OMT repose sur une hypothèse de travail indiquant le niveau d'acquisition ou de maîtrise orale de la langue parlée par chaque élève : plus un élève maîtrise la langue parlée ou maîtrise l'oral, plus il maîtrise couramment les expressions. De plus,

plus un élève maîtrise la langue parlée ou maîtrise l'oral, plus le niveau d'expressions sera faible et plus la fluidité sera faible.

Contrairement au LCST et aux autres types d'évaluations orales, l'OMT présente l'avantage d'être relativement simple et pratique à réaliser pour plusieurs étudiants simultanément. Autrement dit, il peut être réalisé sans entretien en personne avec les étudiants si nécessaire.

Il est également possible de procéder sans solliciter les étudiants à l'oral. Les évaluateurs peuvent simplement produire et fournir la liste des questions orales aux étudiants, qui peuvent ensuite enregistrer leurs réponses pour une évaluation ultérieure. Pour faciliter la notation ultérieure, il est conseillé aux étudiants d'enregistrer simultanément leur voix pour les questions (ou au moins leurs numéros d'identification) et leurs réponses.

À des fins d'évaluation générale et globale, en fonction des niveaux des étudiants, des critères tels que l'achèvement significatif, le vocabulaire approprié, l'articulation, la conjugaison du vocabulaire, le mode de présentation et la restriction de temps doivent être pris en compte, avec des scores de performance au prorata attribués en fonction des pondérations basées sur l'aspect pratique des critères respectifs.

Pour une épreuve de gestion de l'information générale (OMT) avec tous les niveaux d'expressions, une moyenne de 10 à 12 secondes par question semble raisonnable. Par exemple, si le nombre total d'expressions OMT est de 100, une durée de 17 à 20 minutes serait raisonnable. Si un élève sautait ou ne pouvait pas terminer certaines expressions en raison d'une contrainte de temps, ces expressions seraient comptabilisées pour zéro point dans toutes les catégories du critère. Par exemple, on peut attribuer différents points fixes par expression comme suit :

10 points sur MC (achèvement significatif)
7 points sur AV (Vocabulaires Appropriés)

6 points en FA (Fluent Articulation)
4 points sur VC (Vocabulaire Conjugaison)
3 points sur le mode de présentation (MP)
30 points au total par expression

Pour plus de commodité, chacun des critères ci-dessus peut être évalué selon un système de 10 points, convertis ultérieurement en points respectifs. De plus, des scores unitaires au prorata peuvent être attribués pour différents niveaux de difficulté de chaque expression. Par exemple, on peut attribuer différents points fixes pour chaque niveau d'expression, comme suit :

4 points par B1 (Débutant 1) avec moins de 5 mots
6 points par B2 (Début 2) avec 5 à 8 mots
8 points par I1 (Intermédiaire 1) avec 9 à 12 mots
10 points par I2 (Intermédiaire 2) avec 13 à 16 mots
12 points par A1 (Avancé 1) avec 17 à 20 mots
14 points par A2 (Avancé 2) avec 21 à 24 mots
Score total : 54 points (pour 6 expressions, une de chaque niveau)

Le tableau de scores OMT suivant montre les idées de scores au prorata pour les critères respectifs et les difficultés de chaque expression :

Niveaux d'expression (Scores unitaires)	Scores de performance					Score total (30)	Filet Score unitaire
	MC (10)	AV (7)	FA (6)	VC (4)	Député (3)		
Début 1 (4)							
Début 2 (6)							
Intermédiaire 1 (8)							

Intermédiaire 2 (10)							
Avancé 1 (12)							
Avancé 2 (14)							

Tableau des scores OMT

Dans le tableau des scores OMT ci-dessus, les chiffres entre parenthèses indiquent le nombre maximal de points par catégorie. Selon ce tableau, le score total maximal pour chaque expression est de 30 points. Autrement dit, un élève peut obtenir 30 points en réalisant une expression sans erreur inacceptable. Le score total de chaque expression est ensuite converti en score unitaire net.

Par exemple, si un élève obtient 30 points sur une expression de niveau avancé 1, il obtiendra 12 points nets. En revanche, s'il obtient 15 points sur la même expression, il obtiendra 6 points nets, ce qui constitue évidemment un échec. Supposons que nous ayons 60 questions au total, soit 10 questions de chaque niveau. Le score net maximal possible est alors de 540.

Voyons maintenant comment utiliser le tableau OMT ci-dessus pour évaluer la maîtrise orale d'un élève en TL. La façon la plus simple d'utiliser ce tableau est d'utiliser le total des scores unitaires nets pour tous les niveaux. À partir de ce score total, il sera facile de trier les élèves du score le plus élevé au score le plus faible.

Cependant, l'analyse des compétences linguistiques de chaque élève en TL n'est pas présentée. Par conséquent, pour analyser les performances d'un élève à chaque niveau, il suffit de comparer les scores unitaires nets de chaque niveau et d'appliquer des notes «élevé», «moyen» et «faible», en fonction du pourcentage atteint, pour plus de 90 %, 80 % et 70 % respectivement. Ici, «élevé» signifie une maîtrise orale très fluide, «moyen» une fluidité médiocre et «faible» une fluidité médiocre mais correcte en TL.

À titre d'exemple, supposons que l'étudiant A ait reçu les scores suivants, indiqués dans le tableau, d'un OMT avec des expressions variées de tous les niveaux :

Niveaux (Total des points)	Scores de performance					Score total (30)	Niveau Score Total	Pource-ntage (%)
	MC (10)	AV (7)	FA (6)	VC (4)	Député (3)			
B 1 (40)	9.0	7.0	5.4	3.6	2.7	27,7	36,9	92,3%
B 2 (60)	9.0	6.3	5.4	3.6	2.7	27	54	90%
Moi 1 (80)	8.0	5.6	4.8	3.2	2.4	24	64	80%
Moi 2 (100)	6.3	4.9	4.2	2.8	2.1	21	70	70%
A 1 (120)	3.0	2.1	1.8	1.2	0,9	9	36	30%
Un 2 (140)	0	0	0	0	0	0	0	0%

Tableau récapitulatif OMT (nombre total d'expressions : 60)

Selon le tableau récapitulatif OMT ci-dessus, les compétences orales de l'étudiant A sur une TL donnée pour chaque niveau sont : Débutant 1 (élevé), Débutant 2 (élevé), Intermédiaire 1 (moyen) et Intermédiaire 2 (faible) respectivement. L'étudiant n'a pas encore acquis de compétence orale de niveau avancé.

9

FL Pour Adultes vs.
MT Pour Enfants

Il est incontestable que les enfants acquièrent leur langue maternelle, quel que soit le type de langage, entre 30 et 40 mois après la
naissance. Entre 36 et 40 mois après la naissance, les enfants semblent très actifs et créatifs dans leur communication avec les autres.
Ils surprennent leurs parents avec de nouvelles expressions qu'ils ne
s'attendent pas à voir leur bébé prononcer.

Entre 36 et 40 mois, les enfants semblent avoir acquis le langage à un niveau où ils possèdent une intuition linguistique suffisamment développée pour produire divers types d'expressions aux
formes régulières. Ils créent de manière semi-instinctive des formes
régulières pour les expressions irrégulières. Par exemple, certains
enfants diront «une voiture est passée» au lieu de «une voiture est
passée». De plus, ils semblent avoir acquis la capacité physique de
communiquer sans difficulté. Le fonctionnement de leurs organes
de la parole semble naturel, à l'exception de certains mots particulièrement difficiles à articuler.

Entre 36 et 40 mois après la naissance, je pense que l'intuition
linguistique et les capacités physiques des enfants sont suffisamment
développées pour que leurs compétences linguistiques se limitent à

leurs ressources linguistiques. Concernant leurs ressources linguistiques, ils disposent probablement d'environ 300 à 400 mots de vocabulaire qu'ils utilisent dans leurs activités orales. Même s'ils en avaient 500 à 600, ce n'est pas beaucoup. Grâce à cette intuition, à ces capacités physiques et à ce vocabulaire, ils maîtrisent parfaitement la langue.

Sachant que les bébés ne commencent pas l'apprentissage actif du babillage avant 10 à 15 mois en raison de leur condition physique immature, il faut moins de 30 mois pour qu'ils acquièrent un niveau de langage aussi fluide. Alors, combien de temps faut-il réellement aux bébés pour acquérir ce langage? Examinons en détail les milieux dans lesquels les bébés apprennent le langage.

Catégories	Description
Délai général d'acquisition	Environ 36 à 40 mois après la naissance ; étant donné qu'ils ne commencent à babiller que 10 à 12 mois après la naissance, cela prend en fait environ moins de 30 mois.
Heures quotidiennes réelles de babillage	Du point de vue des adultes, les enfants ne babillent pas de manière intensive. Ils le font par intermittence. Ils le font davantage en grandissant, mais moins fréquemment les premiers mois. En moyenne, ils ne consacrent pas plus de trois heures par jour au babillage actif.
Activités	Il écoute principalement des sources d'information et bavarde. Il n'a que très peu d'interactions verbales avec le soignant jusqu'à une heure tardive. Il ne lit pas, ne grammaire pas, n'écrit pas et n'écoute pas les médias. Il passe la majeure partie de sa journée à dormir au début.

Sources d'entrée	Prestataires de soins : principalement les parents et les baby-sitters. Aucun média comme la télévision, les appareils audio ou les films n'est réellement utilisé à des fins d'acquisition du langage.
Conditions physiques	Très limités par rapport aux adultes. Leur cerveau n'est pas encore pleinement développé et leurs mouvements physiques ne sont pas encore pleinement opérationnels. Leur compréhension et leur jugement sont encore insuffisamment développés.
L'intuition linguistique	Naît avec la capacité de collecter des données, de développer une intuition basée sur les informations reconnues et d'accomplir les actes attendus avec créativité. Initialement dépourvu d'intuition linguistique, il acquiert ensuite une intuition suffisamment développée pour être productif et créatif avec le langage courant entre 36 et 40 mois.
Capacité physique	Zéro pour commencer ; assez limité pendant la majeure partie de la phase de formation Babble.
Ressources linguistiques	Zéro pour commencer ; et, 36 à 40 mois après la naissance, environ 300 à 400 termes liés aux besoins de la vie quotidienne et à la parenté.

Alors, les adultes peuvent [24]-ils acquérir une langue étrangère en 30 mois environ grâce à l'entraînement Babble, au même niveau que les enfants de 36-40 mois pour leur langue maternelle? Bien sûr que oui. En fait, ils peuvent même faire bien mieux que ces enfants. En fonction des efforts individuels et du temps consacré à l'entraîne-

---

[24] J'utilise ici le terme «adulte» pour désigner les adultes relativement jeunes d'âge scolaire, allant du collège à l'université ou aux écoles supérieures.

ment Babble, je pense qu'il est tout à fait possible que les adultes acquièrent une langue étrangère en 30 mois grâce à un entraînement Babble intensif, jusqu'au niveau d'élèves de primaire.

Comparés aux environnements d'acquisition des langues maternelles des enfants, ceux des adultes ne semblent pas si défavorables, notamment grâce aux technologies. Au contraire, ils semblent bien plus favorables à l'apprentissage des langues étrangères par les adultes qu'à celui des enfants. Surtout, les adultes ont un cerveau et des organes de la parole pleinement développés. Ils peuvent comprendre, apprendre et articuler beaucoup plus efficacement et plus rapidement que les jeunes enfants. Ils peuvent se concentrer activement et fournir des efforts importants pour atteindre leurs objectifs, tandis que les jeunes enfants semblent moins disposés à s'entraîner au babillage. De plus, les adultes peuvent utiliser les lettres pour améliorer leur mémoire et représenter les sons.

De plus, les adultes peuvent également utiliser les technologies comme sources d'information inépuisables, à tout moment et en tout lieu. Ils peuvent les emporter partout avec eux et les consulter autant qu'ils le peuvent.

Le facteur le plus défavorable à l'apprentissage des langues étrangères par les adultes est peut-être le fait qu'ils aient acquis leur langue maternelle pendant de nombreuses années. Autrement dit, leurs opérations linguistiques ont été totalement focalisées sur les caractéristiques linguistiques de leurs langues, de sorte que celles-ci interfèrent avec le processus d'acquisition d'une autre langue.

L'un des problèmes les plus courants rencontrés par les adultes lorsqu'ils apprennent et parlent une langue étrangère est la difficulté à la prononcer. Autrement dit, les traits linguistiques forts de la langue maternelle se manifestent par un accent lorsqu'on parle une langue étrangère. Les accents prononcés sont particulièrement prononcés chez les adultes qui n'ont pas suivi le programme Babble Training. Plus on apprend une langue étrangère, plus l'accent tend à s'accentuer. Plus l'accent est fort, plus il est difficile d'apprendre et de parler une langue étrangère.

Il est donc nécessaire de surmonter l'interférence subconsciente de ces caractéristiques avec la pratique de la langue étrangère, ce qui, même en s'efforçant délibérément d'appliquer les connaissances d'un processus systématique, n'est pas chose aisée. Pour surmonter ces obstacles liés à la langue maternelle, notamment aux accents, il est préférable de privilégier un entraînement au babble simple et physique plutôt que les règles et le système de la langue étrangère.

10

Comment Les Langues
Se Perdent

Il y a quelques années, j'ai lu un article sur un Coréen d'une soix-antaine d'années dont on avait découvert qu'il avait complète-ment perdu la langue coréenne après 15 ans passés dans une prison étrangère. On disait qu'il parlait couramment le coréen, comme les autres Coréens de son âge avant son incarcération. J'ai été très sur-pris d'apprendre qu'une langue maternelle pouvait disparaître aussi rapidement après plus de 40 ans.

J'ai aussi une amie qui m'a confié lors d'une récente rencontre que son frère semblait avoir perdu presque complètement la langue coréenne en 13 ans aux États-Unis. Son frère est arrivé aux États-Unis à l'âge de 13 ans. Selon elle, il s'est vraiment forcé à perdre le coréen en n'utilisant pas le coréen pour apprendre l'anglais plus efficacement. Il a fréquenté des écoles où personne ne parlait coréen. Il s'est lié d'amitié avec des personnes exclusivement anglophones. Il travaille dans une entreprise exclusivement anglophone.

D'un autre côté, je connais plusieurs personnes autour de moi qui semblaient avoir complètement perdu le coréen et l'ont retrouvé en un temps record. Elles l'ont appris comme langue maternelle à la maison et l'ont utilisé jusqu'à la fin de l'école primaire, puis l'ont perdu pendant plus de dix ans, ne l'utilisant plus, avant de le retrouver. Elles m'ont dit qu'il leur a fallu un à deux ans pour retrouver un niveau de langue très courant, grâce à leurs relations avec les Coréens, que ce soit dans leur vie conjugale ou professionnelle. Leur coréen est si fluide, sans accent, qu'il est difficile d'imaginer qu'elles aient perdu la langue pendant si longtemps. C'est comme une machine un peu rouillée qui fonctionne parfaitement après avoir été huilée et réglée.

En observant les personnes qui m'entourent, j'en suis venu à la conclusion que les gens perdent d'abord leurs ressources linguistiques, puis que l'intuition linguistique et les capacités physiques persistent longtemps. Autrement dit, les gens perdent le vocabulaire et les expressions d'une langue assez rapidement par rapport à l'intuition et aux capacités physiques. J'ignore combien de temps l'intuition et les capacités physiques persistent, mais il semble qu'ils puissent rester au moins dix ans dans un tel état qu'ils puissent être réactivés assez facilement en se rechargeant en ressources linguistiques.

En conséquence, lorsqu'on dit avoir perdu sa propre langue maternelle, qu'on avait pleinement acquise et utilisée au moins pendant dix ans avant de la perdre, il y a de fortes chances, dans la plupart des cas, qu'on ait perdu le vocabulaire et les ensembles d'expressions de sa mémoire ; et que les intuitions linguistiques et les capacités physiques soient encore tout à fait disponibles.

Parmi les facteurs d'acquisition permettant de parler couramment une langue, l'intuition linguistique et les capacités physiques ont un point commun : elles relèvent toutes deux de l'instinct. Les ressources linguistiques, quant à elles, se distinguent des trois autres par leur caractère mémoriel. Cela montre que le semi-instinct dure beaucoup plus longtemps que la mémoire ou la connaissance.

Quoi qu'il en soit, tous les exemples de mon entourage montrent qu'une langue sans entretien est vouée à la perte. En particulier, la mémoire, ou le facteur connaissance, d'une langue se perd beaucoup plus vite que les deux autres.

Alors, comment se fait-il que les élèves perdent si vite et complètement les langues que nous leur avons enseignées? Comment se fait-il qu'ils ne semblent pas les réapprendre aussi facilement?

Je connais beaucoup de gens qui ont appris une langue étrangère pendant des années et qui l'ont complètement perdue. Un de mes amis m'a raconté qu'il avait appris le français pendant sept ans aux États-Unis. Il m'a expliqué avoir commencé à l'étudier à l'école en cinquième ᵉᵗ l'avoir poursuivi jusqu'en deuxième ᵃⁿⁿᵉᵉ d'université. Les cinq premières années étaient principalement consacrées à la méthode de traduction grammaticale, et les deux années d'université étaient consacrées à des cours de français en laboratoire et à des exercices basés sur des modèles, la méthode des approches technologiques. Il m'a confié que depuis l'université, il ne se souvient plus vraiment de la langue, et qu'il pouvait pourtant la lire, mais sans la comprendre.

Il n'est pas le seul à avoir complètement perdu ce qu'il avait appris en cours de langues. D'ailleurs, la plupart des élèves qui ont appris les langues étrangères avec nous, professeurs de langues étrangères, pendant de nombreuses années, ont le même problème. Ce résultat n'est pas surprenant. Ce qui me désole, c'est que tout le monde le considère comme naturel et acquis. Étonnamment, personne ne s'est plaint de tels résultats concernant les professeurs de langues étrangères.

Admettons que tout ce que nous apprenons par cœur disparaîtrait assez rapidement. D'après mon expérience d'étudiant en français, la plupart disparaissaient à la fin des quiz. Je devrais alors me préparer de zéro pour les examens mensuels, de mi-session et finaux.

Jusqu'à présent, nous n'avons pas suffisamment enseigné aux élèves l'intuition linguistique, les capacités physiques et les ressources linguistiques de nos langues. Nous avons plutôt utilisé toutes sortes de méthodes pour leur inculquer les connaissances sur les règles et les systèmes de nos langues, qui se perdent rapidement.

Dès le départ, les élèves n'ont pas été formés à acquérir des compétences semi-instinctives comme l'intuition linguistique ou les capacités physiques. Il est donc tout à fait naturel qu'ils n'aient rien appris qui leur soit utile à long terme.

CHAPITRE 7

BTM – Seule Méthode FLE Pour Réussir

Celui qui ne bavarde pas ne l'acquiert pas.

1

Méthode Directe vs. BTM

Parmi les méthodes d'apprentissage du français langue étrangère (FLE) introduites jusqu'à présent, la méthode directe se distingue des autres méthodes par le fait qu'elle privilégie les interactions verbales directes entre l'enseignant et les élèves en langue étrangère, dispensant l'intégralité de l'enseignement en langue seconde, sans recours à la traduction. Outre l'enseignement de la lecture et de l'écriture dès le départ, cette méthode semble être un processus d'apprentissage du français langue étrangère très proche du processus naturel d'acquisition des langues. Compte tenu de son concept, on pourrait penser qu'elle devrait fonctionner, et elle a fonctionné. Dans la mesure où la méthode directe privilégie l'apprentissage de la langue orale, elle présente des similitudes avec la méthode de gestion des compétences linguistiques (BTM), qui met l'accent sur l'apprentissage des compétences linguistiques. Il serait donc utile de bien comprendre les différences entre les deux.

L'un des meilleurs exemples d'application de la méthode directe dans l'enseignement du français langue étrangère contemporain est, à mon avis, les programmes d'anglais langue seconde (ESL) dans de nombreux pays anglophones. Aux États-Unis, la plupart des universités d'État proposent des programmes d'anglais langue seconde ; de nombreux lycées et collèges proposent également des programmes d'anglais langue seconde pour les étudiants étrangers. Très peu d'établissements proposent des programmes d'anglais langue seconde aux élèves du primaire. Les programmes d'anglais langue seconde proposent des cours d'anglais uniquement pour la grammaire, la lecture, l'écriture, l'expression orale et la compréhension orale. Les programmes d'anglais langue seconde des universités proposent également des cours de grammaire anglaise avec une pondération assez élevée. La plupart des programmes d'anglais langue seconde proposent 4 à 5 heures d'enseignement de l'anglais par jour, cinq jours par semaine.

Il est difficile d'évaluer le succès des programmes d'anglais langue seconde (ALS) avec méthode directe, compte tenu de la diversité des circonstances et des résultats. Par exemple, d'après mes observations auprès d'élèves étrangers de mon entourage, les élèves étrangers scolarisés dans des écoles primaires sans ALS semblent maîtriser l'anglais au moins aussi bien, voire mieux, que les élèves étrangers scolarisés dans des collèges ou des lycées proposant des ALS. En revanche, les élèves inscrits dans des programmes d'ALS à l'université, qui semblent étudier davantage à l'école et faire davantage de devoirs à la maison que les élèves non scolarisés, ne semblent manifestement pas maîtriser l'anglais oral aussi bien que les élèves plus jeunes, scolarisés ou non dans des écoles avec ALS. Cela semble paradoxal.

Il existe une théorie dite de la puberté qui affirme que l'apprentissage d'une langue étrangère après la puberté ne permet pas à l'élève d'atteindre un niveau de langue maternelle. Certains tentent donc d'expliquer ce paradoxe par cette théorie. Je vais ici l'expliquer sous un angle différent : celui du babillage.

La clé du paradoxe réside dans la quantité de babble : dans les mêmes conditions, celui qui s'entraîne le plus au babble training acquiert de meilleures compétences orales. De même, celui qui s'entraîne le plus à la lecture acquiert de meilleures compétences en lecture ; et celui qui s'entraîne le plus à l'écriture acquiert de meilleures compétences en écriture. De plus, celui qui s'entraîne uniquement à l'écoute n'acquiert que la compréhension orale. Quelles que soient les méthodes d'apprentissage du français langue étrangère appliquées, aucune compétence orale ne sera acquise sans un entraînement volontaire suffisant au babble training de la part de l'élève.

En observant le quotidien des élèves étrangers, on constate que les élèves du primaire sans programme d'anglais langue seconde semblent généralement plus enclins à s'engager avec les autres. À mesure que les élèves progressent dans leur scolarité, étrangers et résidents semblent se concentrer davantage sur leur vie personnelle, car l'école exige davantage de devoirs et les oblige à se consacrer davantage à leur vie personnelle. De plus, les élèves plus âgés semblent plus sensibles et moins enclins à s'entendre avec les élèves étrangers qui ne parlent pas la langue. Par conséquent, les élèves étrangers du primaire sont confrontés à des situations où ils doivent s'exprimer beaucoup plus souvent chaque jour que les élèves d'un programme d'anglais langue seconde à l'université, par exemple, où tous les élèves, à l'exception du professeur, ne parlent pas anglais.

Ainsi, les élèves de l'école primaire sont amenés à babiller les mêmes expressions, acquises en observant leurs camarades agir dans diverses situations, plusieurs fois par jour. Au début, ils ne parlent pas vraiment. Ils s'entraînent simplement à babiller ce qu'ils connaissent et observent les réactions de leurs camarades pour ajuster leurs performances.

En revanche, les étudiants inscrits à un programme d'anglais langue seconde à l'université ne sont pas confrontés à ce genre de situations au quotidien, car personne, à l'exception du professeur, ne parle anglais. Ils n'ont donc pas souvent l'occasion de parler anglais à l'école. Il est probable qu'ils aient des étudiants originaires du même pays et parlant la même langue, ce qui ne les aiderait pas beaucoup à apprendre l'anglais. D'autres facteurs, selon moi, posent de nombreux problèmes aux étudiants inscrits à un programme d'anglais langue seconde à l'université qui tentent d'apprendre les langues orales. Compte tenu de ces difficultés, il n'est pas étonnant qu'une ou deux années de programmes d'anglais langue seconde à l'université, appliquant la méthode directe, ne soient pas aussi productives qu'on l'espérait avant de quitter son pays pour apprendre l'anglais.

Alors, devrions-nous appliquer la méthode directe aux cours de langues étrangères débutants? Je ne pense pas que ce soit une bonne idée, car elle ne permettrait pas aux élèves d'acquérir les facteurs d'acquisition : intuition linguistique, capacités physiques et ressources linguistiques. La méthode directe n'est pas la plus efficace, surtout pour les élèves qui n'ont pas encore acquis ces facteurs.

Tout d'abord, il ne serait pas très pratique de donner des cours en français uniquement aux élèves adultes qui ne sont pas encore prêts à assimiler la langue seconde. Donner des cours en français uniquement aux débutants reviendrait à les impliquer directement dans le jeu dès le début, en leur demandant de comprendre par eux-mêmes comment jouer. Cela rendrait le cours tellement plus difficile et ennuyeux que les élèves se désintéresseraient rapidement de la langue seconde.

Deuxièmement, comme cela nécessite une collaboration entre le professeur de langues étrangères et les élèves, ces derniers ne peuvent étudier les langues étrangères sans professeur. Cela soulève un sérieux problème quant à la faisabilité de la méthode directe, tant pour les écoles publiques que privées de FLE. Trouver des professeurs de langues étrangères capables de dispenser des cours de langues étrangères uniquement en langues étrangères est très irréaliste, non seulement pour la plupart des écoles du monde, mais aussi pour les personnes souhaitant s'auto-enseigner les langues étrangères.

Troisièmement, la méthode directe en classe ne permet pas aux élèves de pratiquer suffisamment la langue. Le simple fait de donner des instructions en langue étrangère ne suffit pas à leur permettre d'acquérir les capacités physiques nécessaires à la communication en langue étrangère. Des interactions verbales simples et intermittentes ne permettent pas aux élèves de développer leurs capacités physiques à communiquer couramment en langue étrangère. De plus, de telles interactions intermittentes avec l'enseignant ne suffisent pas à leur permettre d'acquérir les intuitions linguistiques de la langue étrangère.

Quatrièmement, même si la Méthode Directe offre aux étudiants la possibilité d'accéder à la TL en direct, il ne faut pas négliger l'enseignement dispensé par cette méthode. Si les cours de la Méthode Directe proposaient un enseignement basé sur la grammaire, comme le font la plupart des cours d'anglais langue seconde actuellement dispensés dans de nombreux pays anglophones, leur efficacité serait moindre, car ils ne permettraient pas de former des locuteurs couramment en TL, comme l'ont prouvé des millions de personnes dans le monde. Il en va de même pour les cours de lecture proposés par cette méthode. Autrement dit, aussi performante soit-elle, elle ne saurait être efficace sans un entraînement à l'oral dès le début

Alors, la méthode directe est-elle inutile? Non, elle a sa propre valeur. Cependant, ce que je veux dire, c'est qu'appliquer la méthode directe aux débutants en FL, c'est comme apprendre à sprinter à des bébés qui ne savent pas encore marcher en leur montrant comment faire.

Globalement, la méthode directe se situe dans la même catégorie d'inefficacité pour les débutants en langues étrangères que les autres méthodes de FLE. La principale raison commune à toutes les méthodes de FLE pour lesquelles elles n'ont pas réussi à former des locuteurs de langues étrangères couramment est qu'elles ne se concentrent pas sur l'acquisition des facteurs d'acquisition nécessaires à l'apprentissage de la langue. C'est là que se distingue clairement la méthode directe et la méthode BTM. En d'autres termes, la méthode directe met l'accent sur l'enseignement des langues étrangères dans un environnement exclusivement axé sur la langue étrangère. En revanche, la méthode BTM met l'accent sur la fourniture aux étudiants d'un processus de formation solide et suffisant pour acquérir d'abord des compétences linguistiques, puis pour atteindre un haut niveau de compétence orale.

Concernant la diversité des méthodes d'apprentissage du français langue étrangère (FLE), certains ont affirmé qu'aucune méthode ne pouvait être parfaite ; l'efficacité d'un programme de FLE dépendait d'une coordination réussie des différentes méthodes. Cependant, je souhaiterais réviser cette affirmation comme suit : aucune méthode de FLE n'est parfaite, mais aucune combinaison de méthodes de FLE sans une méthode mettant l'accent sur l'apprentissage du babble, de préférence dès le début, ne peut être efficace.

Il n'existe qu'une seule méthode éprouvée par laquelle tous les êtres humains de l'histoire ont acquis une langue : le babillage. Aucun être humain normal n'a jamais échoué à acquérir une langue par le simple babillage. Je suis convaincu que le développement et l'application d'une méthode efficace d'apprentissage du babillage permettront d'obtenir un programme d'apprentissage du français langue étrangère efficace.

2

Mémorisation De
Phrases vs. BTM

Beaucoup affirment que la mémorisation de phrases (SM) est très utile pour apprendre la langue étrangère. Pourtant, aucune méthode concrète de la SM n'a été introduite ni connue. On ne peut que deviner les moyens de la méthode en se basant simplement sur son concept explicite. À ma connaissance, aucun enseignement systématique sur la mémorisation de phrases ne semble avoir été dispensé. Il est donc très difficile de trouver des personnes qui l'appliquent réellement de manière systématique.

De nombreux professeurs de langues étrangères que je connais ont émis des critiques négatives sur la méthode SM. Même si je ne la soutiens pas non plus en soi, et pour des raisons évidentes, je lui accorde néanmoins de nombreux avantages par rapport aux méthodes FLE traditionnelles, car elle peut s'avérer très utile selon la manière dont on la met en œuvre.

Alors, quelle est la différence entre la méthode BTM et la méthode SM? Pour une comparaison claire, permettez-moi de rappeler le concept de babillage. J'ai précédemment défini le concept de babillage comme un processus d'apprentissage visant à acquérir des compétences linguistiques. Parmi ces compétences figurent l'expression orale, l'écoute, la lecture et l'écriture.

Pour acquérir efficacement ces compétences linguistiques, il faut maîtriser trois facteurs d'acquisition : l'intuition linguistique, les capacités physiques et les ressources linguistiques. Pour une méthode pédagogique efficace, j'ai développé une méthode systématique d'apprentissage du babble, comprenant des exercices en série pour la lecture, l'écoute, l'écriture et la parole libre.

Cependant, aucune définition précise du concept de mémorisation de phrases n'est connue. Par conséquent, à des fins de comparaison, nous adopterons la définition de bon sens implicitement associée à la mémorisation de phrases : mémoriser des phrases en langage courant. SM suppose que mémoriser des phrases en langage courant permettra aux élèves de parler en langage courant.

Tout d'abord, sur la base des concepts respectifs présentés ci-dessus, on peut facilement trouver la différence remarquable entre les deux méthodes en ce que le SM, contrairement au BTM, se concentre uniquement sur la mémorisation de phrases TL qui ne sont sélectionnées par aucun principe systématique, et ne contient pas de processus concret pour l'acquisition de compétences telles que l'expression orale, la lecture, l'écoute, l'écriture et le développement des compétences orales.

En fin de compte, l'objectif principal du MS est d'aider les étudiants à acquérir les compétences orales de base de la TL, plutôt que l'ensemble des compétences linguistiques. Autrement dit, le MS n'est considéré que comme une méthode fragmentaire d'apprentissage de compétences linguistiques limitées de la TL, qui correspond au niveau oral de base. En particulier, à l'instar de toutes les autres méthodes de FLE spécialisées dans des domaines spécifiques de la langue, le MS ne propose pas de processus et de méthodes d'enseignement systématiques pour des domaines aussi variés que l'expression orale de base, la compréhension orale, la compréhension écrite et écrite, ainsi que l'oral de niveau avancé.

Par conséquent, la méthode SM n'offre aucune solution au dilemme du FLE traditionnel et contemporain, en proie à des difficultés. Autrement dit, elle n'apporte pas de réponse aux questions suivantes : quoi, quand, comment et dans quelle mesure enseigner en premier lieu, puis poursuivre dans les domaines de la grammaire, de l'expression orale, de la lecture, de l'écoute, de l'expression écrite et des niveaux avancés.

Parallèlement, le BTM se concentre non seulement sur l'apprentissage systématique de toutes les compétences linguistiques, mais aussi sur le développement de la maîtrise de l'oral. Par conséquent, le SM ne peut être comparé au BTM en termes de compétences linguistiques et de niveaux visés par chaque méthode. Bien que le SM ne puisse être comparé au BTM, étant donné qu'il se concentre essentiellement sur l'acquisition de la compétence orale en TL, il est intéressant de le comparer au Babble Training du BTM.

Globalement, la différence entre la méthode SM et le Babble Training peut se résumer à la différence entre mémorisation et acquisition. La première consiste simplement à enregistrer quelque chose en mémoire, tandis que la seconde consiste à acquérir, développer ou acquérir une compétence. Autrement dit, le but du SM est de mémoriser les phrases apprises de TL afin de les réutiliser ultérieurement si nécessaire.

Parallèlement, l'objectif de l'entraînement au babble est, outre l'acquisition de la maîtrise de la langue parlée, d'établir des bases solides pour développer une compétence orale de haut niveau grâce à l'acquisition des trois facteurs d'acquisition. En ce sens, l'entraînement au babble peut être considéré comme un processus partiel d'acquisition de ressources linguistiques, l'un des trois facteurs d'acquisition. Autrement dit, l'entraînement au babble peut être considéré comme une partie de l'entraînement à la parole.

Pour comprendre les liens entre la mémorisation et l'apprentissage du babillage en termes d'acquisition du langage, il faut examiner les caractéristiques de chacun des trois facteurs d'acquisition. On constate aisément que, par nature, l'intuition linguistique et les capacités physiques sont clairement des compétences semi-instinctives.

D'autre part, les ressources linguistiques telles que la variété des expressions, des idiomes et du vocabulaire relèvent clairement de l'accumulation de connaissances, que l'on peut qualifier de mémorisation. En ce sens, on peut définir les relations entre SM et Babble Training comme étant l'une et l'autre partie intégrante.

Cependant, pour une acquisition significative d'une langue, les facteurs d'acquisition ne pouvant être acquis indépendamment les uns des autres, mais devant être considérés comme un processus indissociable, il est difficile d'affirmer que la simple mémorisation constitue un élément essentiel du processus d'apprentissage du babble. En particulier, la mémorisation basée sur la lecture oculaire, sans processus d'acquisition approprié, peut entraîner une intuition linguistique erronée et une aptitude physique insuffisante en TL. La lecture oculaire, en elle-même, ne devrait donc pas être considérée comme un élément légitime du processus d'acquisition d'une langue.

D'un autre côté, la différence et les relations entre les deux concepts peuvent facilement être comparées à la métaphore du lanceur de baseball : mémoriser ou acquérir les compétences de lancer. Pour mémoriser ces compétences, on peut les étudier sur une feuille de papier, comme une recette de cuisine, et les mémoriser sans être sur le terrain, ou avec quelques essais sur le terrain. En revanche, pour acquérir ces compétences, il faut passer plusieurs mois, voire des années, sur le terrain à les pratiquer.

La différence entre SM et Babble Training peut également être comparée à la métaphore du piano. Une personne maîtrisant parfaitement le piano peut jouer différents types de musique avec une grande aisance. Cependant, une personne ayant mémorisé une partition ne peut toujours pas la jouer comme elle devrait l'être.

Même si les deux méthodes diffèrent clairement dans leurs concepts, comme indiqué ci-dessus, certaines personnes peuvent être confuses et les considérer comme identiques. Examinons en détail les aspects de l'entraînement au babble et de la mémorisation de phrases pour comprendre les différences.

Un point commun entre les deux est que les étudiants doivent stocker divers ensembles d'expressions dans leur propre base de données de ressources linguistiques. Cependant, le processus de stockage de ces expressions est très différent.

L'une des distinctions les plus évidentes réside dans la manière dont les individus appliquent chacune de ces méthodes. Autrement dit, l'une est possible, tandis que l'autre est impossible sans mobiliser les organes de la parole. On peut mémoriser des phrases directement par simple lecture visuelle ou par écoute. En revanche, l'entraînement au babillage est impossible sans mobiliser les organes de la parole. La mémorisation de phrases est essentiellement un processus de stockage d'informations statiques. Or, l'entraînement au babillage est par nature un processus d'entraînement physique très dynamique.

Une autre façon de distinguer les deux est la destination finale des expressions mémorisées. Celle des phrases mémorisées se situe dans une zone très profonde et reculée du cerveau[25] ; celle des expressions babillées se situe sur le bout de la langue [26], entraînée à se synchroniser avec le cerveau. Lors de l'entraînement au babillage, il est essentiel que les élèves maintiennent leurs ressources linguistiques,

---

[25] Il s'agit d'une expression métaphorique qui reflète le temps nécessaire pour retrouver des phrases mémorisées et les utiliser dans une situation réelle. Elle ne désigne pas nécessairement un lieu physiquement profond et isolé.

[26] Il s'agit d'une expression métaphorique. Elle fait référence à la disponibilité instantanée des expressions stockées sur le bout de la langue. Il est évident que rien ne peut être stocké littéralement sur le bout de la langue. Cependant, pour souligner les interactions naturellement synchronisées entre le cerveau et la langue, qui se produisent grâce à l'entraînement intensif au bavardage, j'utilise ici une expression métaphorique.

mais aussi qu'ils soient capables de produire ces expressions avec fluidité dès le début.

Une autre façon de distinguer clairement les deux réside dans les types de sources des ressources linguistiques. Les étudiants qui suivent l'entraînement Babble utilisent les démonstrations orales du locuteur natif ou très courant : soit en écoutant directement le locuteur natif ou très courant, soit en consultant les supports audio produits par le locuteur natif ou très courant de la langue cible. Cependant, les sources pour la mémorisation des phrases sont Diverses sources, comprenant principalement des textes écrits et parfois des sons réels, sont utilisées. Par conséquent, les sources d'information de la méthode SM ne fournissent généralement pas les informations précises nécessaires à la performance orale.

Une distinction plus poussée peut être opérée quant aux éléments réellement stockés dans la base de données. Selon le type de phrases source, la méthode SM enregistre probablement une mauvaise compréhension/interprétation des sons, ainsi que des informations sur la manière de déduire le sens, les composantes et l'utilisation des textes. En revanche, pour Babble Training to Talk, la capacité physique à réaliser ᴦinterprétation linguistique dᴦexpressions données est stockée, en plus de toutes les informations sur le son, le sens, les composantes et ᴦutilisation des textes.

De nombreux professeurs de langues étrangères doutent de l'efficacité de la mémorisation de phrases pour l'apprentissage de la langue étrangère. D'autres pensent également que mémoriser des phrases en langues étrangères ne serait pas très utile pour l'acquérir. En effet, la langue ne se résume pas à la mémorisation, mais à l'acquisition. Par conséquent, pour ceux qui se contentent de mémoriser des phrases tirées de manuels, sans s'entraîner à les maîtriser, les phrases mémorisées ne sont pas très efficaces pour communiquer en langues étrangères.

Cependant, lors de la mémorisation des phrases, on les pratique généralement dans une certaine mesure, mais pas suffisamment pour les acquérir. Ainsi, selon la quantité de pratique, la méthode SM peut s'avérer bien plus efficace en termes de compétences communicatives que la méthode traditionnelle de traduction grammaticale. Cependant, la méthode SM peut engendrer la mauvaise habitude de développer des accents prononcés par la mémorisation répétée d'expressions avec des sons créés par l'imagination.

Bien que la méthode SM présente de nombreux problèmes, comme indiqué ci-dessus, les présentations de cas suivantes montreront qu'elle pourrait être supérieure aux méthodes traditionnelles en termes de communication en TL. Au moins, même avec une certaine maladresse et un fort accent exigeant une attention particulière de la part de l'interlocuteur, il est possible de communiquer en TL en utilisant les expressions mémorisées grâce à la méthode SM pour gérer ses affaires quotidiennes.

3

La Relation Du Babillage Avec La Mémorisation, La Récitation Et L'acquisition

Afin de présenter clairement la relation entre le babillage, la mémorisation, la récitation et l'acquisition, il est nécessaire de clarifier d'abord la relation entre mémorisation, récitation et acquisition. En enseignement du français langue étrangère, le terme «mémorisation» est fréquemment utilisé. Cependant, les termes «récitation» et «acquisition» ne semblent pas avoir été aussi fréquemment cités que «mémorisation». D'une certaine manière, le terme «mémorisation» semble parfois avoir été utilisé dans un sens générique. Pour inclure même les concepts de récitation et d'acquisition. De même, le terme «eau» est parfois utilisé dans un sens générique pour désigner toutes sortes d'eau, comme l'eau chaude ou l'eau distillée.

Cependant, pour distinguer précisément l'état physique changeant de l'eau et comprendre le rôle des milieux qui provoquent ces changements, il est indispensable d'utiliser des termes spécifiques en fonction de l'état de l'eau. De même, pour comprendre l'évolution des compétences linguistiques des élèves au cours de l'apprentissage de la langue des signes, il est préférable d'utiliser des termes spécifiques plutôt qu'un terme générique vague et déroutant pour désigner les différents niveaux de compétences linguistiques acquis par les élèves. Par conséquent, pour les besoins mentionnés ci-dessus, j'utiliserai trois termes : mémorisation, récitation et acquisition.

Tout d'abord, quel est le concept fondamental de mémorisation? En ce qui concerne l'apprentissage des langues, on peut simplement définir la mémorisation comme le stockage de l'information linguistique d'une expression donnée dans le cerveau. Ainsi, la mémorisation est davantage liée à l'entrée d'informations, et, à proprement parler, la production de ces informations par une performance spécifique n'appartient pas au domaine de la mémorisation.

Par conséquent, l'enjeu le plus important en matière de mémorisation est de collecter et de mémoriser toutes les informations linguistiques présentées avec la plus grande précision possible. En effet, la qualité de la mémorisation déterminera entièrement la qualité du niveau suivant. Par exemple, si un élève ne collecte pas toutes les informations linguistiques exactes de «Je ne jouerai pas» lorsqu'elles lui sont présentées et les mémorise avec une sonorité beaucoup plus proche de «Je veux prier», cela entraînera inévitablement des résultats erronés.

Il convient également de noter que la quantité de support, quel qu'il soit, nécessaire à la mémorisation ne suffirait pas à traduire l'information linguistique mémorisée en actes linguistiques concrets et corrects. Transposer l'information linguistique dans de tels actes linguistiques nécessiterait une quantité supplémentaire de ce support.

Le niveau suivant après la mémorisation est la récitation. Le concept fondamental de la récitation dans l'apprentissage des langues peut être défini comme la récitation de l'information linguistique complète stockée dans le cerveau par des actes linguistiques concrets. Parmi ces actes linguistiques concrets, la production d'articulations aussi fidèles que possible au niveau de la source est l'un des aspects les plus importants de la récitation. On suppose ici que la source est produite par un locuteur natif ou un enseignant de niveau natif. Par conséquent, toute récitation basée sur la mémorisation d'informations erronées ne peut être considérée comme une récitation efficace.

Comme indiqué précédemment, il est évident que la mémorisation et la récitation sont liées par une séquence. Autrement dit, la mémorisation doit précéder la récitation. De plus, la qualité de la récitation ne peut être supérieure à celle de la mémorisation. Il est donc essentiel de comprendre que, pour une récitation réussie, la qualité des informations stockées dans le cerveau joue un rôle crucial. Il est donc crucial de s'efforcer sincèrement de collecter et de stocker des informations linguistiques précises pendant le processus de mémorisation.

Alors, quel est le concept fondamental d'acquisition dans l'apprentissage des langues? L'acquisition peut être définie métaphoriquement comme la possession complète d'une expression de la langue cible comme instrument linguistique. Posséder une expression comme instrument linguistique signifie que cette expression a été intégrée au pool linguistique de la langue cible et est prête à être utilisée couramment et naturellement, à tout moment et en tout lieu, si nécessaire. Le pool linguistique de la langue cible est un lieu imaginaire où tous les phénomènes linguistiques des expressions acquises sont extraits et analysés pour produire l'intuition linguistique de la langue cible. C'est également dans ce pool que toutes les expressions personnalisées sont produites grâce à l'intuition linguistique et aux capacités physiques de la langue cible. Ici, l'instrument linguistique désigne bien sûr un outil d'interaction active pour la communication, en particulier la communication verbale, qui requiert beaucoup plus d'intuition linguistique instantanée, de capacités physiques et de ressources linguistiques de la langue cible.

Sur la base du concept d'acquisition ci-dessus, on peut déduire les différences entre la récitation et l'acquisition : la récitation consiste simplement à exécuter des expressions mémorisées, tandis que l'acquisition, au sens strict, consiste à exécuter des expressions entièrement personnalisées ; le résultat de la récitation est davantage une fonction temporaire de reproduction, tandis que le résultat de l'acquisition est une compétence langagière disponible en permanence. De plus, l'acquisition diffère de la récitation en ce que les expressions acquises ou personnalisées peuvent être naturellement transformées ou utilisées sous différentes formes.

Comme indiqué ci-dessus, les termes mémorisation, récitation et acquisition ne sont pas indépendants les uns des autres, mais plutôt liés les uns aux autres dans une certaine chaîne d'alimentation. Autrement dit, la mémorisation produit des intrants pour la récitation, qui produit à son tour des intrants pour l'acquisition. Autrement dit, ils dénotent différents niveaux d'acquisition d'expressions données dans le processus d'apprentissage de la langue d'apprentissage. Par conséquent, une mémorisation de haute qualité est essentielle pour une récitation réussie, ce qui sera finalement crucial pour déterminer la qualité de l'acquisition. Ainsi, aucun de ces trois concepts ne peut être pris à la légère dans l'apprentissage de la langue d'apprentissage.

Alors, quel est le moyen par lequel les compétences en apprentissage du langage des élèves progressent progressivement vers des niveaux supérieurs de mémorisation, de récitation et d'acquisition? Autrement dit, qu'est-ce qui conduit les élèves à mémoriser, à réciter et à acquérir respectivement? C'est le babillage. Les élèves mémorisent, récitent et acquièrent des expressions de apprentissage du langage par le babillage. Aucune mémorisation, récitation et acquisition ne sera réussie sans babillage, actif ou inactif. De plus, la qualité de la mémorisation, de la récitation et de l'acquisition dépend uniquement de la qualité du babillage, qui inclut également la quantité d'entraînement au babillage.

Si une expression est mémorisée par un babillage, par exemple, très inactif, la qualité de l'expression mémorisée peut être telle que, selon sa qualité, la mémoire peut ne pas durer suffisamment longtemps pour la récitation ; alors, la récitation de l'expression peut être aussi bonne que dans cette mesure ; et, même si l'expression était acquise, elle finirait par entraîner de nombreux effets secondaires dans la communication. C'est pourquoi la qualité de l'apprentissage du babillage est primordiale dès le début.

La relation entre le babillage, la mémorisation, la récitation et l'acquisition peut être comparée, pour faciliter la compréhension, à celle de l'énergie thermique entre l'eau froide, l'eau chaude et l'eau distillée. Autrement dit, l'énergie thermique est le seul médium à provoquer les transformations physiques de l'eau. L'énergie thermique transformerait la glace en eau froide, en eau chaude et en eau distillée. Une certaine quantité d'énergie thermique est nécessaire pour transformer la glace en eau froide ; une certaine quantité d'énergie supplémentaire pour transformer l'eau froide en eau chaude ; et une certaine quantité d'énergie supplémentaire pour transformer l'eau chaude en eau distillée. Après tout, tout comme l'énergie thermique est nécessaire pour provoquer les modifications de l'état physique de l'eau, l'énergie du babillage est nécessaire pour provoquer les modifications des compétences linguistiques en langue des signes.

Tout comme une énergie thermique insuffisante ne suffirait pas à faire fondre la glace et à la transformer en eau froide, une énergie de babillage insuffisante ne favoriserait pas la mémorisation. De même que l'énergie thermique suffisante pour faire fondre la glace et la transformer en eau froide ne réchaufferait pas l'eau, l'énergie de babillage suffisante pour mémoriser une expression ne faciliterait pas sa récitation.

De même, une quantité d'énergie de babillage bien plus importante sera nécessaire, en plus de celle accumulée jusqu'au niveau de récitation, pour acquérir pleinement les expressions récitées. De même, tout comme la quantité d'énergie thermique nécessaire pour modifier l'état de l'eau varie en fonction de divers facteurs tels que la quantité d'eau, la taille du récipient, etc., la quantité d'énergie de babillage nécessaire varie également selon les individus, les situations, etc., pour améliorer les compétences linguistiques en TL.

Cependant, il est indéniable que le moyen le plus rapide et le plus efficace de transformer la glace en eau distillée est d'appliquer la plus forte énergie thermique possible du début à la fin, sans interruption. De même, le moyen le plus rapide et le plus efficace d'acquérir la TL est de déployer tous les efforts de l'Entraînement au Babble avec la plus grande énergie possible, sans interruption.

La comparaison ci-dessus entre l'énergie thermique et l'énergie du babillage apporte des réponses à de nombreuses questions sur la méthode d'apprentissage du babillage. Si de nombreuses personnes ne progressent pas beaucoup dans l'acquisition de la TL, même après avoir consacré autant d'heures chaque jour à l'apprentissage du babillage, c'est à cause du manque d'énergie du babillage.

Par exemple, l'énergie de l'entraînement au babillage avec un lecteur audio en conduisant, comme beaucoup le font, ne suffit pas à mémoriser les expressions. Par conséquent, on ne les acquiert pas avec ce type d'énergie de babillage inactive. D'autres babillent en s'endormant, en écoutant de la musique relaxante. Ce type d'entraînement au babillage est si inactif qu'il n'y a quasiment pas d'énergie de babillage. Ici, le babillage inactif désigne divers efforts de babillage, allant de l'écoute pure à l'imitation sans qu'une voix claire soit entendue. Il y a presque presque nnn presque nnn d'énergie de babillage musical relaxant.

Avec l'énergie du babillage inactif, il est impossible de mémoriser les expressions, car la mémorisation implique non seulement la composante de la phrase, mais aussi le système musculaire et nerveux nécessaire à la production des sons. Ainsi, un tel effort de babillage inactif serait un babillage destiné à écouter, et non à parler en langage courant. Par conséquent, il est tout à fait naturel qu'une personne ayant suivi un entraînement au babillage uniquement pour la compréhension orale ne puisse pas parler couramment en langage courant, pour les enseignants de FLE, déterminer le niveau de compétence linguistique des étudiants sur des expressions TL données, et prescrire et superviser le programme de formation Babble nécessaire pour aider les étudiants à les acquérir avec succès sont très importants .

4

Méthodes De Mémorisation De Phrases, De Récitation, D'expression Orale, D'écoute, De Lecture Et D'écriture Par Rapport À La Méthode BTM

J'ai précédemment présenté des comparaisons détaillées entre la méthode directe et la méthode BTM, ainsi que la méthode SM et la méthode BTM. Quels liens existe-t-il entre la méthode BTM et toutes les autres méthodes de FLE appliquées par les enseignants eux-mêmes? Malgré la multitude de méthodes de FLE introduites jusqu'à présent, il est difficile de trouver une méthode décrivant systématiquement les méthodes d'enseignement basées sur le processus global d'acquisition de la langue.

Les méthodes d'apprentissage du français langue étrangère (FLE) présentées jusqu'à présent présentent des problèmes communs. Le premier est qu'elles privilégient toutes des compétences linguistiques spécifiques telles que l'expression orale, la compréhension orale, l'écriture ou la lecture. Elles semblent partir du principe qu'une fois les compétences linguistiques spécifiques de la TL acquises, les autres compétences peuvent être acquises naturellement. Par exemple, les enseignants convaincus de l'importance de la méthode de traduction grammaticale semblent croire que les élèves peuvent acquérir facilement toutes les compétences linguistiques une fois la grammaire de la TL maîtrisée.

Deuxièmement, comme ces méthodes se concentrent principalement sur un domaine particulier des compétences linguistiques, elles n'offrent pas de processus pédagogique systématique pour les autres domaines. Par exemple, la méthode d'écoute, qui oriente les élèves vers l'écoute de supports audio jusqu'à l'acquisition de la compréhension orale, ne propose pas de méthodes concrètes pour aborder l'expression orale, la lecture et les autres compétences de la langue des signes. Par conséquent, ces méthodes ne permettent pas aux élèves d'acquérir les compétences linguistiques de la langue des signes.

Troisièmement, la plupart des méthodes sont davantage axées sur l'auto-apprentissage de la langue étrangère par les étudiants que sur l'enseignement par les enseignants. Autrement dit, il ne s'agit pas, à proprement parler, de méthodes d'enseignement de la langue étrangère, mais de méthodes d'étude de la langue étrangère. Il ne serait pas exagéré d'affirmer que toutes les méthodes présentées jusqu'à présent sont des idées simplistes pour les étudiants qui s'auto-enseignent la langue étrangère. Par conséquent, même s'il existe un certain nombre de méthodes de FLE différentes, il est vrai que, n'ayant pas été conçues pour les enseignants, ces méthodes ne sont pas adaptées à l'enseignement de la langue étrangère par les enseignants.

Quatrièmement, certaines méthodes d'enseignement de l'anglais langue étrangère (FLE) sont irréalistes. Par exemple, certaines méthodes comme la méthode directe et la méthode par contenu, qui exigent que l'enseignant soit un locuteur natif de la langue étrangère ou qu'il acquière ce niveau, sont totalement irréalistes pour la plupart des programmes de FLE des écoles publiques, à l'exception de ceux de certains pays comme les États-Unis. De même, d'autres méthodes, comme la méthode par immersion, sont irréalistes pour la plupart des programmes de FLE publics, car seuls les riches peuvent se permettre de telles méthodes.

La méthode BTM contraste fortement avec les méthodes d'apprentissage de l'anglais (LEF) limitées et unilatérales citées jusqu'à présent, car elle résout tous les problèmes évoqués précédemment. La relation entre la méthode BTM et toutes les autres méthodes d'apprentissage de l'anglais (LEF) citées jusqu'à présent peut être analysée comme la relation entre le processus de construction systématique, qui gère l'ensemble du processus de construction d'une maison, et les unités de travail nécessaires à ce processus. Autrement dit, la méthode BTM peut être analysée comme un processus systématique d'LEF permettant aux étudiants d'acquérir tous les domaines de compétences linguistiques de la langue seconde ; les méthodes citées jusqu'à présent, axées sur des domaines de compétences linguistiques limités tels que la mémorisation, la récitation, l'expression orale, la lecture, l'écoute et l'écriture, peuvent être considérées comme des unités d'enseignement à appliquer dans le processus éducatif de la langue seconde.

Lors de la construction d'une maison, il est impensable de ne pas suivre un processus de construction rigoureux. Si des travaux tels que le terrassement, la pose des poteaux, la pose des briques, l'installation des fenêtres, la finition de la toiture et la décoration intérieure et extérieure sont effectués de manière arbitraire par les ouvriers, sans se soucier du déroulement des travaux, l'échec est garanti. On ne peut pas commencer à préparer la toiture en premier à cause de la pluie ; et on ne peut pas insister pour poser les briques avant la pose des poteaux à cause du vent. Le non-respect de la procédure de construction peut aggraver la situation, sans possibilité de réparation.

De même, enseigner la langue étrangère dans le sens inverse du vent, sans suivre un processus pédagogique rigoureux et systématique, peut conduire à l'échec. Il ne faut pas se concentrer uniquement sur l'écoute intensive dès le début, car on ne peut pas écouter et comprendre la langue étrangère ; et il ne faut pas se précipiter pour lire en langue étrangère en se basant sur la grammaire de la langue étrangère simplement parce qu'on ne sait pas la lire. De plus, mémoriser les phrases qui surgissent ne servirait à rien. De plus, réciter dès le début de nombreuses phrases et poèmes complexes, alors qu'il est essentiel de saisir immédiatement les expressions nécessaires, ne favoriserait pas non plus l'acquisition de la langue étrangère. BTM propose un processus pédagogique systématique pour un programme de FLE efficace.

5

La Langue Contre Le Piano

Maintenant que j'ai souligné l'échec des méthodes traditionnelles d'enseignement de langue étrangère (FLE) à former des locuteurs de langue étrangère fluides, permettez-moi de démontrer plus en détail comment ces méthodes pourraient ne pas réussir à former des locuteurs de langue étrangère fluides. Dans un article précédent, j'ai souligné l'absence de langue dans les cours de langue à l'école. Pour ceux qui ne comprennent toujours pas mon argument, je vais utiliser une analogie avec l'enseignement du piano.

Supposons que les professeurs de piano insistent pour que l'enseignement du piano à l'école se concentre sur l'enseignement aux élèves de la grammaire musicale du piano (théorie) pendant trois ou quatre ans, car les théories de la musique du piano sont les connaissances les plus fondamentales. Requis avant de jouer du piano. C'est exactement le même contexte sur lequel se base la Méthode de Traduction Grammaire du FLE.

Nous savons que les élèves ne parviendront pas à bien jouer du piano, même après de nombreuses années d'étude des théories. Nous savons tous que ce n'est pas la meilleure façon d'apprendre le piano. On pourrait arguer que la connaissance des théories peut améliorer la qualité de l'interprétation. Certes, mais cela ne changerait pas grand-chose au début. En réalité, cela pourrait être source de confusion pour les élèves, car il existe de nombreuses théories différentes pour une même chose. Ainsi, le temps et les ressources investis au début seraient gaspillés.

Supposons maintenant qu'après une telle éducation intensive à la grammaire musicale du piano, les professeurs de piano ont commencé à enseigner aux étudiants comment lire la musique du piano en se basant sur la grammaire musicale du piano pendant quelques années. Ce cours serait assez similaire à la Méthode de lecture du FLE. Cependant, les théories sont infinies, avec de nouvelles interprétations et arguments qui évoluent chaque jour. Comme les élèves semblent mieux lire et analyser la musique pour piano selon la grammaire, les professeurs ont décidé de leur enseigner, comme prochaine étape, l'écriture de la musique pour piano.

Les élèves travaillaient dur pour améliorer leur écriture pianistique en appliquant les règles de la musique. Après six années de travail acharné, ils sont devenus très performants en grammaire, lecture et écriture. Les professeurs, reconnaissants, les incitaient à écouter du piano à l'aide d'équipements audio et vidéo de pointe, comme dans l'approche technologique du FLE. Ils leur demandaient également de mémoriser de nombreuses partitions. Ils les écoutaient jour et nuit et les mémorisaient. Après quelques années, ils étaient capables d'écouter et d'apprécier la musique. Certains élèves brillants et travailleurs obtenaient d'excellents résultats à divers tests de piano, même s'ils ne savaient pas jouer du piano.

Il est clair pour nous tous, sauf pour les professeurs de piano, que les élèves n'ont pas encore appris à jouer du piano. Seuls ces derniers semblent croire que toutes les méthodes décrites ci-dessus sont utiles et nécessaires pour que les élèves puissent jouer du piano couramment. Jusqu'à présent, il n'y avait pas de piano en classe. Nous savons donc que les élèves n'ont même pas encore touché au piano et qu'ils ne savent pas bien en jouer. Pourtant, les professeurs insistent sur le fait qu'ils ont déjà enseigné le piano aux élèves, sans sembler se rendre compte qu'aucun piano n'a encore été présenté aux élèves.

Après une dizaine d'années d'entraînement intensif, les professeurs estiment que les élèves ont acquis des bases solides pour jouer du piano. Ils attendent donc d'eux qu'ils jouent du piano. Étonnamment, aucun élève ne peut même jouer les morceaux les plus simples et les plus simples. Ils s'attendent alors à ce que les élèves continuent à jouer du piano. Ils ne maîtrisent pas leurs mains et leurs doigts, même si leur cerveau sait très bien ce qu'il faut faire.

Surtout, après dix années passées à étudier la théorie, à lire, à écrire et à écouter des partitions pour piano, la plupart des élèves passent à côté de nombreuses opportunités et de la meilleure condition physique pour apprendre le piano à un niveau professionnel, car leurs muscles et leurs nerfs ont déjà vieilli. Nous savons tous ce que le vieillissement signifie pour notre capacité physique à apprendre le piano. La perte d'opportunités et d'adaptabilité physique pour une performance excellente, due au vieillissement du corps, pourrait être la plus grande souffrance d'une telle éducation distraite.

Heureusement, dans la vraie vie, nous savons tous comment commencer à apprendre le piano. Heureusement, tous les professeurs, même s'ils ont des niveaux de compétences ou de qualifications différents, semblent maîtriser parfaitement la méthode d'apprentissage. Je n'ai jamais connu de professeur qui commencerait à enseigner le piano sans demander aux élèves de répéter chaque morceau jusqu'à ce qu'ils puissent jouer chaque morceau avec fluidité. Les professeurs de piano connaissent la différence entre mémoriser et apprendre le piano par répétition musique.

Il existe de nombreuses caractéristiques communes entre l'apprentissage de la langue et l'apprentissage du piano.

Pour une langue, quelle que soit sa connaissance, ses lectures et, plus encore, son écoute, on ne peut la parler sans une coordination optimale des organes de la parole. Le seul moyen d'atteindre cette fluidité est de s'entraîner au babillage, en répétant de nombreuses expressions de la vie quotidienne jusqu'à ce qu'elles puissent les produire de manière semi-instinctive. L'acquisition d'une langue ne peut se faire efficacement sans un entraînement physique approfondi des organes de la parole, utilisant diverses expressions.

Pour le piano, on ne peut jouer du piano, quelle que soit sa connaissance approfondie des règles de la musique, son expérience de lecture et son excellente écoute, sans une coordination quasi instinctive des mains et des doigts. La seule façon de rendre les mains et les doigts aussi semi-instinctifs est de jouer de nombreuses partitions de piano jusqu'à ce qu'ils puissent les jouer de manière quasi instinctive. Apprendre le piano efficacement ne peut se faire sans un entraînement physique approfondi des mains et des doigts, en utilisant diverses partitions.

Dans ce sens, je trouve très regrettable que les professeurs de langues majoritaires ne comprennent pas les principes fondamentaux de l'enseignement des langues étrangères. La plupart d'entre eux sont convaincus que la grammaire est une nécessité absolue, qu'il faut maîtriser parfaitement avant d'aborder une langue.

De plus, la plupart des enseignants estiment qu'après la grammaire, il faut se concentrer sur la lecture, l'écriture et l'écoute. Les enseignants ont toujours des avis différents. Certains enseignants affirment qu'il est possible d'apprendre la langue étrangère avec une bonne maîtrise de la grammaire. D'autres demandent aux élèves de lire beaucoup à voix haute pour assimiler la langue. D'autres encore recommandent d'écouter et de regarder régulièrement les médias en langue étrangère, car c'est le meilleur moyen d'apprendre la langue étrangère.

Cependant, le fait que les enseignants qui défendent avec tant d'acharnement leurs propres méthodes d'enseignement du FLE n'aient pas acquis leurs propres compétences linguistiques par ces méthodes pose un sérieux problème. Il existe deux groupes d'enseignants. La plupart n'ont pas acquis la compétence linguistique qu'ils enseignent, de sorte qu'ils ne peuvent même pas la maîtriser parfaitement par eux-mêmes. Ce sont ceux qui n'ont pas encore acquis la maîtrise de la langue couramment. Le reste, un petit groupe d'enseignants, a appris ses compétences linguistiques sans aucun lien avec leurs propres méthodes d'enseignement. Par conséquent, les deux groupes devraient savoir ce qui les attend à la fin de l'enseignement du FLE basé sur ces méthodes.

Pourtant, il est ironique que les enseignants refusent toujours de céder leur position et de s'engager dans de nouvelles idées. Ils attendent alors des élèves qu'ils parlent la langue dans le monde réel, ce qui ne fait que frustrer tout le monde, enseignants comme élèves. Même la plupart des enseignants ne font pas la distinction entre l'apprentissage du babillage et la mémorisation d'expressions. L'apprentissage du babillage se fait par les organes de la parole, tandis que la mémorisation se fait par les organes de la mémoire.

Nous devrions enseigner la langue étrangère à nos élèves comme les professeurs de piano enseignent le piano à leurs élèves. Pourquoi? Parce que cette langue est exactement la même que le piano, car elle est requise pour nous. Acquérir des compétences semi-instinctives pour produire et contrôler les sons. Sans ces compétences semi-instinctives, requises par la TL, des organes de la parole, principalement la langue, les lèvres et les cordes vocales, il est impossible de maîtriser la langue couramment. Sans ces compétences semi-instinctives des membres, principalement les mains et les doigts, il serait impossible de jouer du piano avec succès.

Nous devrions enseigner à nos élèves qu'ils doivent répéter la langue à plusieurs reprises jusqu'à ce qu'ils puissent très bien la parler, tout comme les élèves de piano pratiquent le piano à plusieurs reprises jusqu'à ce qu'ils jouent très bien du piano.

En cours de piano, commencer par la grammaire, puis passer progressivement à la lecture, à l'écriture et même à l'écoute représente un gaspillage considérable de ressources. Même après dix ans de cours, il est conseillé de reprendre l'apprentissage du piano par le babble, car il n'existe aucune autre méthode pour acquérir une maîtrise du piano.

En cours de langue, commencer par la grammaire, puis passer progressivement à la lecture, à l'écriture et même à l'écoute représente un gaspillage considérable de ressources. Même après dix ans de cours, il est conseillé de reprendre l'apprentissage de la langue par Babble, car il n'existe aucune autre méthode pour acquérir une expression orale fluide.

De même que l'on développe son intuition musicale grâce à un entraînement réussi au piano, on développe son intuition linguistique grâce à un entraînement réussi au langage. L'intuition est essentielle pour réussir au piano, et c'est également ce dont on a besoin pour réussir à parler une langue.

6

Combien D'expressions
Sont Nécessaires?

Je tiens à souligner une fois de plus que, parmi les cinq niveaux de BTM, l'entraînement au bavardage est le meilleur moyen pour un élève d'acquérir simultanément et harmonieusement les trois facteurs d'acquisition du langage, à un niveau suffisamment élevé pour une communication efficace en langage parlé dans sa vie personnelle. Dans un article précédent, j'ai expliqué pourquoi les recueils d'expressions basées sur le dialogue sont supérieurs aux autres types de ressources linguistiques. Combien d'expressions sont donc nécessaires pour acquérir les facteurs d'acquisition du langage parlé à un tel niveau?

La réponse pourrait varier selon la distance linguistique entre sa propre langue et la langue d'apprentissage, définie dans un chapitre précédent. Si cette distance est suffisamment proche, comme c'est le cas pour des langues comme l'anglais, l'espagnol, l'italien, le français et l'allemand, par exemple, cela signifie que ces deux langues partagent de nombreuses caractéristiques linguistiques. Cela signifie également que les apprenants peuvent utiliser les facteurs d'acquisition déjà acquis pour leur langue d'apprentissage dans l'apprentissage de la langue d'apprentissage.

Apprendre une langue dont la distance linguistique est si proche de celle de son TA serait comparable à la réparation d'une vieille voiture rouillée dont le moteur est encore en bon état, mais qui nécessite le remplacement de quelques pièces mineures. Dans ce cas, il n'est pas nécessaire de reconstruire le moteur et la carrosserie de A à Z, mais simplement de travailler sur le moteur pour remplacer certaines pièces anciennes par des neuves, sur la carrosserie pour redresser les zones abîmées et repeindre la carrosserie.

En revanche, pour les langues présentant une faible distance linguistique entre la langue maternelle et la langue seconde, comme par exemple entre l'anglais et le coréen, le japonais, l'arabe et d'autres langues, les facteurs d'acquisition acquis par les élèves en langue maternelle constituent plutôt des obstacles et des facteurs défavorables à l'apprentissage de la langue seconde. On peut comparer cela à la construction d'une voiture de toutes pièces dans un environnement très défavorable.

Ainsi, plutôt que de répondre à la question de savoir ce qu'il faut pour acquérir les compétences nécessaires pour réparer une vieille voiture rouillée et la faire fonctionner, je vais tenter de répondre à la question de savoir ce qu'il faut pour surmonter un environnement défavorable et acquérir les compétences nécessaires pour construire une voiture neuve de A à Z. De même, tout au long de ce livre, je me concentrerai sur les FLE d'une langue étrangère dont le score de distance linguistique par rapport au TA de l'apprenant est assez élevé.

En conséquence, ceux qui recherchent des réponses pour l'enseignement des langues familiales avec une distance linguistique très proche de la TL auraient besoin de quelques ajustements discrétionnaires pour induire des réponses appropriées en termes de quantités et d'efforts de Babble Training pour les niveaux respectifs de Babble Training en fonction de la distance linguistique.

Pour répondre à ces questions, prenons comme référence l'acquisition de la langue maternelle par les enfants. À 40 mois, les enfants parlent assez bien leur langue. Ils peuvent créer et produire des expressions par eux-mêmes. Malgré leurs différences individuelles, ils semblent commencer à créer de nouvelles expressions dès 30 mois.

D'autre part, basé sur le site Web des parents de PBS sur le suivi du développement de l'enfant, les enfants d'environ 36 mois comprennent environ 1 000 mots de vocabulaire, la plupart directement liés à leur vie quotidienne. À 48 mois, ils peuvent en comprendre entre 2 500 et 3 000, principalement composés de noms et de modificateurs. Cependant, cela ne signifie pas que les enfants de cet âge maîtrisent autant de vocabulaire. Leur vocabulaire est bien inférieur à ce qu›ils peuvent comprendre.

Bien que les enfants comprennent un vocabulaire aussi vaste, le nombre réel d'expressions indépendantes auxquelles ils sont exposés semble limité. On peut facilement l'évaluer en considérant le nombre d'expressions linguistiques utilisées dans les situations de la vie quotidienne. Les expressions proposées aux enfants concernent principalement des situations comme manger, dormir, se laver, pleurer, sourire, les termes familiaux, les parties du corps, les sorties avec les personnes qui s'occupent d'eux et les jeux. Ces personnes utilisent généralement des expressions identiques ou très similaires de manière répétée dans des situations données. Ainsi, le nombre total d'expressions indépendantes proposées aux enfants serait inférieur à 150, voire 200 au maximum. Même en essayant de maximiser ce nombre, il ne dépasserait pas 300.

L'observation ci-dessus montre qu'un entraînement intensif et approfondi au babillage portant sur environ 150 à 200 expressions de la vie quotidienne permettrait d'acquérir de manière significative les trois facteurs d'acquisition suivants : l'intuition linguistique, les capacités physiques et les ressources linguistiques. Il est important de comprendre que la plupart des vocabulaires et expressions apprises par les enfants sont directement et étroitement liés à leurs besoins et à leurs activités quotidiennes.

D'autre part, d'après mon expérience d'enseignement des cours Babble Training, il est évident qu'après environ deux semestres de formation Babble, la plupart des étudiants assidus acquièrent les trois facteurs d'acquisition à un niveau assez élevé et peuvent produire certaines des expressions de base par eux-mêmes. En particulier, ils peuvent dire les expressions qu'ils ont articulées très bien, mais ils ne peuvent pas poursuivre les conversations au-delà de ce qu'ils savent en raison des restrictions principalement dues à leurs ressources linguistiques limitées. Cela dit, je dirais que leur niveau est bien supérieur à celui des enfants de 30 mois.

De plus, d'après mon expérience, les étudiants, selon leurs performances individuelles, peuvent faire preuve d'une grande créativité pour commander la parole en TL après trois semestres de Babble Training. Durant ces trois semestres, les étudiants doivent être capables d'utiliser, pour des communications créatives dans diverses situations, environ 500 expressions familières. Expressions et plus de 2 500 vocabulaires, selon les manuels et les méthodes que j'utilise. Autrement dit, les élèves peuvent utiliser ces ressources linguistiques pour s'impliquer activement dans les dialogues. Cependant, leurs performances se limitent à l'étendue de leur vocabulaire. À ce stade, les élèves acquièrent les compétences linguistiques nécessaires pour lire et comprendre des textes de niveau élémentaire.

Par conséquent, je proposerais un minimum d'environ 500 expressions liées à l'activité quotidienne à cibler comme objectif pour compléter le premier niveau de la formation Babble avant de passer au deuxième niveau. Grâce à une formation Babble systématique et approfondie sur environ 500 expressions réelles sélectionnées parmi différentes situations réelles de la vie quotidienne, nous pouvons certainement aider les étudiants à acquérir la langue cible au moins au niveau d'un enfant typique de 40 mois. Même si les étudiants peuvent certainement acquérir la langue cible avec une formation Babble sur environ 200 expressions, l'utilisation de plus d'expressions dans la première formation Babble devrait être beaucoup plus efficace pour aider les étudiants à développer l'ensemble de leurs compétences linguistiques dans la langue cible.

En ce qui concerne le vocabulaire, environ deux mille mots de vocabulaire courant seraient idéaux pour le premier niveau. L'objectif du premier niveau n'est pas simplement d'introduire une telle quantité de ressources linguistiques aux étudiants, ce qui ne nécessiterait aucune idée ou compétence pédagogique particulière, mais de faire en sorte que les étudiants se familiarisent progressivement et de manière répétée avec ces expressions courantes afin qu'ils puissent finalement réaliser les ensembles de dialogues de manière très fluide tout en maintenant le vocabulaire avec succès.

Avec l'achèvement du premier niveau, on pourrait amener les étudiants au deuxième niveau, au troisième niveau, au quatrième et au cinquième niveau pour différents niveaux de formation Babble dans des séquences réussies. Il est essentiel que les élèves maintiennent l'entraînement au babble sur les expressions acquises précédemment et le poursuivent sur de nouvelles expressions. En effet, plus les élèves babilleront et retiendront d'expressions familières dans diverses situations, plus ils développeront leurs compétences orales. Cela leur permettra également d'acquérir une intuition linguistique plus développée pour assimiler facilement la langue parlée grâce aux activités d'écoute et de lecture.

Jusqu'à présent, j'ai décrit les types et la quantité des expressions réelles nécessaires dans le Babble Training durant le premier niveau de Babble Training sur un total de 5 niveaux. Concernant les types et le nombre d'expressions nécessaires aux niveaux suivants pour améliorer efficacement les compétences linguistiques globales des élèves, il est conseillé de se référer au diagramme BTM.

7

Introduction Au Cas : Mémorisation De Phrases

Il y a quelques années, j'ai rencontré un vieil homme, Kim, qui avait commencé à étudier l'anglais après sa retraite et avait mémorisé environ 1 000 phrases de dialogue en anglais. Il avait déjà visité les États-Unis à plusieurs reprises, y séjournant plusieurs mois à chaque fois. Lors de ma première rencontre, il rendait visite à sa famille aux États-Unis.

Selon lui, il collectait des phrases individuelles provenant de diverses sources et constituait un cahier de type dictionnaire les répertoriant toutes dans un ordre précis de son choix. À la retraite, il a pu consacrer de nombreuses heures et efforts quotidiens, pendant plusieurs années, à mémoriser ces phrases. Il les lisait à plusieurs reprises pour les mémoriser. Il pouvait ainsi réciter chacune des 1 000 phrases à la volée. Il les mémorisait comme on mémoriserait une table de propriétés mathématiques.

Il pouvait donc communiquer en anglais avec ses interlocuteurs en utilisant les phrases qu'il avait en mémoire, mais pas avec une grande fluidité. À mon avis, il n'est pas bilingue. Pourtant, comparé à beaucoup de personnes de son âge ou à d'autres adultes coréens, qui n'ont mémorisé aucune phrase anglaise et ont vécu aux États-

Unis pendant de nombreuses années, son anglais était exception-
nel. Il pouvait commander seul au restaurant, faire des courses,
demander son chemin, etc.

Tant que ses auditeurs étaient patients et l'écoutaient avec la
même patience qu'ils le feraient avec de jeunes bébés, il pouvait
continuer à parler anglais beaucoup plus souvent. Compte tenu de
son âge lorsqu'il a commencé à mémoriser des phrases anglaises,
le fait qu'il puisse en faire autant en les mémorisant était vraiment
encourageant.

Lorsqu'il mémorisait les phrases, il n'écoutait aucun support
audio produit par des locuteurs natifs et ne s'entraînait pas à les
prononcer après les sons natifs. En fait, il n'accordait pas beaucoup
d'attention aux sons dès le début, ignorant l'importance de développer ses capacités physiques pour comprendre et parler couramment.
Autrement dit, ignorant la nécessité de développer ses capacités physiques, il se contentait de penser qu'une fois les phrases mémorisées,
il serait capable de comprendre et de parler anglais. Nombreux sont
ceux qui commettent cette erreur en pensant que l' organe de la
parole fonctionnerait sans entraînement intensif pour développer les
capacités physiques nécessaires.

En l'écoutant parler anglais, j'ai cependant constaté quelques
problèmes. Tout d'abord, ces phrases mémorisées sont stockées
dans un recoin très profond de son cerveau. Par conséquent, hormis
quelques expressions faciles à retenir grâce à leur usage fréquent,
il devait les extraire manuellement de sa mémoire. Il lui fallait un
certain temps pour retrouver une expression peu courante et la prononcer. Autrement dit, son flux d'idées n'était pas synchronisé avec
sa façon de parler. Autrement dit, la plupart des phrases ne sont
pas prêtes à être utilisées instantanément dans la situation. Ainsi,
au-delà des salutations et des présentations de base, il était incapable
d'interagir naturellement et instantanément avec un interlocuteur.

Deuxièmement, ses organes de la parole ne sont pas très bien
entraînés. Par conséquent, sa prononciation est souvent maladroite

et étrange. Son articulation, fortement influencée par l'accent coréen, est imprécise, ce qui rend sa compréhension difficile. Il mémorisait les phrases avec les sons qu'il déduisait lui-même en les observant. Il était donc fortement biaisé dans les sons qu'il produisait en les observant.

Troisièmement, il aurait du mal à comprendre les anglophones natifs qui lui parlaient car il n'était pas familier avec les sons et la vitesse.

Il peut ainsi communiquer en anglais de la vie quotidienne, de manière lente et détendue, en disposant de suffisamment de temps pour réfléchir, répéter et s'autocorriger, et en attirant l'attention de ses interlocuteurs. Cependant, la mémorisation des expressions et sa capacité physique à les reproduire sont telles que l'expression orale peut être retardée et entraîner des erreurs de prononciation, même pour maîtriser les expressions mémorisées.

Le cas de Kim est assez rare, car peu de personnes mémorisent réellement autant de phrases pour apprendre la langue des signes. Mémoriser autant de phrases demande un engagement, des efforts et du temps considérables. C'est particulièrement difficile pour les élèves de langues étrangères, car la plupart des programmes scolaires actuels de langue des signes n'intègrent pas cette méthode, ce qui oblige les élèves à se débrouiller seuls, en plus de ce qui leur est enseigné. Pourtant, cet exemple est très significatif et montre clairement que la mémorisation de phrases est très utile pour la communication verbale. En particulier, la mémorisation de phrases semble bien plus efficace que la mémorisation des règles grammaticales, et aussi que la simple lecture intensive en langue des signes.

8

Présentation Du Cas : Formation Babble 1

Comme beaucoup de Coréens, j'ai commencé à apprendre l'anglais au collège. Même si j'étais bon dans toutes les matières, y compris l'anglais, je n'arrivais pas vraiment à suivre les cours de grammaire. Élève dans un petit collège de campagne, j'ai réussi à obtenir de bonnes notes en anglais, mais cela n'a pas vraiment amélioré mes compétences.

Dans mon lycée, qui était une école de commerce, nous n'avions qu'un cours d'anglais par semaine, ce qui est presque rien comparé aux lycées classiques qui en proposent au moins six à sept par semaine (en terminale, les élèves suivaient plus de dix cours d'anglais par semaine, issus des programmes réguliers et complémentaires de l'école). Même si mon école ne mettait pas l'accent sur les cours de sciences humaines, y compris l'anglais, j'ai décidé d'apprendre l'anglais en autodidacte.

J'ai acheté un ouvrage de référence pour la grammaire anglaise et j'ai étudié assidûment pour le relire plusieurs fois, du début à la fin, mémorisant tous les termes de grammaire et le vocabulaire des exemples de phrases anglaises. Après chaque lecture, je réfléchissais à quelques expressions coréennes simples et me demandais comment les prononcer en anglais. À chaque fois, j'échouais. Face à ces échecs répétés, j'ai acheté un autre ouvrage de référence pour l'anglais et j'ai recommencé. Pourtant, je n'ai ressenti aucune amélioration. En première, la frustration s'est accumulée au point que j'ai décidé d'abandonner l'anglais.

Après le lycée, j'ai trouvé un emploi. J'ai ensuite commencé à préparer un concours national d'ingénieur électricien. Cependant, l'anglais était l'une des matières principales de l'examen préliminaire. J'ai donc dû recommencer à apprendre l'anglais en autodidacte. Mais cette fois, la méthode était différente. Je ne savais pas comment m'y prendre. C'est par hasard que j'ai acheté un coffret audio de conversation anglaise avec des manuels pour me remettre à l'étude de l'anglais.

Lorsque j'ai écouté les cassettes audio pour la première fois, même les sons de la version lente de chaque expression étaient encore bien trop rapides pour que je puisse en comprendre un seul mot. J'ai dû ouvrir le livre pour voir quels mots composaient les phrases. Je n'arrivais tout simplement pas à les saisir en écoutant l'audio. Ayant abandonné l'anglais depuis environ deux ans, je ne connaissais pas grand -chose à la grammaire anglaise, hormis quelques termes grammaticaux comme «sujet», «verbe», etc. J'ai également perdu la plupart des mots anglais, à l'exception de termes très simples comme la plupart des pronoms personnels et des termes de parenté.

Sans savoir quoi faire ni comment faire, je lisais d'abord le texte pour comprendre les éléments de la phrase, j'écoutais l'audio, j'imitais les sons et je m'efforçais de retenir toutes les expressions. Ensuite, sur le chemin du travail, de la maison ou ailleurs, je babillais les expressions encore et encore. C'est ainsi que j'ai commencé l'entraînement au babble en anglais. À la fin d'une leçon, je revoyais toutes les leçons précédentes pour m'assurer que je pouvais encore bien me dire les expressions avant de passer à une autre. Lorsque j'ai terminé le premier volume de l'ensemble audio, qui comportait 50 leçons, en environ 4 mois, j'ai revu toutes les leçons à partir de la leçon 1 jusqu'à la fin avant de commencer à m'attaquer au deuxième volume de l'ensemble audio.

En faisant l'entraînement Babble pour parler, j'ai trouvé que le premier volume était le plus difficile et qu'il m'a fallu le plus de temps pour le finir. Cependant, à partir du deuxième volume, le processus de babillage est devenu plus facile : écouter était plus simple et répéter oralement les expressions était plus facile. À partir du quatrième volume, j'étais capable d'écouter et de comprendre clairement la vitesse normale de la présentation audio, et je n'avais pas besoin de consulter le livre pour trouver les composants de la phrase. La répétition verbale après les cassettes audio était également suffisamment facile. Après avoir terminé le cinquième volume, qui était le dernier de la série à l'époque, j'ai continué à écouter les cassettes et à faire le babble. Cela m'a pris environ 15 mois pour terminer les 5 volumes des ensembles audio selon la méthode susmentionnée.

Pourtant, je ne savais pas vraiment ce que je pouvais dire en anglais, n'ayant jamais eu l'occasion de parler à un anglophone. Je parvenais simplement à mémoriser la plupart des expressions couramment. Même si je savais que je ne pouvais pas encore dire tout ce qui me venait à l'esprit, je sentais clairement que je pouvais m'exprimer assez bien en anglais dans la vie quotidienne.

À l'époque où j'ai commencé le quatrième volume du coffret audio sur cinq, j'ai commencé à lire en anglais en utilisant la traduction coréenne (en Corée, de nombreux livres sont conçus de telle sorte qu'ils présentent la version anglaise sur une page et la version coréenne sur la page suivante). À l'époque, j'utilisais la méthode d'entraînement à la lecture Babble : je lisais d'abord la phrase anglaise du livre ; puis je cherchais le sens des nouveaux mots ; j'essayais de deviner le sens de la phrase à partir du sens des mots ou des expressions idiomatiques ; et je comparais le sens deviné à la traduction.

Ensuite, chaque fois que je constatais des différences entre le sens supposé et la traduction, j'essayais de trouver où et pourquoi ces différences se produisaient, et j'analysais comment interpréter les expressions ou phrases pour en obtenir le sens correct. Je veillais particulièrement à conserver ces nouveaux mots en les notant sur différentes pages du livre afin de pouvoir les réécrire plusieurs fois pour mieux les mémoriser.

Ce faisant, je peux également réviser ces mots à plusieurs reprises au fil de ma lecture. Chaque fois que je tournais une page, je recherchais d'abord les mots que j'avais notés et les révisais avant de commencer la lecture. Cela m'a beaucoup aidé à acquérir de solides ressources linguistiques. Après avoir lu deux livres grâce à cet entraînement à la lecture, la précision de mes suppositions sur le sens de diverses phrases anglaises complexes a atteint près de 100 %, et j'ai naturellement acquis des compétences en lecture en anglais.

À peu près au moment où j'ai commencé à écouter l'ensemble des cinq ensembles de cassettes audio pour la troisième fois en répétition, j'ai commencé à écrire des journaux quotidiens en anglais, principalement en citant des expressions des livres que je lisais. C'était difficile au début, mais après quelques mois, il est devenu assez facile d'écrire des pages entières de journaux quotidiens.

Quelques années plus tard, lorsque je suis entré dans une université en Corée, j'ai rencontré pour la première fois un étranger anglophone sur le campus. C'était un professeur d'anglais de l'université. En première année, j'ai commencé à discuter avec lui et je parlais assez couramment anglais, sans difficulté à m'entendre avec lui. Il a également été surpris par mon niveau d'anglais.

9

Présentation Du Cas : Babble Training 2

Américain un homme d'une trentaine d'années, M. Kim. Lui aussi originaire de Corée, il avait alors vécu trois ans aux États-Unis. Comme nous parlions tous anglais, j'ai remarqué qu'il parlait très bien anglais, sans accent coréen. Sans hésitation, sans marmonnement, sans retard, et avec beaucoup de plaisanteries. Naturellement, j'ai été très curieux de savoir comment il avait appris l'anglais si bien et je lui ai posé des questions sur la façon dont il l'avait étudié.

Il m'a confié qu'il était très mauvais en anglais à l'université. Il n'avait pas pu intégrer une meilleure université à cause de ses mauvaises notes au lycée. Il a ajouté que les cours d'anglais au collège étaient toujours difficiles ; et qu'il avait perdu tout intérêt pour l'anglais depuis, jusqu'à ce qu'il reprenne l'anglais après sa démobilisation.

À son retour de l'armée, il a acheté un ensemble d'enregistrements audio de conversations en anglais. Il les écoutait et répétait oralement chaque groupe d'expressions jusqu'à pouvoir les prononcer instantanément et couramment (c'est ce que j'appelle le processus d'apprentissage du bavardage). Il babillait ces expressions autant que possible, dès qu'il en avait le temps.

Après environ deux ans de ces efforts, il se sentait assez à l'aise en anglais. Il parlait assez bien anglais lorsqu'il rencontrait des étrangers anglophones sur le campus ou dans la rue. Il a ensuite lu de nombreux magazines en anglais, ce qui lui a permis d'acquérir du vocabulaire anglais. C'est ainsi qu'il a appris l'anglais en Corée et, quelques années après avoir obtenu son diplôme, il a immigré aux États-Unis. Cependant, il a déclaré n'avoir pas beaucoup appris l'anglais après son arrivée aux États-Unis, car il s'entendait principalement avec les Coréens de la communauté coréenne.

J'ai été très surpris de découvrir que la façon dont il avait acquis l'anglais de Corée par lui-même était presque identique à mon cas.

Un autre cas de Ma femme, JW, a réussi à parler avec succès de Babble Training. Alors que je travaillais comme rédactrice en chef du journal anglais d'une université que nous fréquentions ensemble, j'ai rencontré JW, qui a rejoint le journal anglais du campus. Elle était en première année et, comme tout le monde, elle ne maîtrisait pas suffisamment l'anglais oral. À cette époque, nos réunions matinales se déroulaient exclusivement en anglais. Mais c'était moi qui parlais principalement en anglais aux membres, qui répondaient généralement à mes questions ou demandes dans un anglais simple. Un jour, j'ai expliqué aux membres comment étudier pour bien parler anglais. Je leur ai expliqué comment j'avais abandonné l'anglais au lycée et comment j'avais recommencé à l'enseigner moi-même.

JW a suivi mes suggestions. Elle a acheté les mêmes cassettes audio que moi et a suivi le programme d'apprentissage du babill-age en écoutant les enregistrements et en répétant oralement après chaque expression. Elle a procédé de la même manière que moi et a lu plusieurs livres en anglais. Elle portait des écouteurs pour se déplacer. Après quelques années, elle parlait couramment l'anglais.

D'autres cas d'histoires de babble proviennent des lecteurs de mon livre. Après la publication de *New TESL Plus* en 2005, rédigé en coréen pour les étudiants en anglais en Corée, de nombreuses personnes ont commencé à étudier l'anglais selon le modèle BTM. Nombre d'entre elles suivent encore le premier niveau de Babble Training pour parler.

Pour les étudiants coréens, il est difficile de se concentrer sur le BTM, car il exige des élèves un apprentissage de l'anglais radicalement différent de celui des programmes scolaires. À l'école, les cours d'anglais sont encore principalement axés sur la grammaire et son application pour décomposer les phrases par catégorie grammaticale. Par conséquent, les élèves sont évalués sur leurs compétences en grammaire et en lecture. De plus, ils doivent suivre les tendances de l'examen national d'entrée à l'université, où l'examen d'anglais ne porte pas sur les compétences linguistiques globales, y compris l'expression orale, mais sur la grammaire, la lecture et la compréhension orale.

Pour les étudiants, l'évaluation de l'anglais à l'école et les examens nationaux sont si importants pour leur vie future qu'ils ne peuvent pas vraiment se concentrer sur le BTM, qui nécessite beaucoup de temps pour que Babble Training démarre, ce qui, au moins au début, ne les aide pas beaucoup avec le programme scolaire d'anglais basé sur la grammaire.

Par conséquent, peu d'élèves semblent suivre BTM de manière intensive. Cependant, de nombreux actifs publient encore des commentaires ou des témoignages sur le forum du cybercafé. Parmi ces commentaires, on trouve des témoignages de réussite concernant Babble Training. Un certain M. Park («Park»), qui a suivi Babble Training pendant environ un an, a écrit qu'il pouvait désormais assister à des réunions d'affaires en anglais sans trop de soucis et qu'il pouvait exprimer ses opinions avec brio.

D'autres membres disent qu'ils sont devenus plus confiants pour parler anglais après avoir suivi la formation Babble pendant environ un an.

D'autres personnes ont exprimé des difficultés à suivre l'entraînement au babillage en raison du bruit généré par le babillage, qui attire l'attention des autres ou semble les déranger. Dans l'ensemble, les personnes ayant suivi l'entraînement au babillage de manière régulière pendant environ un an sont convaincues que cet entraînement est indispensable pour bien parler la langue des signes.

10

Présentation Du Cas : Babble Training 3

Avant de venir aux États-Unis, j'ai enseigné l'anglais à des étudiants dans des instituts d'anglais privés en Corée pendant environ deux ans. J'ai principalement enseigné à des lycéens et à des étudiants. Aux lycéens, j'enseignais l'anglais pour préparer l'examen d'entrée à l'université. Aux étudiants, j'enseignais le TOEFL et la compréhension écrite de niveau avancé. Quel que soit le niveau des élèves, mon enseignement était principalement axé sur la grammaire anglaise et les compétences de lecture basées sur la grammaire. Je passais facilement des heures à présenter les différentes catégories de parties du discours en anglais, sans avoir à présenter de phrases en anglais aux élèves. Pendant ces deux ans, je n'avais pas beaucoup enseigné de dialogues en anglais. Même si j'étais convaincu qu'il était mal de se limiter à enseigner la grammaire et la lecture, je n'avais d'autre choix que de suivre le programme.

Pendant les cours d'anglais, je ne m'attendais pas à ce que les élèves améliorent leur expression orale, car je n›avais jamais enseigné l›anglais. Aucun élève ne s›était plaint de ne pas pouvoir parler une seule ligne d›anglais. Personne ne se souciait de la maîtrise de l›anglais à l›oral. Certains lycéens réussissaient très bien, obtenant des notes très satisfaisantes à l'examen d'anglais de fin d'année. Pourtant, ils ne semblaient pas se soucier de leur niveau d'anglais. Les étudiants que j'ai formés étaient tout aussi indifférents au développement de leur expression orale.

J'étais très mal à l'aise à l'idée de continuer à enseigner ce genre d'anglais aux élèves. Le fait que j'avais déjà acquis une bonne maîtrise de l'anglais et développé une excellente maîtrise de l'anglais à l'oral ne semblait pas les aider, car les cours d'anglais avaient une orientation totalement différente. Même si une vingtaine d'années se sont écoulées depuis, je sais que les cours d'anglais en Corée n'ont pas beaucoup changé.

Il y a une dizaine d'années, je me suis porté volontaire pour enseigner l'anglais aux États-Unis aux membres seniors de la communauté coréenne américaine de Denver. J'enseignais une fois par semaine, tous les samedis, pendant deux heures. Cette fois, au lieu d'enseigner la grammaire anglaise, j'ai utilisé un manuel de conversation anglaise. J'ai présenté les concepts et les objectifs de la méthode Babble Training. À l'époque, la méthode Babble Training n'était pas encore développée pour l'enseignement. Je me débrouillais plutôt bien. Néanmoins, je me suis concentré uniquement sur l'apprentissage de l'anglais. Au fil du cours, j'ai rencontré quelques difficultés majeures qui ont réduit l'efficacité de l'enseignement.

Le premier problème était que les élèves plus âgés n'avaient pas confiance en la méthode. La plupart d'entre eux avaient plus de 60 ans et n'avaient jamais appris ce qu'ils appelaient «l'anglais de base». Pour eux, ce que j'enseignais n'était pas «l'anglais de base», mais plutôt un anglais assez avancé. Ils s'attendaient à ce que je commence par leur enseigner la grammaire anglaise de base. Malgré mes efforts pour les convaincre de comprendre la définition de «l'anglais de base», ils n'ont pas réussi à se défaire de cette croyance tenace du jour au lendemain.

Le deuxième problème était le manque de concentration des élèves, pour de nombreuses raisons compréhensibles. Comme il s'agissait d'un cours hebdomadaire, ils étaient tenus d'étudier la plupart du temps par eux-mêmes, pendant leur temps libre, conformément à mes instructions pour le programme Babble Training.

Cependant, comme c'est souvent le cas pour la plupart des élèves, quel que soit leur âge, la plupart d'entre eux n'arrivaient pas à se concentrer pleinement sur le Babble Training pour se préparer au cours. Ils ne parvenaient pas non plus à maintenir correctement leurs expressions. Ce manque de performance était en partie dû au manque d'intensité des cours, avec une séance hebdomadaire. Même si certains élèves appréciaient particulièrement de pouvoir utiliser des expressions simples en anglais, leur motivation et leurs performances étaient insuffisantes pour poursuivre le Babble Training jusqu'à maîtriser l'anglais.

Le troisième problème était qu'en tant qu'enseignant, je n'avais aucun moyen contraignant, hormis les encourager continuellement, pour obliger les élèves plus âgés à travailler dur. Aucune évaluation n'était requise pour les élèves, et la présence n'était pas non plus obligatoire. Aucune restriction n'était appliquée à leurs performances.

Environ un an et demi plus tard, j'ai découvert qu'il était très irréaliste de réussir, à travers ce type de programme, à réaliser un Babble Training même pour le minimum de ressources linguistiques nécessaires aux étudiants pour acquérir l'anglais, qui, je crois, représente environ 250 expressions et environ 2 000 vocabulaires étroitement liés aux différentes situations de la vie quotidienne typique.

Pour utiliser la métaphore d'un avion, qui nécessite une quantité absolue d'énergie pour décoller de la piste, un tel programme fournirait suffisamment d'énergie pour déplacer l'avion sur une piste toute la journée et toute l'année, mais ne produirait pas une puissance de propulsion suffisamment forte pour faire décoller l'avion avec succès de la piste.

J'ai également enseigné Babble Training dans le cadre d'un programme de formation continue dans une université américaine. Là encore, il s'agissait d'une séance hebdomadaire de deux heures en soirée.

Cependant, cette fois-ci, les étudiants étaient issus d'une population mixte, composée de plusieurs générations. L'ambiance et l'engagement des élèves étaient tels que, à chaque fois, je constatais qu'ils ne pratiquaient pas le babillage aussi souvent que je l'espérais pour qu'ils retiennent les expressions données. De plus, la plupart d'entre eux suivaient le cours pendant deux trimestres au maximum, puis l'abandonnaient.

Bien souvent, je devais consacrer beaucoup de temps à rappeler aux élèves comment apprendre le coréen et à les encourager à suivre un entraînement intensif au babble. Même si beaucoup semblaient satisfaits d'avoir, en quelques trimestres, appris, outre la lecture et l'écriture du coréen, quelques expressions coréennes pour saluer, se présenter et commander dans un restaurant coréen, je ne pouvais pas considérer cela comme un succès. Après tout, l'avion avait été poussé sur la piste, mais la puissance de propulsion n'était pas suffisante pour lui permettre de décoller à toute vitesse.

11

Présentation Du Cas : Babble Training 4

Ce n'est qu'en 2002, lorsque j'ai commencé à enseigner le coréen à l'Université du Colorado à Boulder, que j'ai commencé à appliquer la méthode systématique «Babble Training» à l'enseignement. L'université propose un programme de coréen de cinq cours par semaine, répartis en trois niveaux : débutant, intermédiaire et avancé. Cependant, je dois avouer que la méthode «Babble Training» a progressivement évolué, passant du concept principal à un système plutôt structuré, basé sur des essais et des erreurs.

Au cours des deux premières années du programme coréen de première année pour Babble Training, j'ai appris à parler, en plus de demander aux élèves de répéter après moi et de lire à haute voix chaque leçon. À plusieurs reprises, j'ai proposé des explications assez complètes sur les composants de chaque phrase dans les dialogues pour les sons respectifs, les significations et parfois aussi certaines fonctions grammaticales.

Ensuite, pour l'évaluation de leurs performances, j'ai demandé aux étudiants de mettre toutes les expressions sur le bout de la langue. Cependant, il n'était pas exigé qu'ils maintiennent les expressions de dialogue de chaque leçon au-delà de chaque leçon. Cela était principalement dû au fait que, faute d'expérience dans l'enseignement du babble, je ne savais pas combien d'expressions seraient nécessaires pour que les étudiants universitaires puissent suivre un entraînement au babble tout au long du semestre. Autrement dit, je les testais pour voir s'ils pouvaient prononcer les dialogues à la fin de chaque leçon, et les évaluations de mi-session et finale se faisaient par écrit.

Par conséquent, les élèves s'intéressent aux langues pendant une courte période, uniquement pour les examens, et ne prêtent pas beaucoup d'attention aux efforts quotidiens visant à garder les expressions pour eux. Par conséquent, la qualité de leur apprentissage n'est pas satisfaisante.

Ce que j'ai découvert avec ce type de formation Babble, c'est que l'explication détaillée de chaque phrase ne semble pas être très utile pour que les étudiants acquièrent les compétences linguistiques requises et développent leur maîtrise orale.

J'ai également constaté que ces formations courtes et intensives, même approfondies et intensives, ne permettent pas aux étudiants de maintenir un niveau d'expression réel tout au long du semestre et après. Par conséquent, la plupart des étudiants ne parviennent pas à retenir les ressources linguistiques introduites pendant le semestre.

J'ai ensuite imposé aux étudiants de maintenir les dialogues tout au long du semestre en les évaluant à l'oral sur la base de tous les dialogues présentés en classe jusqu'à l'évaluation. Par exemple, pour une évaluation de mi-session, j'évaluais à la fois oralement et par écrit les leçons vues jusqu'à mi-session ; et, pour l'évaluation finale, je procédais de même pour tous les dialogues vus tout au long du semestre.

Après deux semestres de formation Babble, la plupart des étudiants sérieux semblaient avoir acquis un certain nombre d'expressions personnelles de base, utilisables en cas de besoin. Cependant, après les deux premiers semestres, la capacité physique de nombreux étudiants à articuler des expressions coréennes n'était pas suffisante pour prononcer clairement les nouveaux mots. Certains étudiants éprouvaient même des difficultés à articuler les expressions présentées en cours.

De plus, la plupart des élèves ne semblaient pas avoir acquis une bonne intuition linguistique des sons et des structures de la langue. Leur manque de capacité physique indique clairement que leur performance en babillage était insuffisante. Ce manque d'intuition linguistique des sons et des structures signifie que leur performance en babillage n'était pas suffisamment forte ou intensive, et que les ressources linguistiques acquises étaient insuffisantes pour leur permettre de reconnaître de manière répétée les différentes caractéristiques linguistiques du coréen. Ces problèmes pourraient être dus à un manque d'entraînement au babillage et à des ressources linguistiques dispensées en classe, ou à une mauvaise exécution par les élèves, voire aux deux.

Suite à ces constatations, j'ai ajouté une évaluation de révision au programme. Les élèves sont désormais évalués quotidiennement sur leur maîtrise orale de n'importe quelle expression présentée en classe. Pour cette évaluation, je demande à chaque élève de faire une démonstration orale d'un dialogue particulier que je choisis parmi ceux abordés précédemment. J'aide également les élèves à améliorer leur prononciation si nécessaire.

De plus, les étudiants sont tenus de reproduire les expressions introduites au premier semestre au second semestre suivant. Autrement dit, l'évaluation du semestre de printemps inclurait les dialogues du semestre d'automne. Cette méthode semble très efficace pour aider les étudiants à acquérir la compétence orale.

Grâce à cette méthode, après deux semestres de programme intensif de 5 heures par semaine, les élèves sérieux acquièrent la capacité physique d'articuler clairement de nouvelles expressions et une intuition linguistique sur les différents types de structures de phrases, comparable à celle d'enfants de 3-4 ans. Ils peuvent communiquer de manière productive en utilisant les expressions acquises. Cependant, ils ne sont pas capables de produire ou de comprendre les expressions familières essentielles de la vie quotidienne. Qui ne sont pas introduits dans les manuels scolaires.

Pour pallier ces difficultés, j'ai ajouté une session «Mots du jour» afin de proposer aux élèves les expressions coréennes les plus recherchées. Pour cela, je demande aux élèves d'apporter les expressions qu'ils souhaitent apprendre. Ils apportent les expressions en anglais, et je présente les expressions coréennes correspondantes. En général, je sélectionne trois à six nouvelles expressions des élèves comme «Mots du jour». Parfois, j'introduis moi-même certaines expressions que je juge particulièrement utiles aux élèves dans certains contextes. Ces expressions supplémentaires sont également incluses dans l'évaluation de révision.

Cette idée de «Mots du jour» est très utile à bien des égards. Les élèves sont enthousiastes à l'idée d'apprendre immédiatement ce dont ils ont besoin ; elle fournit de nombreuses expressions et vocabulaires concrets ; et elle les aide également à apprendre l'usage des expressions lorsqu'elles sont réintroduites par hasard dans les dialogues du manuel. Ainsi, de nombreux élèves commencent même à parler coréen dès le premier semestre. Ils prennent plaisir à utiliser les expressions qu'ils voulaient apprendre. De toute évidence, en deux semestres, grâce à cette méthode, les élèves acquièrent des capacités physiques, une intuition linguistique et des ressources linguistiques bien plus avancées pour parler coréen.

Dans le cadre de mon programme, je propose trois semestres de formation Babble pour parler. Au troisième semestre, j'ajoute une séance «Dites-le en coréen» après chaque leçon. Les étudiants doivent présenter leur propre histoire pendant environ trois minutes sur le sujet de chaque leçon. Les étudiants qui terminent le troisième semestre avec un niveau de performance élevé maîtrisent assez bien le coréen.

Même si la méthode est encore en cours de développement pour maximiser son pouvoir d'aider les étudiants à acquérir les compétences linguistiques et à développer la compétence orale de la TL, j'ai, sur la base de l'expérience et de l'observation à travers l'enseignement du coréen et de l'anglais, clairement observé que l'acquisition réussie des compétences linguistiques et le développement de la compétence orale de la TL dépendent clairement de la quantité, de la qualité et de la réalité des ressources linguistiques de la TL qui sont conservées. Par les étudiants grâce à l'entraînement Babble. Autrement dit, plus l'entraînement Babble est approfondi pour parler de ressources linguistiques, plus les étudiants acquièrent de compétences linguistiques et développent une meilleure maîtrise orale.

CHAPITRE 8

Comment Enseigner : BTM Niveau 1 – Débuter L'entraînement Au Babillage Pour Parler

Rien n'a commencé sans imitation.

1

Idées Pour La Conception Des Cours

Comme je l'ai souligné dans un article précédent, je crois que l'acquisition d'une langue passe par l'acquisition de facteurs d'acquisition tels que l'intuition linguistique globale, les capacités physiques et les ressources linguistiques de la langue seconde. Par conséquent, les enseignants de langues étrangères, qui devraient viser en priorité à ce que les élèves acquièrent ces facteurs d'acquisition, devraient s'attacher à développer un programme d'enseignement de langue étrangère le plus efficace possible pour que les élèves acquièrent ces facteurs d'acquisition.

Pour que les élèves acquièrent les facteurs d'acquisition de la langue seconde, il faut avant tout un entraînement intensif au babillage oral, incluant des efforts répétés de récitation et de pratique concrète d'expressions variées et basées sur des situations variées, ainsi que des efforts créatifs pour utiliser ces expressions récitées dans la vie réelle. Les professeurs de langues étrangères doivent tenir compte de ces exigences lors de la conception de leurs cours. En les examinant en détail, on constate qu'elles se composent de quatre éléments : (1) un babillage intensif ; (2) des expressions variées ; (3) des efforts continus pour maintenir l'entraînement au babillage pendant une période prolongée ; et (4) des efforts pour exprimer son propre sens. Par conséquent, les cours de langues étrangères doivent être conçus de manière à garantir le respect de ces exigences.

Pour répondre au premier objectif, la classe doit être conçue de manière à ce que les élèves répètent régulièrement l'entraînement au babble ; pour le deuxième objectif, de nouvelles ressources linguistiques doivent être constamment proposées aux élèves ; pour le troisième objectif, les élèves doivent être incités à poursuivre l'entraînement au babble pendant une durée suffisante ; et pour le dernier objectif, mais non le moindre, les élèves doivent être amenés à exprimer leurs propres significations. Autrement dit, les rôles de l'enseignant de langues étrangères, en tant qu'animateur et coach de babble, doivent être parfaitement équilibrés.

Voici quelques idées à prendre en compte lors de la conception de la classe Babble Training de niveau 1 :

1. Pour les débutants, les cours devraient être dispensés dans la langue officielle de la classe dès le début. Cela favorise la communication entre l'enseignant et les élèves pour un fonctionnement efficace du cours, et aide également les élèves à comprendre le processus et à mieux se concentrer sur la pratique et l'acquisition des ressources linguistiques qui leur sont présentées. De nombreux praticiens recommandent d'appliquer les méthodes directes dès le début. Cependant, cela compliquerait l'apprentissage de la langue des signes et retarderait son acquisition. Une fois les élèves installés, vers le milieu du premier semestre, il serait judicieux de commencer à utiliser la langue des signes pour des expressions brèves comme les salutations et pour diriger des activités simples comme «veuillez lire», «veuillez réessayer», etc.

2. L'objectif du niveau 1 de Babble Training est d'aider les élèves à acquérir la langue maternelle au même niveau

qu'un enfant de 40 mois, en maîtrisant environ 500 langues personnelles [27]. Ainsi, les élèves acquerront des bases solides pour une intuition linguistique complète, des capacités physiques et un niveau de ressources linguistiques de base, ainsi que la capacité à produire des expressions simples pour développer leur compétence orale.

3. La durée de la formation Babble de niveau 1 varie en fonction de l'âge des élèves, du nombre d'élèves par classe, du nombre d'heures de cours par semaine et de l'horaire. Cependant, pour les étudiants de niveau universitaire ayant 5 heures de cours par semaine, la formation Babble de niveau 1 peut être complétée en environ 3 semestres.

4. En règle générale, le temps de cours peut être divisé de manière flexible en trois sections respectivement pour un discours personnel visant à personnaliser les expressions acquises grâce au babillage, pour revoir les expressions précédemment introduites et pour introduire de nouvelles ressources linguistiques.

5. Une attention particulière doit être accordée aux élèves pour qu'ils parviennent à un niveau de performance fluide pour chaque ensemble d'expressions et pour qu'ils

---

[27] J'utilise le terme, langues personnelles, en référence aux langues familières parlées par les locuteurs de TL dans des environnements d'activités personnelles tels que les salutations, la description de ses sentiments tels qu'avoir froid, chaud, froid, sentir, être cool, aimer et ne pas aimer, poser des questions pour clarifier ou répéter, demander une direction, demander comment faire, se plaindre de douleur, regarder la télévision, faire les courses, lire des livres, écouter de la musique, cuisiner, répondre à des questions ou des demandes, parler des membres de la famille, des amis, se lever, se coucher, être en retard à l'école, l'heure, les couleurs, les animaux, l'âge, l'adresse, l'adresse e-mail, les numéros de téléphone, la maison, la maison, les achats, les tailles, les prix, l'argent, la santé, les études, aller à l'école, aller à l'église, les vacances, obtenir un permis de conduire, demander un SSN, aller à un bureau de poste, les repas, la météo, la saison, aller à un rendez-vous chez le médecin, voyager en avion, en train, en voiture ou à vélo, etc.

maintiennent les expressions acquises grâce à la répétition du babillage.

6. Les étudiants doivent être encouragés à personnaliser les expressions acquises grâce à Babble Training.

7. Les évaluations doivent être effectuées principalement pour tester la fluidité des performances de dialogue des étudiants, l'acquisition et le maintien réussis des expressions de dialogue et la constitution d'un solide vivier de ressources.

Pour plus de détails, permettez-moi d'expliquer certaines de mes méthodes de cours de coréen. En présentant certains aspects de mes cours, je ne prétends absolument pas que ma façon d'animer les cours soit optimale. En fonction de divers facteurs tels que les élèves, les enseignants, le temps et les engagements des élèves, différentes méthodes d'animation sont possibles.

Durant le premier semestre de Babble Training, je salue généralement les élèves en coréen à leur arrivée en classe. Puis, une fois qu'ils se sont familiarisés avec le cours, je commence à leur dire quelques expressions simples et courantes en coréen. Cependant, pour une communication optimale avec les élèves et le bon déroulement du cours, je les dirige principalement en anglais pendant la première moitié du semestre. L'objectif principal de ce cours est d'aider les élèves à développer leurs capacités physiques à gérer les sons phonologiques et à acquérir des expressions qu'ils pourront utiliser dans la vie quotidienne.

Le cours régulier du premier semestre est composé de trois séances de façon quelque peu flexible : révision, «Mots du jour» et manuel.

La séance de révision, où les étudiants s'exercent en groupe ou à deux sur les dialogues des chapitres présentés précédemment. Je leur assigne quelques chapitres spécifiques à travailler pendant cette séance. Les étudiants sont encouragés à s'exprimer en s'appuyant uniquement sur les pages de traduction anglaise, sans ouvrir les pages de dialogue coréennes. Ils sont également encouragés à s'entraider si nécessaire.

De cette façon, ils peuvent apprendre plus efficacement en aidant ou en enseignant à leurs partenaires. Ensuite, à la fin de la séance de révision, je demande à certains élèves de dialoguer entre eux sur les dialogues pour évaluation. Pour cela, je présente les répliques anglaises de la conversation à l'écran afin que les élèves puissent les lire et prononcer les expressions coréennes correspondantes.

Lors de l'évaluation, je corrige les erreurs de prononciation des élèves, principalement les accents prononcés et les fautes de prononciation, dès que je les trouve sérieuses. Lors des corrections, j'essaie toujours d'encourager les élèves et de ne pas les embarrasser. Je leur fais comprendre qu'il est tout à fait naturel de mal prononcer les langues étrangères. Certains élèves travaillent tellement dur qu'ils ont tendance à se sentir trop sûrs de leur prononciation en prononçant les mots trop vite. Ces élèves méritent des félicitations et des compliments avant d'être corrigés. En général, je prononce d'abord le mot ou l'expression, puis je demande à l'élève de réessayer.

La séance «Mots du jour» vise à présenter quelques expressions que les élèves souhaitent apprendre immédiatement. En général, j'introduis 3 à 4 nouvelles expressions par jour, en fonction des questions de 2 à 3 élèves. Ainsi, je laisse les élèves choisir ce qu'ils souhaitent apprendre en classe. Parfois, je propose également des expressions. Les expressions supplémentaires présentées aux élèves sont enregistrées dans une base de données informatique et présentées simultanément à l'écran.

Chaque expression est ensuite attribuée à un chapitre spécifique, que les élèves peuvent étudier en vue d'évaluations telles que la révision quotidienne, les quiz, les examens de mi-session et les examens finaux. Par exemple, toute expression supplémentaire collectée au cours du chapitre 1 sera intégrée au chapitre, et les élèves seront également testés sur les expressions du manuel et de la base de données.

Lors de la séance avec le manuel, j'introduis les expressions dialoguées du manuel en mettant l'accent sur les sons phonologiques de chaque expression, et l'interprétation du sens repose principalement sur le vocabulaire et les particules. Je m'efforce toujours d'identifier le sens de chaque mot et de chaque particule plutôt que de proposer une analyse grammaticale pour l'interprétation du sens.

Le deuxième semestre de Babble Training est globalement identique au premier, à ceci près que le cours est plus flexible et s'adapte aux réponses des étudiants. J'augmente progressivement l'utilisation du coréen en commençant par des questions simples, comme «Qu'as-tu fait hier soir?», auxquelles les étudiants doivent répondre. Chaque étudiant doit répondre en coréen.

En fonction des réponses des élèves, je les oriente vers une autre question afin de susciter ou de maintenir l'intérêt du cours. Chaque fois que de nouvelles expressions réelles sont introduites pendant cette discussion libre, je les enregistre dans une base de données pour une présentation en classe, et j'invite les élèves à les mettre en pratique.

La structure de la classe régulière pour le troisième semestre de Babble Training est également fondamentalement la même que celle du deuxième semestre, à l'exception de la session 'dites-le en coréen' à la fin de chaque leçon. Pour cette session, les étudiants doivent faire une présentation de 3 minutes de leurs propres histoires, ou des histoires d'autres personnes qu'ils connaissent, en coréen sur le sujet introduit dans chaque leçon.

À ce stade, la plupart des étudiants qui ont terminé avec succès les deux semestres précédents peuvent communiquer en coréen assez bien en fonction de leurs capacités physiques, de leur intuition linguistique et des ressources linguistiques en coréen qu'ils ont acquises jusqu'à présent.

À partir du quatrième semestre, le Babble Training comprend des présentations dans le journal quotidien et sur des sujets spécifiques assignés aux étudiants, ainsi que l'utilisation de manuels. La principale différence de Babble Training entre le troisième semestre et le quatrième semestre est que, bien que Babble Training jusqu'au troisième semestre soit principalement basé sur la récitation d'expressions dialoguées dans diverses situations, à partir du quatrième semestre, il est principalement basé sur l'expression créative de son propre sens.

2

Idées De Méthodes D'évaluation

Outre la conception du cours, la conception des méthodes d'évaluation est essentielle, car les méthodes et les objectifs d'apprentissage des étudiants sont naturellement influencés par les styles d'évaluation. Quel que soit le mode d'enseignement ou de gestion du cours, les étudiants sont très sensibles et naturellement enclins à s'adapter aux tendances des évaluations. Par conséquent, la méthode d'évaluation et la conception du cours doivent se renforcer mutuellement pour favoriser l'acquisition des compétences en apprentissage.

Si nous, enseignants de langues étrangères, ne développons pas de bonnes méthodes d'évaluation des élèves pour leurs efforts continus en matière d'apprentissage du babble sur diverses expressions, nous ne pourrons pas leur offrir un enseignement efficace pour les aider à poursuivre leurs efforts d'acquisition de la langue étrangère. Je vais à nouveau présenter les méthodes d'évaluation que j'ai utilisées jusqu'à présent dans ma propre classe. Même si elles ne sont pas toujours optimales, je pense qu'elles méritent d'être consultées.

Je conçois l'évaluation de mes étudiants principalement avec des méthodes telles que l'évaluation de révision, les quiz, les devoirs, les partiels oraux, les partiels écrits, la conversation avec des partenaires, dites -le en coréen, les journaux quotidiens, la finale orale et la finale écrite, et la copie de la langue de manière à mettre l'accent sur les compétences orales fluides des étudiants pour les expressions introduites par chaque chapitre pendant le cours.

En général, j'effectue l'évaluation de révision pour deux à quatre étudiants par jour, selon les situations. Pour l'évaluation, des étudiants sélectionnés sont invités à interpréter le rôle de chaque participant dans les dialogues d'un chapitre présenté au préalable en classe.

Selon le nombre d'étudiants par classe, chaque étudiant doit passer entre 10 et 15 évaluations de révision tout au long du semestre. Par souci de gestion, j'accorde une importance primordiale à l'évaluation de révision pour la note finale. Les étudiants comprennent ainsi l'importance des évaluations quotidiennes aléatoires et s'attendent à une évaluation de révision chaque jour. Pour les débutants, la majorité des notes proviennent de l'évaluation de révision.

Concernant l'évaluation de révision, j'ai déjà expliqué en quoi elle consiste et comment je la réalise. Afin de promouvoir un entraînement efficace au Babble pour les étudiants, l'évaluation de révision de première année se poursuit tout au long de l'année, ce qui signifie que les ressources linguistiques introduites au premier semestre sont encore partiellement testées au deuxième semestre.

Autrement dit, le chapitre 1 du premier semestre serait exclu de l'évaluation de révision au début du chapitre 2 du deuxième semestre ; et le chapitre 2 du premier semestre au début du chapitre 3 du deuxième semestre ; et ainsi de suite. Pour une formation efficace à Babble, il serait très souhaitable d'inclure les ressources linguistiques introduites au deuxième semestre dans l'évaluation de révision du troisième semestre.

Cependant, cela n'a pas été réaliste dans mon programme principalement en raison du fait que la pause estivale après le deuxième semestre est trop longue ; que peu d'étudiants continuent à suivre le cours pendant trois semestres consécutifs, et que beaucoup des étudiants du troisième semestre sont nouveaux dans la classe et n'ont pas suivi les cours de formation Babble précédents, mais ont appris le coréen ailleurs.

À des fins d'évaluation, j'évalue la performance de l'étudiant sur la base de 15 points : 7 points pour la récitation des ressources, 5 points pour la fluidité et 3 points pour la présentation.

Pour l'évaluation des quiz du premier semestre, j'utilisais des quiz de vocabulaire de type dictée, mettant l'accent sur la capacité à écrire correctement le vocabulaire à l'écoute. Ce type de quiz était en partie motivé par le fait que le vocabulaire proposé dans les manuels que j'utilisais était limité, surtout pour les étudiants de niveau universitaire, et que je n'avais donc pas le temps d'en dicter la plupart pendant l'heure de cours.

À partir du deuxième semestre, j'ai intégré les mots anglais dans le questionnaire afin que les étudiants puissent écrire leurs équivalents en coréen. Les notes des questionnaires sont attribuées en fonction des bonnes réponses.

Cependant, depuis que je suis en mesure de fournir et de contrôler suffisamment de ressources linguistiques, outre le manuel, grâce aux «mots du jour», j'ai modifié le type de quiz. Dans ce nouveau type de quiz, à l'exception du tout premier quiz, où j'applique la dictée après la première leçon d'orientation en coréen, je pose toutes les questions de vocabulaire en coréen afin que les élèves puissent en écrire le sens en anglais.

De cette façon, le quiz est devenu plus facile pour les élèves, mais j'ai pu y ajouter beaucoup plus de questions. En se concentrant sur l'entraînement intensif au babble, les élèves devraient être capables de résoudre la plupart des questions et, par conséquent, le quiz ne devrait pas être une charge supplémentaire pour eux. Par conséquent, j'ai privilégié l'entraînement au babble plutôt que la maîtrise de l'écriture de caractères.

Pour chaque question de quiz jusqu'au quatrième semestre, je donne toujours des chiffres en coréen, en commençant par des numéros de faible niveau au début et en augmentant progressivement, afin que les étudiants puissent se familiariser rapidement avec le système numérique. Je propose également des questions par défaut que les élèves doivent écrire en coréen pour chaque quiz : l'année, le mois, la date, le jour et l'heure.

Les questions par défaut incluent également l'inscription de son numéro de téléphone ou de celui d'un ami, ainsi que de sa date de naissance ou de celle d'un ami en coréen. L'objectif de ces questions par défaut est de familiariser les élèves avec l'utilisation de base des nombres dans divers contextes en langue des signes, tout en précisant que les informations n'ont pas nécessairement besoin d'être exactes.

En fonction du niveau des étudiants, des tests de compétence orale sont fréquemment effectués tout au long du semestre par le biais de conversations avec des partenaires, d'OMT (Oran Matching Test) pour les examens de mi-session et finaux, de copies de la langue, de séances de rédaction en coréen, de séances de journal quotidien en coréen, ou en posant aux étudiants une série de questions, ou en leur demandant de faire des présentations courtes et longues.

La conception des cours et les méthodes d'évaluation de l'enseignement du français langue étrangère (FLE) doivent être adaptées à l'environnement éducatif et aux caractéristiques linguistiques de la langue étrangère. À cet égard, les éléments présentés ci-dessus peuvent servir de référence. Les environnements d'enseignement des langues étrangères varient selon les élèves, les établissements, les enseignants de langues étrangères, les politiques gouvernementales, la langue étrangère, etc. Par conséquent, les enseignants de langues étrangères doivent d'abord étudier les environnements proposés et développer les méthodes les plus efficaces pour dispenser un enseignement Babble efficace à chaque niveau avec les élèves.

3

Choses À Enseigner Avant L'apprentissage Du Babillage

J'ai précédemment souligné trois facteurs d'acquisition essentiels pour maîtriser une langue : l'intuition linguistique, les capacités physiques et les ressources linguistiques. Sans une synergie harmonieuse de ces facteurs, il est impossible d'acquérir la TL, ni d'atteindre un niveau élevé de maîtrise orale. Être fluide ici s'apparente davantage à un processus naturel de maîtrise de la TL qu'à un processus manuel ou artificiel. On pourrait forcer et actionner manuellement le cerveau et les organes de la parole pour assembler des expressions et les produire en s'appuyant sur la connaissance du système et des règles de la TL.

Cependant, être capable de produire manuellement des expressions maladroites ne suffit pas, en tant que professeurs et étudiants de langues étrangères, à se satisfaire après plusieurs années de cours de langues étrangères. L'objectif du FLE devrait donc être d'offrir un enseignement permettant aux étudiants d'acquérir les facteurs d'acquisition le plus efficacement possible. Pour cela, j'ai proposé le BTM comme le meilleur moyen d'aider les étudiants à acquérir ces facteurs d'acquisition simultanément. Le premier niveau du BTM est l'entraînement au bavardage.

Alors, combien et que devons-nous enseigner avant de vraiment commencer à apprendre à nos élèves à parler avec Babble Training?

Pour répondre à cette question, examinons d'abord le cas des nourrissons qui commencent à babiller. Ils ne reçoivent aucune information formelle sur la langue cible. Ils sont directement exposés à la langue, qu'ils ne comprennent pas au départ. On leur pose constamment le même type de questions, à de nombreuses reprises, même lorsqu'ils ne comprennent pas un mot. Puis, une fois qu'ils commencent à babiller, ils sont amenés à répéter leur babillage, car les personnes qui s'occupent d'eux aiment interagir avec eux. Ce n'est qu'au collège qu'ils apprennent les règles et le système de la langue.

De plus, les jeunes enfants qui commencent à apprendre une nouvelle langue à la maternelle ou à l'école primaire ne reçoivent pas d'enseignement formel sur son fonctionnement. Ils y sont plutôt exposés directement. Cette exposition directe les pousse à babiller. Ils se retrouvent confrontés à des situations où ils devraient dire quelque chose et commencent à imiter simplement ce que disent les autres dans une situation similaire. Ils ne peuvent pas exprimer de manière créative pendant longtemps, au moins pendant 6 à 12 mois. Leur prononciation peut paraître maladroite au début, mais elle s'améliore rapidement à mesure qu'ils répètent la même expression face aux difficultés. Ils babillent principalement lorsqu'ils s'entendent bien avec leurs amis, en répétant les mêmes expressions. Ils s'entraînent également au babillage lorsqu'ils sont seuls, en se parlant à eux-mêmes.

Parallèlement, les jeunes enfants qui apprennent la langue étrangère à l'école sans être confrontés à des expressions en langue étrangère par leur environnement présentent des aspects différents de l'acquisition du langage. Jusqu'à présent, je n'ai entendu parler d'aucune école qui enseigne intensivement la grammaire ou les règles de la langue étrangère aux enfants de l'école primaire ou plus jeunes.

Au lieu de cela, l'école enseignerait aux élèves de nombreuses expressions de la langue maternelle ou raconterait des histoires en langue maternelle. Dans ce cas, le niveau d'acquisition de la langue maternelle dépend des efforts individuels pour maintenir ces expressions grâce à des exercices de babillage répétés. Évidemment, comparé à un environnement où les enfants sont mis au défi de parler la langue maternelle au quotidien, l'acquisition de la langue maternelle est beaucoup plus longue, et la plupart d'entre eux n'y parviennent pas pour diverses raisons.

Ces observations montrent clairement qu'il n'est pas nécessaire de connaître le système et les règles de la TL pour débuter l'apprentissage du babble. Il est plutôt démontré que l'environnement dans lequel on se retrouve confronté à l'imitation ou au bavardage des expressions d'autrui joue un rôle essentiel dans l'acquisition du langage.

Par conséquent, sur la base des cas d'acquisition du langage chez les nourrissons et les jeunes enfants, fournir des ressources linguistiques sur lesquelles les élèves peuvent babiller et les confronter à babiller de manière cohérente semblent être les éléments clés du succès.

Cependant, selon l'âge des élèves, je pense que l'enseignement de certaines caractéristiques fondamentales de la TL pourrait être utile pour favoriser l'efficacité de l'acquisition. Pour les très jeunes élèves, comme les enfants de maternelle et d'école primaire, je pense qu'une exposition directe au babillage de la TL est plus appropriée que de tenter de leur enseigner les caractéristiques fondamentales de la TL avant de leur appliquer la méthode de traduction. En effet, ils sont trop jeunes pour comprendre ces caractéristiques et ne seraient pas en mesure de les utiliser correctement dans l'apprentissage de la TL.

D'un autre côté, pour les élèves d'âge supérieur au collège, je crois qu'un certain degré de connaissance préalable de la TL leur est utile pour babiller plus efficacement.

Alors, aux élèves de l'enseignement secondaire et supérieur, quelle quantité de ce que nous devrions enseigner pour les aider à babiller le plus efficacement possible?

Je pense qu'avant de commencer à enseigner le babble, les professeurs de langues étrangères devraient enseigner aux élèves les bases de la langue maternelle, nécessaires pour lire à voix haute et rechercher les formes lexicales de base dans le dictionnaire. Pour cela, il est important d'enseigner les lettres de l'alphabet et leur sonorité.

Il est également nécessaire d'enseigner les mécanismes de base de la formation des syllabes ou des caractères afin que l'élève puisse déchiffrer le son des mots à partir de chaque lettre. Une fois que les élèves seront capables de déchiffrer les sons en observant les mots, cela les aidera grandement à maintenir et à poursuivre leur babillage.

De cette façon, celui qui souhaite continuer le processus de babillage peut poursuivre le processus par lui-même sans avoir à toujours écouter le son.

En résumé, il est possible de pratiquer le babillage et de commencer à acquérir la TL sans préparation ni étude préalables. Sans connaissance de la langue, les élèves peuvent se concentrer davantage sur le babillage, notamment sur la compréhension des sons et des expressions entendus. Les élèves suivant un entraînement au babillage seront moins perturbés par l'absence de connaissance de la TL. Les élèves adultes bénéficieront de l'apprentissage, avant l'entraînement au babillage, de la compréhension des sons des mots et des phrases.

Par conséquent, si l'on insiste sur l'importance d'enseigner la TL aux élèves avant de commencer à enseigner le babillage, il faut se limiter à ce qui est nécessaire pour mener à bien le processus de babillage. Toutes les règles et le système de la TL doivent être acquises dans le cadre de l'intuition linguistique naturellement par les étudiants à travers le processus de babillage.

4

Types De Ressources Linguistiques

Avec le développement révolutionnaire des technologies, de nombreux types de supports FLE ont vu le jour. Une grande variété de livres, de supports audio, de vidéos et de ressources en ligne sur les langues étrangères sont disponibles et n'attendent que d'être consultés par nos étudiants.

De nombreux ouvrages traitent de la grammaire de la langue seconde, tandis que d'autres proposent des expressions utiles pour les voyages et les déplacements professionnels en langue seconde, ainsi que des dictionnaires d'expressions utiles. Les supports audio sont principalement constitués d'expressions conversationnelles, d'histoires ou de discours célèbres, et de supports multimédias reproduits tels que des films et des émissions de télévision. Les supports vidéo sont assez similaires aux supports audio, à l'exception des graphiques. Certains supports en ligne proposent des présentations interactives de la phonétique.

Aucun d'entre eux n'est inutile. Je suis convaincu qu'ils constituent tous d'excellents supports lorsqu'ils sont utilisés correctement. Je pense notamment qu'ils sont très utiles et nécessaires à l'acquisition de compétences en TL, selon les niveaux d'acquisition respectifs.

Cependant, s'ils sont utilisés sans discernement dans le processus d'acquisition des langues, ils pourraient causer de graves dommages à nos élèves.

Les ressources technologiques seraient-elles meilleures que celles d'autrefois? En tant que professeurs de langues étrangères, que devrions-nous prendre en compte pour choisir les ressources appropriées pour nos cours? Que recommanderions-nous à nos élèves pour l'apprentissage de nos langues?

Avant d'aborder la manière de gérer les différents types de matériels FLE, je crois que nous devrions d'abord réfléchir aux différents types de ressources linguistiques que nous devrions enseigner aux étudiants.

Allons-nous demander à nos étudiants débutants de babiller sur des ressources tirées d'histoires ou de discours célèbres? Ou allons-nous utiliser des articles de journaux en langue des signes pour leurs babillages? Et les scénarios de films ou de pièces de théâtre? Pouvons-nous introduire nos étudiants directement dans le monde des langues officielles des affaires? Et si nous commencions par des articles courts d'une ou deux pages à la fois pour permettre aux étudiants de babiller?

Pour répondre à ces questions, il convient de prendre en compte certains facteurs importants, notamment les objectifs des différents niveaux de babillage. L'objectif fondamental de l'enseignement du niveau 1 de l'Entraînement au babillage est d'aider les élèves à maîtriser simultanément les trois facteurs d'acquisition de la TL. Parmi ces facteurs, l'intuition linguistique peut être précisée par les intuitions sur le son, la structure des mots/phrases et l'utilisation de la TL. Par conséquent, cet objectif fondamental doit être considéré comme une condition prioritaire à remplir lors de l'acquisition d'un texte pour l'Entraînement au babillage de niveau 1.

Outre l'objectif du babillage, nous devons sérieusement considérer certains aspects pratiques : les activités doivent être réalisables, faciles, intéressantes, utiles, pratiques, efficaces et productives.

De plus, selon les situations, nous devons tenir compte de l'âge de nos élèves.

Pour un enseignement plus efficace, je pose l'hypothèse que les expressions les plus nécessaires peuvent être obtenues plus rapidement que les autres, moins nécessaires ; que les expressions réelles sont acquises plus rapidement que les expressions non réelles ; et que les expressions simples sont acquises plus rapidement que les expressions complexes. Les expressions les plus nécessaires sont déterminées individuellement par les élèves au fur et à mesure.

Par conséquent, nous devons toujours encourager les élèves à se poser des questions sur la façon de s'exprimer en langue des signes pour les expressions qu'ils souhaitent apprendre. Pour les expressions concrètes, les enseignants doivent tenir compte du niveau social des élèves, car elles peuvent varier selon les groupes. Par exemple, aucun adulte débutant en langue des signes ne trouverait pratique des expressions comme celles d'une mère et de son bébé. Autrement dit, aussi simple soit-elle, une expression ne serait pas assimilée rapidement et ne resterait pas longtemps si elle n'était pas pratique.

De plus, les expressions simples dans la forme ainsi que dans le sens de la TL doivent être considérées plutôt que les expressions compliquées ou sophistiquées lors du choix des expressions à présenter aux étudiants.

Compte tenu de l'objectif et de l'hypothèse de l'entraînement au babble, les ressources linguistiques à présenter aux étudiants doivent être concrètes, simples et essentielles. Pour cela, je propose d'enseigner l'entraînement au babble avec les ressources linguistiques issues des dialogues quotidiens. En particulier, dès le début de l'entraînement au babble, il est important d'enseigner les expressions communicatives fondamentales ou essentielles, comme la formulation de requêtes, de questions et de réponses.

Ensuite, grâce à un succès progressif basé sur ce démarrage, nous pourrons étendre les dialogues à différents types de situations sociales et professionnelles dans les niveaux de babillage suivants. Une fois que les élèves auront acquis les compétences de communication de base, il sera également judicieux d'utiliser des scénarios ludiques inspirés d'histoires de la vie quotidienne comme ressources linguistiques pour l'entraînement au babillage.

L'utilisation des ressources issues des dialogues de la vie quotidienne semble très naturelle et répond aux objectifs de l'apprentissage du babble ainsi qu'à la plupart, voire à la totalité, des questions pratiques mentionnées ci-dessus. Les expressions des dialogues sont relativement courtes et les structures mots/phrases sont donc simples et suffisamment faciles pour que les élèves s'approprient la langue naturellement sans avoir à se fier à la grammaire de la TL.

Bien sûr, comme les expressions de dialogue de la vie quotidienne sont courtes et structurées de manière simple, leurs caractéristiques sonores sont plus faciles à saisir pour les élèves. De plus, ils n'ont pas besoin de s'appuyer sur des connaissances grammaticales pour comprendre le sens de chaque expression.

Ainsi, les élèves peuvent répéter le babble facilement et de manière autonome s'ils sont déterminés à apprendre la langue. Le fait que les élèves puissent utiliser facilement les expressions qu'ils ont utilisées au cours du processus régulier d'entraînement au babble pour parler, même s'ils ne maîtrisent pas encore bien la langue, constitue un atout majeur pour l'utilisation des dialogues de la vie quotidienne comme ressources pour le babble. En effet, en acquérant des expressions utiles dans diverses situations grâce au processus d'entraînement au babble, les élèves peuvent les utiliser dans des situations similaires lors de visites ou de voyages au sein de la communauté de TL.

Comparé aux expressions de dialogue basées sur la vie quotidienne comme source de ressources, l'utilisation d'autres types de sources de ressources linguistiques telles que des articles de presse, des discours et des histoires célèbres, des films, des magazines, des romans, etc., peut être assez sèche, difficile et moins efficace pour la plupart des étudiants pour exécuter le babillage pour parler.

En observant le processus naturel d'acquisition du langage par les enfants, qui babillent à partir de dialogues basés sur la vie quotidienne, commencer l'entraînement au babble à partir de ressources issues d'expressions pratiques liées à la vie quotidienne semble tout à fait naturel.

De plus, sur la base de mes propres expériences d'enseignement du coréen comme langue étrangère à mes étudiants universitaires, et d'enseignement de l'anglais par moi-même, et sur la base des observations sur les résultats décevants de tant de personnes qui ont étudié la TL avec des programmes télévisés, des films et d'autres médias audio généraux dès le début, et d'autres qui ont commencé à apprendre la TL avec la grammaire, la lecture ou l'écoute dès le début, je crois que l'entraînement Babble des dialogues basés sur des activités quotidiennes est très efficace.

De plus, de nombreuses personnes qui ont lu mon humble livre, dont le titre anglais est *New TESL Plus*, qui a été publié en coréen en 2005, et qui ont effectué le BTM basé sur le dialogue avec mes suggestions du livre, m'ont envoyé des messages confirmant que cela avait vraiment bien fonctionné pour eux.

Concernant les types de ressources, je pense que les livres et les supports audio sont les plus efficaces pour l'apprentissage de la langue étrangère. En revanche, les vidéos et les supports Internet sont moins efficaces.

5

Éléments À Prendre En Compte Avant De Choisir Le Matériel De Texte

Les méthodes traditionnelles de FLE n'étant pas vraiment axées sur l'enseignement de la compétence orale, peu de supports pédagogiques ont été produits à cet effet. Des milliers de ressources de référence pour le FLE existent. Ces outils sont conçus et publiés pour répondre aux besoins des méthodes traditionnelles de FLE : principalement des ouvrages de grammaire, de lecture et de compréhension orale de différents niveaux, récemment commercialisés. Cependant, peu de supports d'étude sophistiqués, conçus pour permettre aux étudiants de réussir le processus naturel de formation Babble pour acquérir la compréhension orale, ont été introduits dans le domaine du FLE.

Par conséquent, changer les tendances traditionnelles du FLE en Babble Training La méthode peut s'avérer complexe selon les langues. En tant que professeurs de langues étrangères, il nous incombe principalement de choisir le matériel didactique et les méthodes d'enseignement de nos langues. Selon les langues, nous pouvons même envisager de développer nous-mêmes certains supports, si nous ne trouvons pas de matériel adapté aux élèves.

En réalité, la tâche d'élaboration de manuels scolaires dépasse le cadre d'un enseignant individuel. L'enseignement du français langue étrangère (FLE) nécessitant plusieurs années de travail dans différents niveaux scolaires, il exige une préparation systématique, non seulement pour les rédacteurs des manuels, mais aussi pour les concepteurs de programmes de FLE à tous les niveaux scolaires. Sans une telle conception systématique et des liens entre les différents niveaux scolaires, il serait très difficile de maintenir la continuité et la cohérence des cours de FLE à tous les niveaux scolaires.

Les idées les plus fondamentales pour nous, professeurs de langues étrangères, concernant l'élaboration ou le choix des manuels scolaires peuvent s'inspirer de la manière dont les professeurs de piano élaborent ou choisissent les manuels scolaires destinés à leurs élèves. En effet, le processus d'apprentissage des langues étrangères devrait être identique à celui du piano.

Supposons maintenant qu'il existe différents types d'ouvrages de référence que nous pouvons utiliser et réfléchissons à certains problèmes que nous devrions prendre en compte pour sélectionner les supports de texte à enseigner aux étudiants conformément à la méthode Babble Training.

Premièrement, l'expression doit correspondre au niveau de capacité physique des élèves à pratiquer la TL. Par exemple, pour les débutants, chaque ligne des ensembles d'expressions doit être courte et suffisamment facile pour permettre un babillage.

L'un des objectifs principaux du tout premier niveau de Babble Training est d'aider les élèves à acquérir une intuition du système sonore de la TL grâce à l'acquisition d'expressions très simples. Cette intuition fait également partie de la capacité physique à s'exprimer à l'oral.

Un autre objectif du niveau débutant de Babble Training est d'acquérir des compétences de prononciation. La reconnaissance naturelle du système sonore et la prononciation de la langue cible peuvent être acquises grâce à Babble Training, à partir d'expressions courtes et faciles. Par conséquent, choisir des textes contenant des dialogues très complexes pour les débutants n'est pas une bonne idée.

Deuxièmement, il est essentiel de disposer d'un ensemble audio. L'utilisation de tels ensembles est particulièrement utile pour ceux qui souhaitent s'auto-enseigner la langue étrangère. Suivre un entraînement Babble seul sans les prononciations de locuteurs natifs est inefficace et chronophage. On peut également se retrouver avec des prononciations incorrectes. Les enseignants de langue étrangère, comme ceux qui s'auto-enseignent, sont bien sûr des professeurs de langue étrangère.

De plus, les parents qui enseignent la langue étrangère à leurs enfants sont également des enseignants de langue étrangère. De plus, les fichiers audio du programme d'entraînement au babble de niveau 1 devraient mieux intégrer les explications de la langue maternelle sur la signification des expressions et sur la capacité à produire certains sons difficiles de la langue maternelle. Cela facilitera grandement le babillage des élèves après les expressions, en les écoutant uniquement, à tout moment et en tout lieu. Si les fichiers audio ne contenaient que des expressions de langue maternelle, sans explications détaillées sur leur signification et leur prononciation, les élèves débutants seraient trop débordés pour écouter et babiller dessus.

L'importance des supports audio réside également dans le fait que les élèves doivent pouvoir écouter et babiller les expressions à tout moment et où ils le souhaitent, en dehors de la salle de classe. En effet, les supports audio sont indispensables pour l'entraînement au babillage, en complément des activités quotidiennes. C'est pourquoi ils sont largement préférés aux supports vidéo ou aux supports internet : les supports audio sont portables, mais ces derniers le sont moins. C'est là l'enjeu principal du BTM : les élèves doivent pouvoir répéter l'entraînement au babillage autant de fois que possible.

De plus, l'ensemble audio est fortement recommandé aux enseignants qui ne maîtrisent pas la langue maternelle. Les enseignants non natifs qui ne maîtrisent pas couramment la langue maternelle devraient recommander l'utilisation de l'ensemble audio aux élèves pour l'entraînement au babble. Bien qu'il soit très rare aux États-Unis qu'une langue étrangère soit enseignée par des enseignants non natifs, Même si les enseignants ne maîtrisent pas couramment la langue des signes, il est encore très courant dans d'autres pays que des enseignants non natifs ou ne maîtrisant pas la langue des signes enseignent cette langue à leurs élèves. Jusqu'à présent, cela a été rendu possible grâce aux enseignants de langues étrangères qui enseignent principalement la grammaire et la lecture en langue des signes à l'école. Ils peuvent ainsi enseigner la grammaire et la lecture sans avoir à maîtriser la langue des signes.

Troisièmement, les expressions de dialogue doivent être réalistes et utilisables au quotidien par les élèves. En particulier pour les élèves débutants, les dialogues doivent être réalistes afin qu'ils puissent les utiliser fréquemment après une formation suffisante au babble. Les débutants devraient commencer à acquérir autant d'expressions instrumentales [28]que possible de la TL plutôt que des expressions trop sophistiquées.

L'un des avantages du BTM est qu'après l'entraînement au babble, les élèves peuvent utiliser les expressions apprises à l'école dans la vie réelle, même sans maîtriser complètement la langue des signes. Même après un semestre environ, les élèves devraient pouvoir utiliser les expressions courantes avec aisance. Par conséquent, le niveau débutant du matériel d'entraînement au babble doit introduire

---

[28] Les expressions instrumentales font ici référence aux expressions nécessaires pour poursuivre les communications nécessaires à la survie dans la communauté TL.

autant d'expressions instrumentales que possible afin que les élèves puissent les utiliser efficacement, même après une courte période d'apprentissage de la langue des signes.

Quatrièmement, les ressources linguistiques présentées aux élèves doivent être contemporaines et conformes au registre standard de la langue. Les langues sont très spécifiques à la culture et aucune langue n'est indépendante des cultures contemporaines du pays. De plus, les différents groupes communautaires ont tendance à partager des registres linguistiques différents. Par conséquent, les expressions de dialogue doivent être mises à jour conformément au registre standard contemporain de la langue d'apprentissage.

Autant que possible la variété des situations de la vie réelle et des expressions idiomatiques. Il devrait introduire diverses expressions issues de sources diverses et difficilement transposables dans d'autres langues. Plutôt que de pratiquer des exercices basés sur des modèles de phrases spécifiques, il devrait introduire des phrases de structures variées et des expressions idiomatiques afin que les élèves puissent progresser dans les spécificités de la langue. Les exercices axés sur les modèles, qui ne sont pas par nature une manière productive de parler, retarderaient en quelque sorte la progression de l'entraînement au babillage.

6

Rôles D'un Enseignant BTM

Le niveau 1 de Babble est l'entrée dans l'apprentissage du babble, l'étape la plus fondamentale et la plus importante pour l'acquisition du langage. En observant l'acquisition de la langue maternelle par les enfants, 100 % de l'apprentissage du langage se fait par le biais de l'apprentissage du babble vers 36-40 mois. De nombreux enfants semblent acquérir la langue maternelle dès 30 mois environ. Ni lecture, ni écriture, ni écoute de radio, ni télévision, ni grammaire ne sont nécessaires pour acquérir la langue maternelle.

Toutes les activités langagières, telles que la lecture, l'écriture et la télévision, pratiquées par les enfants après l'acquisition de la langue maternelle, améliorent naturellement leurs compétences linguistiques. Ce processus d'amélioration, grâce à la lecture de centaines de livres, à la rédaction de nombreux journaux et rapports scolaires, au visionnage de films et à l'étude de la grammaire, se poursuit tout au long de leurs études. L'entraînement au babble est donc essentiel à l'acquisition de la langue maternelle. Ceux qui réussissent l'entraînement au babble parlent couramment la langue maternelle, tandis que ceux qui échouent restent au mieux des lecteurs de langue maternelle.

Alors, comment réussir à amener les élèves à commencer et à poursuivre l'apprentissage du babillage? Nous connaissons parfaitement le fonctionnement des interactions entre l'animateur, les soignants, principalement les parents, et le bébé. L'animateur a tendance à exagérer la plupart des caractéristiques linguistiques et non linguistiques du bébé. De plus, il commence l'interaction par des mots très simples décrivant ce qui se passe ou se passe sous ses yeux. Aucun manuel ni expression toute faite n'est utilisé. Tout est instantané. Dans le processus d'acquisition de la MT, les interactions entre l'animateur et le bébé sont très naturelles.

Cependant, l'environnement des cours de FLE est très différent de celui des cours de langue maternelle. Au lieu d'un contexte très flexible, individuel et réel, les cours de FLE se déroulent dans des contextes plus restreints, individuels et artificiels. Cependant, l'intelligence plus développée des élèves et leur meilleure compréhension peuvent réellement atténuer l'ombre d'un tel environnement.

Alors, comment concevoir nos cours de langue pour que les étudiants puissent utiliser efficacement le Babble Training? Devrions-nous jouer le rôle d'animateurs dans le processus d'acquisition de la traduction automatique? Ou devrions-nous jouer le rôle de coach Babble Training, comme un entraîneur de football américain qui dirige une équipe de football? Ou encore, devrions-nous jouer le rôle d'un professeur d'université donnant des cours magistraux sur des sujets très pointus?

En tant que professeurs de langues étrangères, nous devons comprendre que le secret de l'entraînement au babble ne réside pas dans une préparation optimale aux examens, mais dans une adaptation et une amélioration constantes grâce à des efforts constants et répétitifs. En effet, l'acquisition d'une langue ne repose pas tant sur l'intelligence que sur des efforts constants et rigoureux. Grâce à ces adaptations, les élèves développent l'intuition linguistique, les capacités physiques et les ressources linguistiques nécessaires à l'acquisition de la langue. Par conséquent, le cours de babble doit être conçu de manière à ce que les élèves soient tenus de pratiquer l'entraînement au babble quotidiennement, tout au long du semestre et de l'année, en classe comme en dehors.

En ce qui concerne les rôles que nous devrions jouer en tant que professeurs de langues étrangères, bons ou mauvais, nous devrions être capables de les assumer parfaitement. Autrement dit, nous devrions être capables d'être un bon animateur, un bon coach et un professeur au moment opportun. Pourtant, je pense que les rôles d'animateur et de coach sont la plupart du temps indispensables pour être professeur de langues étrangères. Concevoir un plan de cours efficace et encadrer les étudiants pour qu'ils le suivent sont, à mon avis, les plus importants.

Maintenant, quel serait un cours de babble efficace en français? Comment pouvons-nous amener les étudiants à suivre un entraînement de babble quotidien? Je vais vous présenter quelques idées d'enseignement de cours de babble en français, principalement inspirées de mes cours de coréen. Ce cours est mis à jour chaque année grâce aux enseignements que j'ai tirés des cours des années précédentes. Je le trouve très efficace dans le contexte de mon université.

En citant quelques exemples de mes pratiques en classe, je ne prétends pas que mes méthodes soient les plus efficaces. Les classes peuvent différer les unes des autres pour de nombreuses raisons, telles que l'âge des élèves, leur nombre, le nombre d'heures de cours par semaine, leur niveau, leur engagement et leurs efforts, etc. Je dis plutôt qu'il faut concevoir la classe de babble de la meilleure façon possible, dans un contexte donné, afin que les élèves puissent apprendre la langue d'apprentissage le plus efficacement possible.

7

Rôles D'un Leader De Babillage

Le rôle premier et fondamental des professeurs de langues étrangères dans les cours de formation au babble est celui d'animateur. En tant qu'animateur, l'enseignant doit présenter aux élèves des ressources linguistiques composées d'expressions dialoguées issues de sources variées.

Les modalités de présentation des ressources linguistiques aux élèves peuvent varier selon leur âge et leur niveau : primaire, collège, lycée et université, respectivement pour les niveaux débutant, intermédiaire et avancé. Plus les élèves sont jeunes, plus la présentation visuelle est nécessaire, car apprendre les expressions uniquement à partir des manuels scolaires peut s'avérer fastidieux.

Cependant, pour les étudiants adultes, comme les étudiants universitaires, je pense qu'une présentation simple et directe, tirée des manuels, serait plus efficace pour se concentrer. Mes étudiants semblent jusqu'à présent satisfaits de ce type de présentation. Par conséquent, du moins pour les étudiants universitaires, il semble judicieux pour l'enseignant de présenter les expressions, en classe, aux élèves en leur montrant l'exécution précise de chaque ligne, principalement sur les sons et parfois les gestes nécessaires, et en utilisant des ressources telles que les mots, les expressions idiomatiques, les locutions, les propositions et les phrases.

Si l'enseignant n'est pas un locuteur natif ou ne parle pas couramment la langue des signes, il peut utiliser des équipements audio ou vidéo pour présenter les ressources linguistiques aux élèves. De plus, si l'on souhaite s'auto-enseigner la langue des signes, il faut se considérer comme un enseignant non natif et ne parlant pas couramment la langue des signes et utiliser ces équipements comme un animateur pour se présenter les ressources.

Pour les élèves débutants, par exemple, la démonstration devrait commencer en mode lent afin qu'ils puissent l'imiter. Ensuite, une fois les sons assimilés, ils devraient être initiés au mode oral normal pour le babillage.

De plus, une formation intensive pour que les étudiants puissent exprimer les ressources aussi clairement et aussi couramment que possible est très importante à ce stade. Si nécessaire, des explications et des démonstrations détaillées sur l'articulation des sons difficiles peuvent être proposées. C'est à ce moment-là que l'enseignant de langues étrangères peut être amené à exagérer les sons et les gestes de ces mots, comme le ferait un animateur pour aider un bébé à apprendre à prononcer le son.

Démonstration suffisante des ressources ou des expressions de dialogue, généralement deux à trois fois, les élèves auront l'occasion de répéter la démonstration de l'enseignant à quelques reprises, voire plus si nécessaire. Ils seront ensuite invités à lire les expressions sous la supervision de l'enseignant, qui corrigera les éventuelles malarticulations. Ainsi, les élèves seront prêts à pratiquer le Babble Training par eux-mêmes en dehors de la classe.

Pendant la lecture, l'enseignant doit écouter et conseiller l'élève pour corriger les sons mal prononcés, le cas échéant, en lui expliquant la raison de ces erreurs et en lui montrant comment les corriger. Cette séance d'adaptation permet aux élèves de travailler sur l'adaptation et l'amélioration de leur capacité physique à articuler les mots et les expressions. Les autres élèves de la classe devraient également bénéficier indirectement de ces explications et de cette démonstration.

Plus le niveau d'entraînement au babble est bas, plus cette séance d'adaptation est longue. De plus, elle est essentielle car la répétition de l'entraînement au babble sur des prononciations incorrectes peut entraîner les élèves à développer une mauvaise habitude de prononciation incorrecte. Cela peut également entraîner une perte d'efficacité dans l'exécution du babble.

Après la séance d'adaptation, l'enseignant propose des informations linguistiques complémentaires, basées sur le sens, sur les composants de la phrase, tels que les morphèmes, les mots, les expressions idiomatiques, les expressions apparentées, etc. La plupart des particules et conjugaisons peuvent être expliquées en expliquant leur signification, sans nécessiter de longues explications grammaticales. Ainsi, les élèves apprendront le système de règles une par une, cas par cas, au cours du processus d'acquisition. Lors de l'apprentissage du babble, une approche grammaticale systématique des ressources présentées en classe n'est pas nécessaire et doit être évitée, car elle pourrait détourner l'intérêt des élèves.

À la fin de chaque chapitre, les élèves doivent être évalués sur la récitation des dialogues du chapitre. Cette évaluation ne vise pas seulement à vérifier l'état de la mémoire des élèves, mais aussi la qualité des ressources retenues. Selon le niveau d'acquisition des expressions, la fluidité, la vitesse, les articulations et la confiance en la récitation varient. La récitation mémorisée se caractérise par un ralentissement important du processus de parole, une articulation des sons assez maladroite et un manque de confiance en soi.

De l'enseignant de langues étrangères en tant qu'animateur, tel qu'illustré ci-dessus, se poursuit. Cependant, à mesure que l'élève acquiert de nouvelles compétences, son rôle doit être flexible et adapté, tout comme celui des parents, qui évolue en fonction du niveau d'acquisition de leurs enfants.

De plus, à la fin de chaque chapitre, les élèves doivent être testés sur le vocabulaire et les expressions idiomatiques utilisés. Ainsi, le rôle de l'enseignant en tant qu'animateur d'un chapitre ou d'un ensemble d'expressions dialoguées est complété.

8

Rôles D'un Coach Babble

À mesure que Babble Training progresse leçon après leçon, le rôle de coach de babble s'ajoute à celui de leader de babble. Il s'agit d'accompagner les élèves dans la maîtrise des expressions, afin qu'ils maintiennent et améliorent leur niveau d'acquisition. Le rôle de coach consiste davantage à enseigner aux élèves ce qu'ils doivent faire et comment le faire en dehors des cours.

L'entraînement répété au babble ou la pratique des expressions utilisées dans les leçons ne suffit pas à permettre aux élèves d'acquérir les ressources nécessaires. Selon le degré d'acquisition, les compétences linguistiques des élèves pour utiliser naturellement les expressions en situation réelle varient.

De plus, plus les élèves retiennent d'expressions nombreuses et de qualité, plus ils assimilent la langue rapidement et facilement. De même, plus l'apprentissage du babble est précis, plus l'intuition linguistique et la capacité physique à pratiquer la langue étrangère sont développées. Par conséquent, aider les élèves à maintenir l'apprentissage du babble sur les ressources linguistiques présentées en cours est une tâche essentielle, tout comme le rôle de l'enseignant de langues étrangères.

Au fil des cours de langues étrangères, le nombre de leçons abordées augmentera, tout comme la quantité de ressources linguistiques à retenir pour chaque étudiant. Au début, la difficulté d'obtenir ces ressources est faible, mais elle augmentera progressivement.

Si les élèves n'acquièrent pas les ressources à temps et au fur et à mesure de leur progression en classe et remettent leur travail à plus tard, ils risquent d'être submergés par la quantité d'expressions accumulées et de perdre courage. Il est donc crucial d'aider les élèves à gérer leur temps et leurs efforts au bon moment, en fonction de leurs progrès en classe.

Je suis convaincu qu'un accompagnement efficace pour aider les étudiants à gérer leur temps et leurs efforts commence par la conception des cours et les méthodes d'évaluation. Selon la conception des cours et les méthodes d'évaluation, les compétences linguistiques des étudiants en apprentissage par l'écrit peuvent varier considérablement. En particulier, quelle que soit la conception des cours, les méthodes et les objectifs de l'évaluation influencent considérablement les attitudes fondamentales des étudiants face à l'apprentissage.

Si l'évaluation, par exemple, demandait principalement aux étudiants de compléter les mots entre parenthèses pour les quiz et les examens, les étudiants développeraient leurs propres stratégies d'étude uniquement pour être capables de comprendre et d'écrire les mots corrects entre parenthèses, ce qui n'est pas très efficace en termes de compréhension de la TL.

De plus, si les évaluations se concentraient sur des sujets variés comme la grammaire, le vocabulaire, la compréhension écrite et l'expression écrite, les élèves seraient contraints de diversifier leurs efforts sans pouvoir se concentrer sur des domaines particuliers. En résumé, pour les élèves, l'acquisition ou non de la compréhension écrite ne saurait être plus importante que l'obtention de notes élevées aux examens. Autrement dit, ils se soucient davantage de la manière d'obtenir de bonnes notes aux examens que de toute autre chose.

Par conséquent, les enseignants de langues étrangères doivent veiller à ne pas disperser l'attention des élèves sur plusieurs sujets en appliquant une politique d'évaluation inefficace. Au contraire, toutes les évaluations doivent être cohérentes et axées sur l'essentiel du cours. Par exemple, pour les cours de Babble Training to Talk, les évaluations des leçons, des quiz, des partiels et des examens finaux doivent être conçues de manière à ce que les élèves puissent les gérer efficacement en concentrant leurs efforts sur Babble Training to Talk.

Dans mon cas, j'évalue les élèves du cours Babble Training en récitant chaque leçon, en révisant, en révisant et en terminant, ainsi qu'en effectuant des quiz pour chaque leçon, chaque partiel et chaque final. L'évaluation des deux premiers semestres, en particulier, exige une concentration maximale des élèves, car elle inclut des expressions du semestre précédent. Par conséquent, les élèves qui s'efforcent d'assimiler pleinement les expressions présentées en cours réussiront toutes les évaluations.

Hormis l'évaluation de révision après chaque leçon, les élèves sont censés être testés sur toutes les expressions enseignées en classe lors de la récitation quotidienne, de la récitation de mi-session et de la récitation finale. Il en va de même pour les quiz. Je leur présente et recommande vivement des idées pour acquérir et maintenir efficacement les expressions de plus en plus nombreuses, ainsi que pour améliorer leurs capacités physiques. De plus, sur la base des conseils du coach et en fonction de leur environnement individuel, les élèves développent leurs propres stratégies pour maintenir l'acquisition des expressions.

De plus, même s'il ne s'agit pas d'une méthode d'évaluation, je prends toujours le temps de communiquer avec les élèves en utilisant certaines expressions déjà présentées. Cela leur permet de se ressourcer. Grâce à cette stimulation, je les incite à améliorer leurs performances au point de pouvoir utiliser ces expressions dans des situations réelles. De plus, je les encourage à se sentir gratifiés de pouvoir communiquer avec moi en coréen en si peu de temps.

Lors de l'entraînement au babble, je recommande vivement aux élèves d'écouter régulièrement tous les dialogues présentés en classe et de babiller les expressions autant de fois que possible, la bouche grande ouverte. Ils n'ont pas besoin d'être dans une bibliothèque ou un endroit calme pour cela. Ils peuvent suivre cet entraînement au babble presque n'importe où et à n'importe quel moment de la journée s'ils sont vraiment motivés par l'apprentissage de la langue des signes. Cela améliorera leurs compétences d'écoute et d'expression orale avec une grande précision.

Je recommande également aux élèves de ne pas consacrer du temps et des efforts, dès le début, à utiliser les expressions apprises en classe comme modèles de base pour l'exercice, en remplaçant certains mots par de nouveaux afin d'en modifier l'usage ou le sens. Je leur propose plutôt de suivre un entraînement au babble pour l'écoute et l'expression orale s'ils en ont le temps. En effet, une fois que les élèves auront maîtrisé diverses expressions de manière qualitative, il ne leur restera plus qu'à acquérir du vocabulaire pour pouvoir les utiliser correctement dans des situations similaires.

Par conséquent, pour être efficace, il est plus important de consacrer du temps et des efforts à l'acquisition d'expressions plus nombreuses et de meilleure qualité plutôt qu'à l'exercice d'utiliser des expressions mal acquises dans différentes situations. L'un des objectifs principaux de l'entraînement au babble étant d'acquérir la capacité physique nécessaire pour pratiquer la TL naturellement, il est essentiel de se concentrer sur le développement de cette capacité plutôt que de se concentrer sur des exercices d'expansion de modèles maladroits. Se concentrer sur ces exercices retarderait l'acquisition de nouveaux dialogues adaptés à diverses situations, ce qui, à terme, retarderait l'acquisition de la TL. De plus, les exercices d'expansion de modèles peuvent être facilement réalisés par les élèves individuellement. Il est donc préférable, pendant le cours, de fournir aux élèves un plus grand nombre de ressources linguistiques de haute qualité.

En résumé, pour l'enseignement du Babble Training de niveau 1, les rôles des enseignants de langues étrangères, y compris les autodidactes et les parents d'élèves apprenant des langues étrangères, peuvent se résumer à ceux d'animateur et de coach. L'animateur est chargé d'introduire continuellement de nouvelles ressources linguistiques de manière efficace afin que les élèves puissent acquérir les compétences linguistiques appropriées ; le coach est chargé de concevoir et de gérer des systèmes d'apprentissage de l'anglais langue étrangère (FLE) permettant aux élèves de répéter continuellement le processus de Babble Training sur les ressources nouvelles et anciennes, afin qu'ils acquièrent avec succès l'intuition linguistique, les capacités physiques et les ressources linguistiques nécessaires à l'acquisition de la langue étrangère.

9

Apprendre À Comprendre Les Expressions

Saisir des expressions en français langue étrangère sans en comprendre le sens n'a aucun sens. Les élèves doivent comprendre le sens avant d'acquérir une expression. Par conséquent, les professeurs de français langue étrangère doivent enseigner le sens de chaque expression. Ils doivent également apprendre aux élèves à comprendre ce sens. C'est pourquoi les grammairiens affirment que l'enseignement de la grammaire est nécessaire à la compréhension des élèves. Ils ne pensent pas que les élèves puissent comprendre le sens des expressions sans appliquer l'analyse grammaticale à la phrase.

Cependant, l'une des principales idées reçues de ceux qui insistent sur l'enseignement de la grammaire en FLE est que les élèves ne peuvent comprendre des phrases sans connaissance grammaticale de la langue seconde. La plupart des expressions de la vie quotidienne sont simples et faciles à comprendre. Elles ne sont ni très techniques ni complexes. Ainsi, grâce à l'apprentissage du babble, les élèves peuvent facilement comprendre les caractéristiques linguistiques générales de la langue seconde en apprenant simplement le sens de chaque élément de la phrase et le sens de la phrase elle-même. Il n'est pas nécessaire de suivre des programmes de grammaire intensifs dès le début.

Les exemples suivants montreront à quel point il est facile de comprendre la signification des expressions FL sans avoir à se fier à la grammaire connaissance de TL :

A : Hi how are you?
　　Salut, comment ça va
　　Salut comment ça va?
B : Hi how are you?
　　Salut comment vas-tu?
A : The weather is very good, isn't it?
　　Météo—marqueur de sujet très bon—question rhétorique
　　Il fait très beau, n'est-ce pas?
B : Yes, it is　　　very　　good.
　　Oui,　　　　　très　　bien.
　　Oui, c'est très bien.
A : What did you have　　for the lunch　　　　today?
　　Qu'est-ce que tu as eu pour le déjeuner　　aujourd'hui?
Qu'est-ce que tu as eu pour le déjeuner aujourd'hui?
B : I　　　ate　　　　　pasta.
　　Je　　a mangé　　　pâtes.
　　J'ai mangé des pâtes.
A : Do you have a lot　of things to do　coming week end?
　　As-tu beaucoup　　des choses à faire le week-end prochain?
As-tu beaucoup de choses à faire le week-end prochain?
B : No,　　not thing to do　　　particularly.
　　Non,　pas de choses à faire　particulièrement
Non, rien de particulier à faire.
A : Then,　what will you do on　coming week end?
　　Alors　que feras-tu le　　　le week-end prochain?
　　Alors, que vas-tu faire　　　le week-end prochain?
B : I would like　to take a deep rest　in a long time.

Je voudrais prendre un repos profond   depuis longtemps

Je voudrais prendre un repos profond pendant longtemps.

Comme indiqué ci-dessus, en détaillant le sens des mots, expressions idiomatiques et particules, le sens de la plupart des phrases devient évident. Certaines ambiguïtés peuvent ensuite être levées en expliquant que les pronoms familiers peuvent être supprimés en coréen, tout comme en anglais, on supprime parfois des éléments clairement compris d'une phrase, comme «Bonne chance».

Même si j'ai utilisé ici quelques exemples coréens, je pense que toutes les langues humaines peuvent être abordées de la même manière. Dans les exemples ci-dessus, j'ai utilisé des termes grammaticaux comme le marqueur de sujet et le passé afin de faciliter la compréhension des particules. Cependant, je n'ai pas voulu introduire la grammaire pour expliquer le sens des expressions. Ces termes peuvent être remplacés par des termes plus courants pour s'adapter au niveau de compréhension des élèves.

À mesure que les élèves collectent des expressions sur des sujets variés, ils apprennent divers types de structures régulières, en plus des expressions qu'ils utilisent au quotidien. En identifiant les structures régulières de domaines linguistiques spécifiques tels que le temps, le nombre, l'aspect, l'emploi honorifique, le cas, etc., selon les langues, ces découvertes, issues de la collecte d'expressions de la langue d'apprentissage, s'accumulent au cas par cas et contribuent à l'intuition linguistique des élèves. Ainsi, ils appréhendent facilement les structures des caractéristiques linguistiques qui leur sont le plus souvent présentées, comme le cas, le temps, le nombre, etc.

Vers la fin du premier semestre, je donne habituellement un cours spécial sur certains types de structures récurrentes, comme le temps, le cas et les particules, dans les formes honorifiques du discours coréen. Avant de donner un cours spécial sur un type de structure spécifique, je tiens à préciser que mon exposé vise uniquement à aider les étudiants à comprendre certains phénomènes récurrents ;

les étudiants ne seront pas évalués sur les sujets de mon cours spécial ; par conséquent, ils ne doivent pas craindre de ne pas connaître ou comprendre ces phénomènes.

Si je donne un cours si spécial aux étudiants, c'est principalement parce que la classe est composée d'étudiants dont la compréhension et les capacités d'apprentissage sont pleinement développées et qui, disposant de peu de temps pour étudier le coréen, doivent encore commencer le niveau de base de Babble Training pour parler. C'est pourquoi, pour les jeunes élèves, comme ceux de l'école primaire ou du collège, qui suivent des cours de langue étrangère sur une longue durée, je n'envisagerais pas de leur donner un cours aussi spécial, mais je me concentrerais uniquement sur l'offre d'un Babble Training aussi efficace que possible.

10

Choses À Surveiller

Comme c'est le cas pour beaucoup de choses dans notre vie, un bon départ C'est également très important pour les professeurs de langues étrangères comme pour les étudiants. Je constate systématiquement que les étudiants qui ont manqué le tout premier cours de chaque semestre dans mon programme ont du mal à suivre. Ils ont tendance à ne pas comprendre ce que j'essaie d'enseigner.

Lors du premier cours de chaque semestre, comme la plupart des autres enseignants, je présente toujours aux étudiants mes projets pour le semestre. J'explique à la classe comment je dirigerais le cours, comment les étudiants doivent s'y préparer, ce que j'attends d'eux, les méthodes d'évaluation et les choses à éviter.

Parmi les choses à éviter, surtout en début de cours, les élèves doivent éviter de prendre l'habitude de compléter les sons des mots avec leurs propres symboles phonétiques. D'après mon expérience, les élèves qui complétaient les sons des mots avec des symboles phonétiques étaient toujours les plus lents à lire. De plus, leurs capacités d'articulation étaient généralement plus faibles que celles des autres élèves. Il leur fallait toujours beaucoup plus de temps pour comprendre les sons individuels des lettres ou des caractères.

En général, dans ma classe, les élèves commencent à lire le coréen en trois semaines environ. En quatre à cinq semaines, ils lisent le coréen avec fluidité et précision. Cependant, ceux qui ont pris l'habitude de gloser les sons avec des symboles phonétiques ont mis plus de huit semaines à maîtriser la lecture, et certains ne lisent toujours pas très bien après le premier semestre. Cette habitude de gloser les sons diminue l'attention des élèves à mémoriser les sons des lettres ou des caractères pendant le cours. Lorsqu'ils étudient, ils se fient à la glose, qui ne reflète pas vraiment les sons réels. Ils créent donc des sons différents et développent de mauvaises habitudes de prononciation.

De plus, les élèves doivent éviter de s'arrêter au moment de mémoriser ou de réciter les expressions. La différence entre mémoriser, réciter et acquérir des expressions réside dans la mesure où les élèves pratiquent suffisamment l'entraînement au babble. Entre la mémorisation et l'acquisition des expressions se trouve la récitation. Si la mémoire se résume à un simple souvenir, la récitation se résume à une reproduction temporelle, et l'acquisition à une communication productive.

On ne peut maîtriser une langue avec aisance en se basant uniquement sur la mémoire ou la récitation temporelle. Seules les compétences linguistiques acquises permettent de parler couramment. Une méthode efficace pour apprendre aux élèves à parler est de les entraîner à pratiquer le babillage de manière continue sur les expressions mémorisées et récitées.

Un moyen de déterminer si les efforts d'un élève en matière de babillage se situent au niveau de la mémorisation, de la récitation ou de l'acquisition. Généralement, les élèves ne peuvent pas prononcer couramment les expressions mémorisées en raison de problèmes liés à un manque d'entraînement au babillage, tels que des erreurs de prononciation, un manque de confiance en soi, un manque de compétences, etc. De plus, on peut facilement observer les efforts manuels des élèves pour retrouver les expressions de mémoire. De plus, la différence entre les expressions récitées et les expressions acquises peut être constatée grâce à des évaluations de révision répétées au fil du temps et à une interaction naturelle avec l'élève utilisant les expressions du sujet.

Outre les difficultés de glose et de mémorisation, ainsi que les problèmes de récitation temporelle, les élèves qui prononcent le babillage avec une prononciation incorrecte doivent être corrigés. Dans le cas contraire, ils risquent de rester bloqués sur la structure particulière des sons et auront du mal à les corriger ultérieurement.

Il convient également de corriger les difficultés d'apprentissage du babillage avec la bouche rétrécie et la voix affaiblie. Il convient d'encourager les élèves à pratiquer le babillage la bouche grande ouverte et à voix suffisamment forte, ce qui facilite grandement la prononciation. Il convient de rappeler régulièrement aux élèves que la fluidité et la maîtrise de la communication orale dépendent entièrement de la manière de parler.

Certains élèves persistent dans leurs anciennes habitudes d'apprentissage des langues étrangères en s'appuyant sur des ouvrages de référence grammaticaux et ne s'attardent pas sur le babillage. Ils pensent en effet qu'acquérir des connaissances sur les règles et les systèmes de la langue étrangère serait le moyen le plus efficace d'apprendre cette langue. Il est donc important de les initier à l'observation et à la compréhension du processus naturel d'acquisition du langage.

Pour les étudiants qui souhaitent apprendre la langue étrangère, il y a quelques éléments très importants que les étudiants devraient toujours avoir avec eux.

Le premier est un cahier de vocabulaire solide, épais et pratique. Il est destiné à contenir les ressources linguistiques nécessaires à l'entraînement au babble, telles que des recueils d'expressions, de mots, d'idiomes et d'autres expressions utiles provenant de diverses sources.

Chaque fois que Lorsque de nouvelles expressions utiles leur sont présentées en classe ou en dehors, les élèves doivent les collecter et les conserver soigneusement afin de pouvoir toujours les explorer et les acquérir. Ils peuvent utiliser leur manuel pour conserver une trace de leurs nouvelles ressources linguistiques. Cependant, Une fois le livre terminé, il est difficile de revisiter les ressources linguistiques de l'ancien livre. J'ai constaté que les élèves qui tiennent bien leur cahier de vocabulaire obtiennent de meilleurs résultats dans l'apprentissage de la langue des signes.

Le deuxième outil est un lecteur audio portable («PAP»), pour des raisons évidentes. Le PAP aide vraiment les élèves à babiller sur des expressions variées. Sans PAP, les élèves devraient se fier uniquement à la classe et au livre pour babiller. Cependant, lors de l'entraînement au babillage après le cours, il est difficile de mémoriser les sons avec précision, surtout pour les débutants. Le PAP améliore considérablement la qualité de l'entraînement au babillage, car les élèves peuvent écouter les expressions quand et où ils le souhaitent. De plus, les élèves qui ont utilisé le système audio ont obtenu de bien meilleurs résultats dans ma classe que ceux qui ne l'utilisent pas.

Enfin, il convient de rappeler et d'encourager les élèves à continuer de revisiter et de répéter le babble de leur plein gré, sur toutes les ressources linguistiques, aussi souvent que possible. Si les élèves interrompaient complètement l'entraînement au babble pendant les vacances, comme les vacances d'été, ils perdraient rapidement beaucoup de ressources linguistiques et finiraient par être découragés de poursuivre l'apprentissage de la langue des signes. Les enseignants de langues étrangères ne peuvent interagir directement avec les élèves que pendant les heures de cours et ne pourraient pas diriger et encadrer le babble pendant les pauses. Il est donc essentiel de rappeler aux élèves de poursuivre leurs efforts pour acquérir la langue des signes.

11

Équipements Pour L'entraînement Au Babillage

Je ne saurais trop insister sur l'importance de l'entraînement au babillage sur des expressions réelles. C'est comme les entraîneurs de football qui ne soulignent pas l'importance des entraînements répétés pour développer les compétences et la résistance physique des footballeurs débutants. Pourtant, en tant que professeurs de langues étrangères, nous ne pouvons pas être des guides de babillage permanents pour nos élèves, comme les parents le font pour leurs enfants en matière d'acquisition du langage naturel. C'est pourquoi nous recommandons aux élèves d'utiliser les technologies modernes pour recruter des guides de babillage permanents.

Parmi les nombreux équipements de haute technologie utilisés par de nombreux professeurs et étudiants de FL figurent des ensembles audio, des ensembles vidéo, des programmes de phonétique informatique, des interactions téléphoniques, des interactions visuelles basées sur Internet, des services basés sur la téléphonie cellulaire, etc.

Ensuite, quels types d'équipements seraient les plus efficaces pour l'apprentissage du babillage? La réponse peut varier selon l'âge et le niveau des élèves. Cependant, pour les adultes comme les lycéens et les étudiants, je pense que les kits audio sont les plus efficaces pour de nombreuses raisons. Je pense également que les kits audio restent très efficaces pour la plupart des jeunes élèves, à condition qu'ils soient prêts à les utiliser.

Il faudrait recommander aux élèves de babiller sur des expressions réelles tout en écoutant régulièrement le jeu audio. Pour les débutants, ce dernier devrait permettre de reproduire les modes lent et normal de la langue. Cela les aiderait grandement à développer leurs capacités physiques pour une prononciation fluide et à développer une excellente compréhension orale. Si les élèves se contentaient de suivre les cours de français langue étrangère et de babiller en lisant les livres, il serait plus difficile et beaucoup plus long de produire des sons corrects. De plus, ils ne développeraient pas leurs compétences en compréhension orale.

L'apprentissage du bavardage avec un ensemble audio de dialogues présente des avantages évidents par rapport à l'apprentissage avec un livre ou une vidéo. L'avantage d'un ensemble audio réside dans le fait que les élèves doivent se concentrer uniquement sur la réception de l'information par l'oreille, ce qui développe une attention auditive accrue. Ainsi, les élèves peuvent rapidement développer de solides compétences en compréhension orale.

De plus, il facilite la concentration sur l'apprentissage du babillage, permettant de se concentrer uniquement sur l'écoute et l'imitation des expressions. De plus, il est très facile d'emporter le kit audio avec soi, permettant ainsi de suivre l'apprentissage du babillage à tout moment et où l'on souhaite. Il peut facilement servir d'animateur de babillage, où que l'on soit. Il suffit d'une oreille et d'une bouche pour suivre l'apprentissage du babillage facilement, même en déplacement. L'animateur audio est particulièrement adapté aux élèves qui suivent des cours de langues étrangères et qui bénéficient de l'aide d'un professeur de langues étrangères pour articuler des sons spécifiques.

La plupart des gens considèrent les vidéos comme le meilleur support pour apprendre la langue étrangère, car l'élève peut écouter et regarder simultanément. Cependant, au niveau débutant, l'entraînement au babble avec une vidéo peut facilement détourner l'attention de l'élève. Tout d'abord, l'attention est davantage portée sur les yeux pour capter l'information. L'élève doit également s'occuper de ses yeux, de ses oreilles et de sa bouche pour bafouiller sur la vidéo.

Par conséquent, les oreilles ne reçoivent pas toute l'attention nécessaire pour comprendre ce qui se passe, ce qui, à mon avis, devrait retarder le développement des compétences de compréhension orale. Pour la même raison, l'énergie du babillage est détournée. Surtout, comme il est très difficile d'emporter la vidéo avec soi (même si on le pouvait, car elle occupe les yeux, on ne pourrait vraiment pas le faire en déplacement), la pratique du babillage est limitée à un moment et un lieu précis de la journée.

Par conséquent, il ne peut pas être un guide de babillage universel. Certains diront que la série vidéo aiderait les autodidactes débutants, sans professeur de langues étrangères, à apprendre à articuler certains sons difficiles. Pourtant, on peut aussi y parvenir en écoutant comment les produire. Rares sont les sons qui ne peuvent être appris par une écoute intensive et des explications verbales.

L'utilisation d'autres technologies, telles que les interactions téléphoniques ou visuelles sur Internet, impose des contraintes de temps, de lieu et de coût trop importantes, rendant impossible une communication omniprésente. Surtout, le fait que ces technologies nécessitent toujours la participation d'un tiers prouve qu'elles ne constituent pas des moyens vraiment pratiques.

CHAPITRE 9

Comment Enseigner : BTM Niveau 2 - Ajout D'un Entraînement Au Babillage Pour La Lecture

1

Idées Pour La Conception Des Cours

Après avoir réussi le cours de babble de niveau 1, les élèves seront capables de participer à des conversations sur des sujets de la vie quotidienne. Autrement dit, ils pourront communiquer seuls grâce aux expressions acquises grâce au babble. Ils pourront reproduire les expressions en remplaçant des parties par les mots nécessaires à la transmission d'un message. À ce niveau, les élèves seront capables de produire de nombreuses expressions s'ils disposent d'un vocabulaire et de ressources linguistiques de langue maternelle abondants.

Cependant, même s'ils maîtrisent la langue seconde dans une certaine mesure, ils souffriraient sérieusement du manque de ressources linguistiques. Par conséquent, leurs performances communicatives seraient sérieusement limitées en raison du manque de ressources linguistiques disponibles instantanément.

Parallèlement, les étudiants doivent acquérir de nouvelles expressions pour améliorer leur capacité à maîtriser des expressions de niveau supérieur en langue des signes. Outre les expressions liées aux activités quotidiennes, ils doivent également acquérir des compétences de communication en langue des signes pour les activités sociales ou professionnelles.

Voici quelques idées à prendre en compte lors de la conception de la classe Babble Training de niveau 2 :

1. Si possible, une méthode directe et flexible doit être appliquée à l'animation du cours. Cette méthode implique presque toujours l'utilisation de la langue seconde uniquement. Certains concepts complexes et abstraits peuvent être expliqués dans la langue maternelle des étudiants.

2. La durée requise pour le niveau 2 de babble varie également en fonction de l'âge des élèves, du nombre d'élèves par classe, du nombre de cours par semaine et d'autres facteurs environnementaux. Pour les étudiants universitaires ayant cinq heures de cours par semaine, cela prendrait environ un à deux semestres.

3. Les objectifs du Babble Training niveau 2 sont : Continuer le Babble Training pour aider les étudiants à acquérir environ 200 langages sociaux [29]; et faire lire aux étudiants environ 2 à 3 livres de 150 à 200 pages en TL avec une rétrotraduction dans la langue source, et encourager les étudiants à constituer de solides ressources linguistiques pour augmenter la compétence orale.

---

[29] J'utilise le terme «langages sociaux» en référence aux langues familières parlées par les locuteurs de TL dans des environnements d'activités sociales tels que rencontrer des amis, se présenter et présenter les autres, passer des appels téléphoniques, montrer des directions, aller au restaurant avec des amis, parler d'événements du week-end passé ou à venir, rendre visite à des amis chez eux, aller à des fêtes, envoyer des e-mails, inviter des gens, mettre en place des plans pour des activités de groupe, commenter son apparence, encourager des amis, partager la tristesse ensemble, complimenter, offrir des cadeaux, présenter ses condoléances et parler d'actualités, de loisirs, de sujets préférés, de serrures de pot, de religion, de randonnée, d'écoles, de ses sentiments, jouer au golf, aller au cinéma, vacances, aller à un concert, sortir ensemble, faire une proposition, organiser des horaires, des accidents, etc.

4. Les élèves doivent être encouragés à utiliser les expressions apprises précédemment. Il convient de leur demander de s'exprimer efficacement.

5. L'objectif de lecture pour les étudiants adultes de niveau 2 en babillage est d'environ 1 à 2 livres de 150 à 200 pages.

6. Les étudiants, en particulier les plus jeunes qui ne peuvent pas suivre leur propre programme par eux-mêmes, peuvent s'appuyer sur la méthode de narration des enseignants ou sur une présentation vidéo/audio au lieu de lire les livres eux-mêmes.

7. L'apprentissage du babillage L'apprentissage de la lecture doit être basé uniquement sur les significations individuelles des morphèmes, des mots et des expressions idiomatiques par rapport au contexte plutôt que sur l'analyse grammaticale des phrases.

8. Les évaluations doivent être axées, entre autres, sur la capacité des élèves à utiliser les expressions acquises pour exprimer leur propre sens, sur la compréhension de la lecture ainsi que sur le vocabulaire issu de la lecture.

Lors de l'élaboration de cours de babble de niveau 2, il est important de garder à l'esprit certains points importants. Le premier point à retenir est que, même si l'entraînement au babble pour la lecture est ajouté au niveau II, l'accent principal du niveau 2 reste l'entraînement au babble pour la conversation. Autrement dit, l'entraînement au babble doit constituer l'essentiel du niveau II, tandis que l'entraînement au babble pour la lecture doit compléter l'apprentissage de l'expression orale. L'essentiel dans l'entraînement au babble est de toujours assimiler de nouvelles expressions avec fluidité afin que les élèves puissent les utiliser dans des situations similaires.

Deuxièmement, à partir du niveau 2, l'entraînement au babillage doit se concentrer sur l'acquisition d'expressions liées aux activités sociales. Les élèves doivent toujours être encouragés et invités à participer activement à des échanges entre les élèves pendant le cours. À ce niveau, les élèves peuvent clairement écouter et comprendre la plupart des dialogues de la vie quotidienne. Ils peuvent également parler de leurs activités quotidiennes en utilisant les expressions acquises précédemment. Offrir des occasions d'échanges actifs entre l'enseignant et les élèves, ou entre eux, les motivera à utiliser ces expressions et à en créer de nouvelles.

Troisièmement, il est important de garder à l'esprit que l'apprentissage de la lecture par Babble ne nécessite pas d'approche grammaticale des phrases. Une fois la grammaire abordée, elle s'ouvrira à tous les types de cours de grammaire, ce qui fera perdre un temps précieux à l'enseignant comme aux élèves, sans grande satisfaction. Les enseignants devraient plutôt aider les élèves à lire avec les sons corrects et à deviner le sens des phrases données en fonction du sens de chaque élément.

Babble Training to Read propose également des formations pour aider les élèves à acquérir des compétences en lecture, leur permettant ainsi de comprendre l'écrit. Cependant, sans la richesse du vocabulaire, la lecture seule n'a pas beaucoup de sens. C'est comme un robot langagier sans ressources linguistiques. Par conséquent, même après avoir acquis les compétences en lecture, les élèves doivent se concentrer sur la lecture continue pour développer leur vocabulaire.

En conséquence, en fonction des circonstances individuelles des écoles et des capacités des élèves, le babillage de niveau 2 peut être étendu autant que nécessaire.

2

Ajout De Babble Training À Read

La réussite du babillage de niveau 1 avec environ 500 expressions indépendantes peut être comparée à l'achèvement du développement d'un robot linguistique qui peut utiliser environ 500 Différents types de formes linguistiques pour parler et écouter. Si quelqu'un a réussi le niveau 1 de Babble avec 600 expressions indépendantes, cela équivaudrait à avoir développé un robot langagier capable d'utiliser 600 types de formes linguistiques différentes pour une communication bidirectionnelle efficace, bien plus fluide et efficace que les autres robots. Développer un tel robot langagier avec succès ne peut qu'être très gratifiant. Selon les supports de formation Babble utilisés en classe, la réussite du niveau 1 avec 500 formes d'expression différentes permettrait aux élèves d'atteindre un niveau intermédiaire-élevé, conformément aux directives de compétence.

Robot linguistique aussi performant ne serait pas aussi performant sans de nombreuses ressources linguistiques disponibles en permanence dans sa base de données. Sans le soutien de ressources linguistiques abondantes dans divers secteurs d'activité, même le robot linguistique serait contraint d'utiliser de manière répétée les expressions initialement créées dans des situations particulières. reconnaître de nouvelles expressions ni être productif pour des significations créatives dans de nouvelles situations.

Le niveau 2 de la formation BTM comprend l'apprentissage du bavardage et la lecture. Idéalement, les élèves doivent avoir acquis et maîtriser aisément environ 500 expressions liées à leurs activités quotidiennes, grâce aux ressources linguistiques. À la fin du niveau 1, avec autant de ressources linguistiques, les élèves devraient posséder une intuition linguistique solide et une excellente capacité physique. Grâce à ces intuitions et à ces capacités physiques, les élèves devraient être capables de maîtriser la langue des signes avec une certaine aisance, même dans des situations nouvelles, à condition de disposer des ressources linguistiques nécessaires.

Par conséquent, l'un des objectifs du niveau 2 est d'aider les élèves à maîtriser efficacement et efficacement les expressions liées aux activités quotidiennes acquises précédemment, et d'améliorer la capacité et la qualité du robot langagier ou des élèves à gérer des ressources linguistiques liées aux activités sociales, jusqu'à environ 200 expressions indépendantes ou plus. L'autre objectif est d'aider les élèves à Obtenir autant de ressources linguistiques que possible. Bien entendu, permettre aux élèves d'expérimenter différents types de structures de phrases est un autre objectif du niveau 2 du BTM.

L'un des objectifs principaux de la lecture dans la formation à l'acquisition des langues étrangères est de rassembler les différents types de ressources linguistiques utilisables par les étudiants. Bien sûr, ces ressources peuvent provenir d'autres sources que la lecture, comme Parler aux gens ou regarder des films. Cependant, parmi les nombreuses méthodes de collecte de ressources linguistiques, la plus efficace reste, je crois, la lecture, et ce, pour de nombreuses raisons.

Tout d'abord, on peut lire dans son propre agenda. Cela ne nécessite également pas de deuxième partie avec qui parler. Par conséquent, on peut contrôler le progrès de sa lecture. Lorsque plus de temps est nécessaire pour comprendre, on peut prendre plus de temps et réfléchir à ce qui rend la compréhension difficile. Être capable de faire les choses selon son propre agenda apporte de nombreux avantages.

Deuxièmement, il est possible d'entretenir efficacement ses ressources linguistiques. Dès qu'une nouvelle expression ou un nouveau mot est introduit, on peut le noter dans son cahier de vocabulaire et le consulter ultérieurement pour l'acquérir. L'un des objectifs principaux de la lecture en FLE étant de collecter les différentes ressources linguistiques, il est toujours important de conserver les nouvelles ressources à un endroit précis afin de pouvoir les consulter autant de fois que nécessaire.

Cependant, la collecte de ressources linguistiques à partir de la lecture comporte plusieurs risques majeurs. Le premier est que l'on ne dispose pas de toutes les informations linguistiques nécessaires à la prononciation des expressions à partir de ses propres lectures. Autrement dit, lors de la lecture, on ne peut pas saisir la prononciation du locuteur natif dans le livre, car on doit se fier aux informations linguistiques transmises par son propre regard. En consultant les ressources, on peut facilement prendre la mauvaise habitude de créer des schémas de prononciation incorrects. De nombreuses ressources linguistiques acquises sans les sons réels peuvent entraîner des difficultés de communication en raison de mauvaises prononciations.

Un autre risque est que les élèves soient facilement contaminés par le virus de la grammaire. En d'autres termes, face à des phrases difficiles, ils chercheront à comprendre les règles grammaticales qui leur sont appliquées. Cela est particulièrement vrai pour ceux qui n'ont pas acquis la TL jusqu'au niveau 1. Sans les efforts considérables déployés pour atteindre ce niveau, il est impossible d'acquérir l'intuition linguistique de la TL concernant les sons, la structure et l'utilisation des ressources linguistiques. Sans le soutien d'une forte intuition linguistique, on a naturellement tendance à se fier à l'analyse grammaticale des phrases lors de la lecture.

C'est l'une des principales raisons pour lesquelles les étudiants suivent un entraînement intensif au Babble (niveau 1) et un entraînement à la lecture (niveau 2). Après avoir acquis environ 500 expressions indépendantes au niveau 1, ils devraient avoir acquis une intuition linguistique suffisamment développée pour comprendre les structures de phrases et se familiariser progressivement avec les structures complexes de la TL. Par conséquent, pour ceux qui ont acquis une TL

(Lettre de Vie) au niveau 1, commencer à comprendre la lecture n'est pas si difficile, à condition de savoir reconnaître les mots écrits.

Les étudiants en général semblent acquérir une intuition linguistique sur les différents types de structures de phrases de la TL au cours du processus du niveau 1, qui, en fonction de la distance linguistique par rapport à la TL et de l'agenda FLE respectif, pourrait être aussi faible que 1 Un semestre, voire quatre semestres ou plus. Par conséquent, commencer à lire après le niveau 1 peut se faire sans difficulté. Cependant, pour les langues qui n'utilisent pas de système d'écriture alphabétique, comme le chinois par exemple, suivre Babble Training demanderait des efforts et du temps supplémentaires.

Commencer à lire après avoir acquis les formes familières de la TL est le même chemin que celui emprunté par les enfants au cours de l'apprentissage et du développement de la LM. Dans le processus d'acquisition du langage naturel, la lecture n'intervient que lorsque l'apprenant maîtrise complètement la LM. Vers l'âge de 36 à 40 mois, les enfants maîtrisent couramment leur LM. Leur intuition linguistique en LM est solidement acquise ; leurs capacités physiques sont assez développées, à l'exception de certaines ressources particulièrement difficiles ; leurs ressources linguistiques sont suffisantes pour mener à bien les interactions verbales quotidiennes avec autrui ; et ils peuvent parler LM de manière productive par eux-mêmes.

De plus, des millions d'adultes parlent couramment leur langue, mais ne savent ni la lire ni l'écrire. Cela signifie que seule la formation Babble permet d'acquérir une langue, et que lire ou écrire n'est pas nécessaire pour parler couramment. Autrement dit, la langue elle-même peut être pleinement acquise par le niveau 1 de BTM, la formation Babble. Pour parler, seulement. Cependant, dans la société moderne, la communication écrite est parfois bien plus cruciale que l'acquisition de solides compétences en compréhension écrite. Le BTM niveau II vise à développer les compétences en communication orale et en compréhension écrite à cette fin.

3

Manuel Scolaire vs. Cahier D'exercices

Avant d'intégrer Babble Training to Read à Babble Training to Talk, il est essentiel de choisir et de recommander des livres adaptés. Plusieurs points sont à prendre en compte. Cependant, tout comme pour Babble Training to Talk, le concept de base pour Babble Training to Read est de suivre le processus de lecture appliqué avec succès à tous les apprenants en langues dans l'acquisition naturelle du langage, et d'exploiter les capacités cérébrales accrues des élèves pour une meilleure efficacité.

Fondamentalement, l'entraînement à la lecture par Babble consiste à apprendre aux élèves à deviner avec précision le sens des phrases à partir de celui de chaque composant. Après tout, il s'agit d'un processus concret qui consiste à trouver le sens de chaque composant de la phrase, puis à montrer aux élèves comment en déduire le sens correct.

Cependant, comme les élèves, grâce au niveau 1 de BTM, ont développé une solide capacité d'intuition pour comprendre les structures de phrases de base et les schémas d'interprétation du sens de la traduction, ils peuvent également aborder sans difficulté des phrases plus complexes. Par conséquent, les élèves n'ont pas besoin de cours intensifs sur l'interprétation des phrases de traduction, mais d'un programme systématique pour s'entraîner seuls à la lecture. Ce type d'entraînement à la lecture est très différent de celui de la traduction pour entraîner les élèves à la lecture.

Le niveau 2 combinant l'entraînement au babble pour les activités sociales et la lecture, le manuel idéal pour débuter en niveau 2 serait un manuel combinant des dialogues et des nouvelles sur les thèmes de la vie sociale. La longueur des histoires peut être augmentée progressivement. Ainsi, les élèves peuvent commencer à lire facilement et acquérir des ressources linguistiques en lien avec les sujets abordés.

Cependant, le développement des compétences orales en langue des signes restant la priorité absolue au niveau 2 de BTM, il est moins efficace pour les enseignants de consacrer autant de temps à couvrir la quantité requise de lectures en classe. Par conséquent, pour favoriser un apprentissage efficace de la lecture, les enseignants devraient envisager d'utiliser des cahiers d'exercices en complément du manuel scolaire. Ce dernier devrait être conçu pour un entraînement intensif au babble sur les activités de la vie sociale et pour montrer comment interpréter les significations.

D'autre part, les cahiers d'exercices de Babble Training doivent être intégrés au programme scolaire afin que les élèves puissent effectuer seuls le volume de lecture requis. Il est essentiel que le programme comprenne une méthode d'évaluation appropriée pour que les élèves puissent conserver les ressources linguistiques acquises lors des lectures.

Maintenant, examinons des idées pour choisir des cahiers d'exercices efficaces pour que les élèves puissent suivre la formation Babble pour la lecture requise par un programme de classe systématique.

Commencez par choisir un début facile. L'objectif de Babble Training to Read est d'acquérir des intuitions sur les structures du langage et l'utilisation des expressions, notamment écrites. Par conséquent, le contenu du manuel ne doit pas nécessairement être difficile. Il doit être intéressant et facile à comprendre.

De plus, le contenu doit être adapté au niveau de compréhension des élèves. Il est évident qu'utiliser des livres d'histoires de maternelle comme supports pédagogiques pour des élèves adultes serait insuffisant. De plus, même pour des élèves adultes, utiliser des magazines industriels hautement spécialisés comme supports pédagogiques pour l'apprentissage de la lecture de niveau débutant avec Babble Training serait inefficace. Les supports pédagogiques de niveau débutant devraient être des histoires de la vie quotidienne et sociale sur des sujets variés.

Concernant le format des textes, je recommanderais des livres solides et épais d'environ 150 à 200 pages plutôt que des documents temporaires, imprimés ou prospectus. J'expliquerai plus tard pourquoi je privilégie les livres solides et épais comme supports de texte. Je ne veux pas dire que les histoires doivent nécessairement être longues. Elles peuvent être courtes, de deux à une page. La longueur des histoires importe peu.

Deuxièmement, optez pour une approche facile. Les cahiers d'exercices pour la lecture Il serait préférable de rédiger le texte en mode bilingue, dans les deux langues (langue principale et langue maternelle). L'idéal serait que chaque page de la langue maternelle suive la page correspondante de la langue principale. Ainsi, les étudiants pourront facilement comparer le sens qu'ils attribuent aux expressions de la langue principale avec la réalité de leur traduction, à la page suivante.

Outre le mode bilingue des cahiers d'exercices, il est également important qu'ils contiennent des glossaires des mots clés et des expressions idiomatiques utilisés à chaque page, en bas de page. Pour les débutants, surtout dans une langue étrangère, les élèves rencontreraient de nombreux nouveaux éléments lexicaux à chaque page. Consulter un dictionnaire à chaque fois pour tous ces éléments ne serait pas chose aisée. De plus, certaines expressions idiomatiques seraient difficiles à trouver dans les dictionnaires.

De plus, cela prendrait beaucoup de temps. Les élèves devraient de toute façon consulter des dictionnaires pour trouver la signification de certains mots non glosés. Cependant, le glossaire leur ferait gagner un temps précieux. Ainsi, l'accès instantané à la signification de chaque nouveau mot les aiderait à poursuivre leur lecture. Cela faciliterait grandement leurs progrès en lecture, leur ferait gagner du temps et des efforts, et les aiderait à maintenir leur concentration.

Le mode bilingue et les glossaires de mots clés sont très importants car ils permettent aux étudiants d'étudier seuls en dehors des cours. Ils sont également efficaces et permettent aux étudiants de gagner du temps et de l'énergie. J'expliquerai plus en détail comment les étudiants peuvent utiliser le mode bilingue et les glossaires de mots clés.

Troisièmement, choisissez pour le plaisir. Les efforts déployés pour choisir des cahiers d'exercices bilingues avec des glossaires de mots clés ou d'expressions idiomatiques peuvent être bien plus fructueux en recherchant des cahiers d'exercices intéressants ou des histoires bien connues des élèves. Cela est particulièrement utile pour les élèves débutants, car ils pourraient avoir plus de difficultés à comprendre certaines phrases complexes en langue des signes. Par exemple, de nombreuses histoires des Fables d'Ésope sont bien connues du grand public. Par conséquent, si l'on pouvait utiliser les Fables d'Ésope comme cahier d'exercices pour l'entraînement au babble, les élèves pourraient mieux lire et comprendre les histoires en langue des signes que celles issues de cultures inconnues.

4

Compétences en lecture et développement du vocabulaire

Au cours de la dernière décennie, de nombreuses discussions et rencontres ont eu lieu parmi les enseignants de langues étrangères et les professionnels du FLE concernant les nouvelles méthodes d'évaluation du FLE, telles que l'OPI et le TOEFL iBT. Ces dernières peuvent être considérées comme des changements révolutionnaires par rapport aux méthodes d'évaluation traditionnelles. Pourtant, je constate que la réalité du FLE n'a pas beaucoup changé. C'est parce que les enseignants n'ont pas changé.

Je crois que la principale cause de l'échec des cours de langues étrangères traditionnels à former des locuteurs bilingues performants est l'approche axée sur la traduction grammaticale. La grammaire n'est pas indispensable, du moins pour parler, lire et écrire couramment dans une langue. Non seulement la grammaire n'est pas nécessaire à l'apprentissage d'une langue, mais elle entraîne de graves problèmes d'acquisition de la langue ou des langues étrangères. La grammaire prend un temps précieux aux étudiants et ne leur laisse pas le temps d'essayer autre chose.

Lorsqu'ils réalisent que la grammaire est défaillante, il est trop tard pour la plupart des élèves, car ils doivent obtenir leur diplôme.

De plus, la grammaire crée la terrible habitude de devoir réorganiser les informations entrantes et sortantes pour les traiter correctement, ce qui retarde la perception et la production linguistiques. C'est particulièrement vrai pour le traitement des langues dont la distance linguistique entre les caractéristiques phonétiques est assez élevée. Elle entraîne également d'importants problèmes de prononciation. En raison de l'absence de babillages répétés et/ou de répétitions de babillages sur des sons erronés, une mauvaise prononciation s'installe. Pourtant, les enseignants ne reconnaissent pas ces problèmes.

Certains m'ont demandé comment les élèves pouvaient lire la langue seconde sans connaître la grammaire. Quand je leur dis que les élèves peuvent lire la langue seconde principalement en recherchant le sens des morphèmes, des mots et des expressions idiomatiques utilisés dans une phrase, ils n'y croient pas. Ils affirment plutôt qu'il serait beaucoup plus efficace et précis de lire la langue seconde en comprenant la grammaire des phrases. Même si je leur dis avec véhémence que ce n'est pas forcément le cas, ils ne veulent pas s'en soucier. Ils le croient sincèrement, car c'est la seule façon d'apprendre la langue seconde.

Développer ses compétences en lecture sans grammaire est simple et clair. Si l'on maîtrise la langue des signes, on peut naturellement la lire sans grammaire. C'est pourquoi il est si important que les étudiants réussissent le programme de formation BTM niveau 1. Cependant, l'inverse n'est pas vrai.

Lorsque les élèves lisent des phrases complexes, il est conseillé de les laisser d'abord en déduire le sens par conjectures, puis de comparer leur sens figuré au sens authentique des enseignants de langues étrangères ou de la version en langue maternelle de l'histoire. Grâce à l'intuition linguistique acquise en langue maternelle lors du babillage de niveau 1, les élèves peuvent comprendre la plupart des phrases simples avec une bonne précision. Lorsqu'ils traitent des phrases complexes avec conjectures, les élèves développeront l'intuition linguistique nécessaire grâce à leurs propres processus de correction des erreurs, avec l'aide des enseignants ou de la version en langue maternelle de l'histoire.

Une fois que les élèves commencent à lire après avoir atteint le niveau 1 de babillage, l'acquisition d'un large éventail de ressources linguistiques devient essentielle pour progresser dans l'acquisition de la langue des signes. Cela accélère le processus d'amélioration de compétences telles que l'expression orale, la lecture, l'écoute et l'écriture. Par conséquent, une pratique efficace du développement du vocabulaire est essentielle à la réussite de l'acquisition de la langue des signes.

De nombreuses personnes ont recours à divers moyens pour conserver les mots et expressions idiomatiques appris à la lecture. Nombre d'entre elles choisissent de les écrire plusieurs fois sur une feuille, 10 ou 20 fois de suite.

Certaines personnes lisent des livres sans arrêt, sans vraiment identifier les mots ou expressions idiomatiques du texte, pour s'entraîner à les mémoriser. Elles consultent un dictionnaire pour en connaître le sens et poursuivent leur lecture. D'autres ne prennent même pas la peine de consulter un dictionnaire pour comprendre le sens des nouveaux mots. Elles pensent que le sens viendra naturellement du contexte, au fil d'une lecture continue.

Cependant, pour être plus efficaces, je crois que les efforts de mémorisation des ressources linguistiques doivent être effectués de manière répétée au fil du temps afin de les rendre disponibles pour être utilisées dans la parole.

Pour les raisons mentionnées ci-dessus, je recommande plutôt les livres épais que les livres fins comme cahiers d'exercices de lecture. Les livres épais comportent de nombreuses pages, ce qui offre aux élèves un espace suffisant pour noter les mots et expressions idiomatiques découverts au cours de la lecture. C'est une idée que j'ai personnellement utilisée lorsque j'enseignais l'anglais en autodidacte en Corée. Chaque fois que je découvrais de nouveaux mots ou expressions idiomatiques, je les notais six à sept fois : environ six fois à six endroits différents du livre, espacés de 10 à 20 pages, et une dernière fois sur mon cahier de vocabulaire. Ainsi, presque tous les espaces vides du livre étaient remplis de mots et expressions idiomatiques manuscrits.

Ensuite, chaque fois que je tourne une page, avant de commencer à la lire, je lis et essaie de mémoriser les mots ou expressions idiomatiques que j'ai notés précédemment. Si certains mots ou expressions me paraissent étranges, comme s'il s'agissait de nouveaux éléments, je les écris environ six à sept fois, comme indiqué ci-dessus. Ainsi, les éléments lexicaux sont répétés pour la mémorisation.

De plus, lorsque je ne lis pas et que j'ai du temps, je consulte le livre de vocabulaire pour réviser tout le vocabulaire acquis. Ainsi, même après avoir terminé certains livres, je conserve le vocabulaire à portée de main, sous mes révisions fréquentes. Cela m'a toujours été très utile pour apprendre beaucoup de vocabulaire anglais. De plus, dans mes notes, je conserve toutes les informations importantes apprises en corrigeant mes erreurs, afin d'éviter de les reproduire.

Les professeurs de langues étrangères devraient souligner l'importance du vocabulaire et recommander aux élèves de développer leurs propres méthodes pour conserver en mémoire le vocabulaire de la langue étrangère. Il est évident qu'un volume de connaissances grammaticales ne ferait qu'entraver le développement de la maîtrise orale de la langue étrangère. En revanche, un volume de vocabulaire et d'expressions idiomatiques de la langue étrangère accélérerait certainement son acquisition.

CHAPITRE 10

Comment Enseigner : BTM Niveau 3 – Ajouter Du Babillage Pour La Compréhension Orale

1

Idées Pour La Conception Des Cours

À lʼissue du cours de babble de niveau 2, les étudiants maîtriseront les langues orales liées à la vie personnelle et sociale. Ils seront capables d'exprimer leurs propres idées en utilisant les expressions et les éléments lexicaux acquis lors des cours de niveau précédent. Autrement dit, ils pourront être assez bavards en TL s'ils le souhaitent.

Cependant, même s'ils peuvent être assez bavards sur leurs activités personnelles et sociales, les étudiants seront confrontés à un manque d'expressions pour aborder le monde des affaires. Ils seront également confrontés au langage des médias [30], ce qui n'était pas un problème aux niveaux précédents, car ils se sentiraient trop éloignés de ces langages.

Être capable dʼécouter et de comprendre les langages médiatiques sont deux choses différentes. Être capable dʼécouter clairement et de distinguer les différentes formes de mots et structures dʼexpressions utilisées dans ces langages est essentiel. Autrement dit, il sʼagit de la

---

[30] J'utilise le terme «langages médiatiques» pour désigner les types de langages parlés par les locuteurs de langues vivantes dans l'environnement des médias de masse tels que la radio et la télévision.

compétence de compréhension orale, qui nécessite évidemment un entraînement important.

Pourtant, comprendre les langages médiatiques clairement entendus requiert la puissance du vocabulaire. Sans connaître ou comprendre le sens des mots en fonction du contexte, on ne peut tout simplement pas les comprendre. À partir de ce stade, la puissance du vocabulaire est essentielle à la maîtrise de la TL.

L'entraînement au babillage de niveau 3 comprend des exercices pour parler, lire et écouter. Voici quelques idées à prendre en compte lors de la conception du cours :

1. Les instructions en classe doivent être données par une méthode directe afin que les étudiants puissent s'engager pleinement à parler en TL.

2. Babble Training devrait avoir pour objectif de permettre aux étudiants d'acquérir environ 200 langages commerciaux [31].

3. L'objectif principal du cours doit toujours être mis sur la formation au babble pour les expressions liées à l'activité

---

[31] J'utilise le terme «langues des affaires» en référence aux langues familières parlées par les locuteurs de langues étrangères dans des environnements d'activité commerciale tels que l'ouverture de comptes bancaires, les signalements à la police, la prise de contact avec des agents du gouvernement, la participation à des réunions d'affaires, le nettoyage à sec, la prise de rendez-vous, les voyages d'affaires, les conversations avec la police dans la rue, les entretiens d'embauche, les réunions de parents à l'école, l'achat de polices d'assurance, l'achat d'un ordinateur, l'achat de fleurs, l'achat de billets, les réunions de petit-déjeuner, l'échange de voitures, la réparation de voitures, l'achat d'une voiture, la demande de prêt, la clôture, la rencontre avec un avocat, dans une station-service, la présentation d'une pièce d'identité, l'obtention d'une contravention, la commande de nourriture dans un restaurant, les salutations au travail, la rencontre avec un patron, la rencontre avec un employé, les appels téléphoniques professionnels, la rencontre avec des clients, l'invitation de clients, la réponse aux plaintes des clients, la demande d'excuses, la participation à des fêtes d'affaires, la recommandation de personnes, etc.

commerciale et sur l'amélioration des compétences orales de son propre sens.

4. L'entraînement à la lecture Babble devrait viser à ce que les élèves lisent environ 2 à 3 livres en TL avec un maintien réussi des éléments lexicaux collectés à partir des lectures.

5. La formation Babble pour la compréhension orale devrait viser à permettre aux étudiants d'acquérir les compétences de compréhension orale des langues médiatiques standard en TL telles que la télévision, le cinéma et la radio.

6. La durée requise pour le niveau 3 de babble varie également en fonction de l'âge des élèves, du nombre d'élèves par classe, du nombre de cours par semaine et d'autres facteurs environnementaux. Pour les étudiants universitaires ayant cinq heures de cours par semaine, cela prendrait environ un à deux semestres.

7. Les élèves doivent être encouragés à utiliser les expressions apprises précédemment. Il convient de leur demander de s'exprimer efficacement.

8. L'entraînement à la compréhension orale doit être basé uniquement sur les significations individuelles des morphèmes, des mots et des expressions idiomatiques par rapport au contexte plutôt que sur l'analyse grammaticale des phrases.

9. Les évaluations doivent être axées, entre autres, sur la capacité des élèves à utiliser les expressions acquises pour exprimer leur propre sens ; sur la compréhension de lecture ainsi que sur le vocabulaire issu de la lecture ; et sur les compétences de compréhension orale.

Des élèves en langues étrangères sont fortement influencées par leurs compétences en expression orale. S›ils parlent couramment et clairement en langues étrangères, leurs compétences en compréhension orale seront certainement améliorées. Les élèves n›auront aucune difficulté à écouter et à comprendre les expressions qu‹ils prononcent couramment, quelle que soit la vitesse de lecture des langues étrangères. En revanche, s‹ils ne maîtrisent pas l‹expression orale et orale, ils auront du mal à écouter les langues étrangères, même à un rythme beaucoup plus lent.

Par conséquent, la réussite des élèves dans la maîtrise des expressions minimales requises dans les niveaux précédents du babillage est la clé du succès initial de l'acquisition des compétences de compréhension orale.

Par conséquent, progresser sans acquérir les bases solides des niveaux précédents serait inefficace. Par conséquent, pour les élèves jeunes et dépendants de leur enseignant, il serait plus efficace de prendre le temps de construire des bases solides dans les babillages de niveau inférieur avant d'aborder les babillages de niveau supérieur.

Même si le niveau 3 de babble ajoute des exercices pour acquérir des compétences en compréhension orale, cela ne garantit pas que les élèves puissent comprendre tous les langages médiatiques de la TL. Il nécessite un soutien lexical bien plus important, en plus de l'entraînement pour acquérir des compétences en compréhension orale. Pour cela, la lecture continue, afin de collecter et d'entretenir davantage de ressources linguistiques, devient essentielle.

Des élèves, basé sur les volumes de lecture des niveaux 2 et 3, est très limité, et il serait très difficile pour les élèves de se confronter aux langues des médias. Il faudrait maîtriser le vocabulaire d‹au moins 20 volumes pour comprendre les langues des médias sur des sujets généraux. Par conséquent, les élèves doivent s‹efforcer en permanence de développer un vocabulaire aussi riche que possible en lisant continuellement en langue des médias.

2

Ajout D'un Entraînement Au Babble Pour La Compréhension Orale

Les étudiants devraient être capables d'écouter et de comprendre le langage oral de la langue maternelle après avoir terminé le niveau 2. Des formations intensives avec des locuteurs natifs ou des enseignants de niveau natif permettront aux étudiants d'acquérir non seulement les compétences orales, mais aussi d'écouter la langue maternelle. De plus, d'après mon expérience, les étudiants qui s'auto-enseignent grâce à la technologie audio devraient également développer ces compétences.

L'entraînement au babble pour développer la compréhension orale peut être réalisé efficacement au niveau débutant en utilisant les versions audio, si disponibles, des cahiers d'exercices de babble pour la lecture utilisés aux niveaux précédents. Bien sûr, il serait préférable que la version audio inclue les textes lus à différents débits.

L'un des avantages des versions audio des cahiers d'exercices de lecture interactive est qu'elles facilitent le démarrage, car les élèves se souviennent encore de l'histoire lue précédemment. L'histoire et le vocabulaire étant familiers, il est beaucoup plus facile pour les élèves de se concentrer sur l'écoute.

Les élèves auront également l'occasion d'apprendre la prononciation des mots dont les sons leur sont difficiles. Ils pourront également rafraîchir le vocabulaire étudié précédemment. Une fois les bases solides acquises en compréhension orale, ils pourront utiliser les médias de la langue seconde pour améliorer leurs compétences.

Si les versions audio des cahiers d'exercices de babillage pour la lecture ne sont pas disponibles, les médias de masse TL peuvent être utilisés dès le début. Une chose qui accable les étudiants lorsqu'ils sont exposés aux langages médiatiques est la vitesse et la longueur du langage.

De plus, les étudiants ont tendance à être découragés par la multitude de vocabulaires des langues médiatiques. Ce sentiment d'accablement et de découragement est tout à fait naturel au début. Cependant, selon leurs réussites individuelles, certains élèves peuvent se sentir très fiers et confiants, constatant qu'il n'est pas si difficile d'écouter les langues médiatiques.

Même si la vitesse et la longueur des langages médiatiques peuvent paraître inquiétantes au début, les élèves découvrent rapidement que ce ne sont pas tant la vitesse ou la longueur des langages qui les mettent au défi, mais le niveau de vocabulaire. Ils comprennent rapidement l'importance de mémoriser leur vocabulaire. S'habituer à la vitesse des langages médiatiques est relativement facile.

Il est évident que le vocabulaire collecté jusqu'au niveau 2 ne suffirait pas à couvrir les différents événements survenant dans chaque secteur d'activité. Le nombre de vocabulaires varierait selon les supports utilisés.

Cependant, en considérant les volumes cibles pour chaque niveau de babillage, on pourrait avoir une idée approximative de la quantité de vocabulaire acquis à ce moment-là : environ 2 000 vocabulaires de niveau très basique de l'objectif de babillage de niveau 1 d'environ 500 expressions indépendantes liées à l'activité quotidienne individuelle ; et, selon le nombre de livres lus par chaque élève, environ 1 500 à 3 000 vocabulaires de l'objectif de babillage de niveau 2 d'environ 200 expressions indépendantes liées à l'activité sociale, et environ deux à trois livres de 100 à 150 pages .

Même si les élèves acquièrent et maintiennent l'intégralité du vocabulaire, ce qui ne serait pas le cas pour la plupart, sauf pour ceux qui sont fortement engagés dans l'acquisition de la TL, le nombre total de vocabulaires acquis après le niveau 2 de babillage s'élèverait à environ 5 000. Cependant, comme une grande partie de ce vocabulaire concerne des situations environnementales aussi restreintes que la vie quotidienne, on ne peut pas s'attendre à ce que les élèves soient familiers avec les langues utilisées par les médias. Par conséquent, il est important de comprendre cette nouvelle situation difficile et de ne pas se décourager.

La première étape pour s'attaquer aux langages médiatiques de la TL consiste à produire le support d'étude en enregistrant des extraits de ces langages. L'enregistrement permet aux élèves d'obtenir des discours très clairs, sans bruit de fond. La durée de l'enregistrement peut être d'environ 5 minutes. Si possible, l'idéal pour les débutants serait de réaliser l'enregistrement à différentes vitesses.

Au lieu d'enregistrer manuellement les langues des médias, les enseignants peuvent utiliser des supports audio produits par des entités commerciales à des fins similaires. Par exemple, un recueil de discours présidentiels célèbres en langue des signes peut constituer un bon texte de synthèse pour développer la compréhension orale. Des copies audio de langues des médias enregistrées par des professionnels peuvent également être utilisées.

Il est maintenant temps de commencer l'entraînement à la compréhension orale. Il est conseillé de faire écouter les élèves à vitesse normale plusieurs fois au préalable. Cela leur permettra d'identifier les passages difficiles à comprendre. Ensuite, ils pourront écouter la version plus lente afin de comprendre les éléments des expressions. Une fois qu'ils auront compris les composantes de ces difficultés à écouter à vitesse normale, ils pourront réécouter à vitesse normale.

Une fois que les élèves se sont familiarisés avec la vitesse des langages médiatiques, ils doivent être encouragés à continuer à écouter ces langages en continu dans le cadre de la vie quotidienne.

3

Maintenir Des Soldes Efficaces

À mesure que les élèves progressent vers des niveaux plus élevés de Babble, une gestion efficace de la classe exige des enseignants une conception plus sophistiquée des cours. Je dirais que la réussite de l'enseignement de la TL aux élèves de ce niveau repose sur une gestion efficace des différents aspects de l'entraînement au Babble.

Compte tenu de la réalité de l'enseignement du français langue étrangère (FLE) contemporain, la plupart des programmes scolaires de langues étrangères n'ont peut-être qu'un objectif théorique : amener les élèves à acquérir la langue seconde. Même si la quasi-totalité des établissements scolaires affirment avoir des programmes de FLE pour promouvoir la maîtrise de l'oral, il n'est peut-être pas exagéré de dire que nombre d'entre eux n'ont pas réussi à étayer ces affirmations.

L'une des principales raisons est l'absence de méthodes d'enseignement du français langue étrangère (FLE) adaptées et, même si elles l'ont fait, l'absence d'équilibre systématique entre les différents domaines de compétences à développer tout au long des programmes. Lorsque les programmes de FLE ne sont pas correctement orientés, les facteurs liés aux élèves ne jouent pas un rôle déterminant dans leur réussite.

Les élèves qui atteignent le niveau 3 de babble devraient maîtriser les langages personnels et sociaux de la TL. Ils devraient pouvoir poursuivre leurs communications en TL avec les enseignants, en posant des questions pour clarifier des mots difficiles et des expressions idiomatiques, en demandant des répétitions ou en paraphrasant des expressions ambiguës. En d'autres termes, les élèves peuvent prendre l'initiative de communiquer pour contrôler le flux de significations entrantes et sortantes.

est néanmoins évident que les élèves de ce niveau maîtrisent beaucoup mieux les expressions similaires ou inspirées de celles acquises grâce aux babillages que les nouvelles expressions qu'ils devraient inventer seuls. Cela illustre indirectement l'importance pour les élèves d'acquérir un maximum d'expressions lors de l'apprentissage du babillage.

Il est donc bien plus efficace pour les élèves, dès les premiers stades de l'apprentissage de la langue des signes, de leur présenter les expressions appropriées à acquérir plutôt que de les forcer à inventer leurs propres expressions. Par conséquent, les enseignants devraient toujours proposer de nouvelles expressions utiles en cours.

Pour le cours de niveau 3, l'enseignement doit être dispensé en TL. Les nouvelles expressions introduites sont des expressions réelles utilisées dans des situations professionnelles. Les élèves ayant déjà acquis des compétences orales dans des situations de la vie quotidienne, notamment personnelles et sociales, il leur est relativement plus facile de comprendre les nouvelles expressions qui leur sont présentées.

Autrement dit, les élèves, qui auparavant devaient répéter l'écoute et se fier au manuel pour comprendre les éléments de phrase et le sens des nouvelles expressions, peuvent désormais écouter et comprendre les expressions sans avoir à réécouter l'audio ni à demander qu'on les répète. De plus, ils peuvent réciter et assimiler les expressions avec moins d'efforts de babillage. Selon leurs compétences individuelles en apprentissage de la langue, certains élèves peuvent acquérir de nouvelles expressions simplement en les écoutant quelques fois.

Même si les élèves semblent maîtriser l'expression orale dans des contextes spécifiques, ils ne produiront pas d'expressions idiomatiques qu'ils n'ont jamais entendues ou lues. Il est donc essentiel de les familiariser progressivement avec des expressions idiomatiques plus larges.

Par conséquent, il est préférable d'introduire les expressions du monde des affaires en commençant par celles qui sont les plus réalistes pour les étudiants, puis en poursuivant avec celles qui le seront peut-être plus tard. La meilleure façon de déterminer les expressions les plus utiles aux étudiants est de les interroger.

Les élèves qui s'auto-enseignent la TL ne bénéficient pas d'un environnement de classe aussi régulier, ce qui retarde leur apprentissage. Cependant, une concentration constante sur les modules d'apprentissage Babble pour parler avec les appareils audio, ainsi que sur l'apprentissage Babble pour lire, écouter et écrire (niveau BTM 4) les aidera à acquérir la TL.

Pour maintenir un équilibre pédagogique optimal entre les activités de babillage (parler, lire et écouter) dans les classes de BTM niveau 3, les enseignants de langues étrangères doivent concevoir les activités de manière optimale, en tenant compte de l'âge des élèves, du nombre d'heures de cours hebdomadaire et de la durée du programme. Cependant, l'objectif principal du cours doit être d'aider les élèves à acquérir un niveau d'expression orale plus élevé grâce aux nouvelles expressions présentées dans les différentes activités de babillage.

Par exemple, les enseignants peuvent faire tourner les classes pour les babillages de différents domaines de formation comme la parole, la lecture et la compréhension orale : le lundi pour la parole, le mardi pour la lecture, le mercredi pour la compréhension orale, le jeudi pour la révision de la parole, de la lecture et de l'écriture, et le vendredi pour l'évaluation, par exemple.

De plus, les heures de cours hebdomadaires pour chaque domaine des babillages peuvent être attribuées respectivement à 2,

2 et 1 heure pour le babillage pour la conversation, la lecture et la compréhension orale.

Pour le cours de lecture, à mesure que les élèves développent la capacité de lire sans difficulté et par leurs propres moyens, les enseignants peuvent utiliser de nouveaux mots et expressions idiomatiques issus des supports de lecture pour introduire de nouvelles expressions. Pour le cours d'écoute, les enseignants devront expliquer en détail les phénomènes phonologiques liés à des morphèmes, mots et expressions spécifiques dans des blocs de sons donnés afin que les élèves puissent les comprendre et les assimiler efficacement.

Une fois que les élèves se sont familiarisés avec les phénomènes sonores, les enseignants peuvent orienter les cours vers un niveau supérieur, par exemple en leur demandant d'observer les langages médiatiques. Cet exercice aidera les élèves à acquérir les rythmes des langages formels de la TL.

CHAPITRE 11

Comment Enseigner : BTM Niveau 4 – Ajout De L'entraînement Au Babillage Pour L'écriture

1

Idées Pour La Conception
Des Cours

L'objectif principal des cours de babble jusqu'au niveau 3 était d'aider
les étudiants à développer leur maîtrise orale des formes familières.
L'ensemble du processus de formation a été axé sur le développement de l'intuition linguistique, le développement des capacités
physiques non seulement à l'oral, mais aussi à la compréhension
orale, et l'accumulation de ressources linguistiques en TL. Grâce
à cette intuition développée, le flux des significations entrantes et
sortantes est devenu très naturel : les étudiants n'ont plus besoin
de s'appuyer sur des connaissances en TL ni sur des compétences
analytiques pour traiter les significations. Grâce à ce développement
des capacités physiques, l'articulation et l'écoute des expressions
acquises ou nouvellement créées sont facilitées. Est devenu relativement fluide. Grâce aux ressources linguistiques accumulées jusqu'à
présent, les expressions nécessaires à des situations particulières peuvent être facilement récupérées et utilisées dans le pool de ressources.

Le 4e ^{niveau} de formation «babble» ajoute à l'entraînement à
l'écriture. L'écriture vise à développer les compétences créatives des
formes familières et non familières de la langue d'apprentissage. De
plus, l'apprentissage de l'écriture «babble» permet aux étudiants de

découvrir différents styles d‹écriture de la langue d›apprentissage. Un autre concept nouveau de ce niveau de formation «babble» concerne les langues professionnelles, [32]par opposition aux langues familières telles que les langues personnelles, sociales et commerciales, introduites précédemment. Les langues professionnelles ne sont pas familières, mais des langages de type oral, de présentation ou de cours magistral destinés à présenter des idées ou des informations. Les formations à l'écriture viendront compléter l'entraînement au babble des langues professionnelles.

Niveau 4. L'entraînement Babble est composé de babbles permettant d'apprendre à parler, à lire, à écouter et à écrire dans des langues professionnelles. Voici quelques idées à prendre en compte lors de la conception du cours :

1. Les instructions en classe doivent être données par une méthode directe afin que les étudiants puissent s'engager pleinement à parler en TL.

2. La formation Babble devrait offrir aux étudiants l'occasion de réaliser une trentaine de présentations d'environ 10 minutes en langue des signes sur diverses idées ou produits. Après les présentations, les étudiants devraient être invités à discuter et à commenter.

3. L'accent principal du cours doit toujours être mis sur l'entraînement au babble pour les langues professionnelles et sur l'amélioration des compétences orales de sa propre signification.

4. L'entraînement à la lecture Babble devrait viser à ce que les élèves lisent environ 3 à 4 livres en TL avec un maintien réussi des éléments lexicaux collectés à partir des lectures.

---

[32] J'utilise le terme «langues professionnelles» en référence aux langues non familières parlées par les locuteurs de langues vivantes dans des environnements tels que des présentations, des conférences et des discours devant un groupe de personnes.

5. L'entraînement Babble pour la compréhension orale devrait permettre aux élèves de développer leurs compétences en compréhension orale dans les langues médiatiques standard de la langue seconde, comme la télévision, le cinéma et la radio. Les versions audio des cahiers d'exercices peuvent également être utilisées pour améliorer leurs compétences en compréhension orale.

6. L'entraînement à l'écriture de Babble devrait commencer par la rédaction d'un journal personnel quotidien. Après cela, les étudiants devraient être initiés à différents types d'exemples de documents commerciaux en langue des signes afin de s'entraîner à la rédaction de documents commerciaux.

7. Les étudiants doivent être encouragés à utiliser le style et les compétences des documents d'exemple. Ils doivent également être encouragés à citer librement des passages de ces documents et des documents de lecture.

8. La durée requise pour le babillage de niveau 4 La durée varie en fonction de l'âge des élèves, du nombre d'élèves par classe, du nombre de cours par semaine et d'autres facteurs environnementaux. Pour des étudiants universitaires ayant cinq heures de cours par semaine, cela prendrait environ un à deux semestres.

9. Les évaluations doivent être axées, entre autres, sur la capacité des élèves à utiliser les expressions acquises pour exprimer leur propre sens, leur présentation, leur compréhension en lecture ainsi que le vocabulaire issu de la lecture. Les compétences de compréhension orale et les compétences d'écriture créative.

2

Ajout De Babble Training À Write

Pour les étudiants maîtrisant parfaitement les formes familières des langues personnelles, sociales et des affaires, et disposant de ressources linguistiques solides, l'apprentissage de la rédaction en langue des signes sera beaucoup plus facile. Aucune approche grammaticale n'est nécessaire pour commencer à écrire en langue des signes. Au début, il suffira d'exprimer ses propres idées plutôt que de les formuler en langue des signes. Ils se retrouveront rapidement à écrire en langue des signes comme s'ils écrivaient dans leur propre langue. Cependant, sans la réussite des entraînements requis aux niveaux précédents, les efforts pour développer les compétences rédactionnelles resteront vains.

Les enseignants peuvent commencer la formation en demandant aux élèves de rédiger un journal quotidien d'environ une demi-page. Ainsi, ils consigneront les activités quotidiennes de base sans trop d'émotions ni de descriptions.

Ensuite, dans un mois environ, les enseignants peuvent leur demander d'écrire une page entière. En augmentant la durée du journal quotidien, les élèves devront décrire plus précisément et plus en détail des activités quotidiennes apparemment similaires ou routinières, en utilisant un langage descriptif ou émotionnel. Pour les élèves des classes supérieures, les enseignants peuvent encore augmenter la durée du journal quotidien à une page et demie ou deux, en fonction de leurs progrès. Les élèves devront alors décrire non seulement leurs activités physiques, mais aussi leurs activités émotionnelles de la journée pour atteindre la quantité requise.

Pour accélérer les progrès et gagner du temps, les enseignants peuvent proposer des exemples de journaux quotidiens rédigés en langue des signes afin que les élèves puissent s'inspirer de la manière de commencer et de poursuivre leur journal en langue des signes. Il est également conseillé d'encourager les élèves à utiliser tous les supports qu'ils ont utilisés pour atteindre leur niveau actuel : les manuels utilisés à chaque niveau du babble. Cela les incitera à revisiter les livres à la recherche du vocabulaire et des expressions dont ils se souviennent encore ou qui s'effacent de leur mémoire.

En revisitant les manuels ou les supports utilisés précédemment, ils pourront se remémorer l'histoire et le vocabulaire acquis, dont certains pourraient avoir été oubliés. Les performances rédactionnelles des élèves peuvent varier en fonction des bases linguistiques acquises par chacun lors des étapes précédentes de leur formation.

Encourager les élèves à citer librement les exemples d'expressions, en partie ou en totalité, selon leur degré d'adéquation à la situation les aidera également à acquérir des compétences rédactionnelles sans erreur. En imitant ou en citant des expressions sans erreur pour exprimer son propre message, on développera l'habitude et l'intuition nécessaires pour écrire des phrases sans erreur.

Parfois, les élèves se retrouvent dans des situations où ils ne trouvent pas d'exemples de phrases et ne savent pas comment exprimer certaines significations à l'écrit. Dans ce cas, les enseignants peuvent leur montrer comment les formuler en langue des signes, ou leur demander de consulter des dictionnaires pour trouver des significations claires et des exemples, le cas échéant. Ainsi, même s'ils ne trouvent pas d'exemples de formulations correctes de ces significations, les élèves s'en souviendront lorsqu'ils trouveront des indices ou des réponses à la question plus tard. Tenir un journal quotidien, comme indiqué précédemment, aidera les élèves à exprimer leur langue des signes sous forme narrative. Ils pourront ainsi décrire oralement ce qu'ils ont fait, vu et ressenti.

À mesure que les élèves se familiarisent avec la description de leurs activités quotidiennes, il est important de les initier aux techniques de rédaction professionnelle. Bien entendu, il est important de les encourager à continuer à tenir un journal quotidien, car il leur sera très facile et rapide de le faire.

Produire des documents professionnels tels que des lettres commerciales, des cartes d'invitation, des avis, des demandes de parrainage, des curriculum vitae, des lettres d'autopromotion, des publicités, des plaintes, des déclarations sous serment, des comptes rendus de réunion, etc. est souvent une tâche fastidieuse. Même de nombreux locuteurs natifs ayant fait des études supérieures se sentent mal à l'aise avec ce type de documents. Leur gêne n'est pas due à leur incapacité à formuler leurs opinions par écrit, mais simplement à leur méconnaissance du style de ces documents.

Il est néanmoins important que les étudiants puissent s'exercer à ce type de documents professionnels. En étant exposés à différents types de documents professionnels et en ayant l'occasion de s'entraîner en imitant ou en citant ces exemples, ils gagneront en confiance pour traiter ces sujets, seuls ou avec l'aide d'autres personnes.

3

Maintenir L'équilibre

Le niveau 4 de babble constitue la dernière étape du développement des compétences linguistiques, car le niveau suivant constitue le point de départ de l'amélioration de la maîtrise orale vers les niveaux avancés, voire supérieurs, selon les compétences linguistiques. Une fois ce niveau validé, les étudiants doivent être capables de mener à bien leurs activités personnelles, sociales et professionnelles au sein de la communauté TL. Toutes les interactions intensives en TL au cours des babbles visent à aider les étudiants à atteindre des objectifs pratiques, notamment celui de se mêler aux membres de la communauté TL.

L'entraînement au babble de niveau 1 est essentiel à l'acquisition de la TL, car sa réussite assure une base solide pour les facteurs d'acquisition suivants : intuition linguistique, capacités physiques, ressources linguistiques et capacité productive. Par conséquent, au début, il est bien plus important pour les élèves de comprendre les phénomènes sonores, les structures et l'utilisation des expressions de la TL, d'articuler couramment les sons de la TL, de maintenir les expressions acquises et de les utiliser dans des environnements similaires que de comprendre les règles systématiques de la TL et de savoir lire et écrire en TL.

Le niveau 1 étant crucial pour la réussite de l'apprentissage de la langue des signes, aucun élève ne peut réussir à l'acquérir sans avoir suivi la formation Babble de niveau 1. Par conséquent, quiconque maîtrise les fondamentaux de l'apprentissage de la langue des signes sera en mesure de s'intégrer à la communauté de la langue des signes.

Ensuite, la deuxième condition préalable à l'acquisition de la TL est l'entretien réussi des ressources linguistiques. Cet entretien exige un engagement constant et constant pour les réviser régulièrement. Sans cela, les succès obtenus aux niveaux supérieurs ne seront pas durables et s'estomperont rapidement avec le temps. Une maîtrise temporaire des ressources, telle que le passage par les niveaux supérieurs de babillages, ne mènera pas à une acquisition réussie. Le fait que même des personnes ayant pratiqué leur langue maternelle pendant des décennies puissent perdre leurs langues faute de les avoir entretenues pendant de nombreuses années montre clairement l'importance d'un entretien fréquent et constant des ressources.

Par conséquent, le concept principal d'équilibre tout au long des étapes de Babble Training doit être compris en termes d'équilibre entre la performance orale et l'entretien des ressources. Aucune compétence en écriture, en lecture ou en compréhension orale ne peut excuser une maîtrise orale insuffisante. Les compétences en écriture, en lecture et en compréhension orale ne peuvent être pleinement reconnues que si la maîtrise orale est pleinement reconnue.

Il est donc important d'encourager et de pousser les élèves à maîtriser les exercices d'expression orale, de lecture, de compréhension orale et d'écriture sans échec dans chaque domaine. Cependant, il est bien plus important de trouver des idées et des plans pour y parvenir efficacement, en mettant l'accent sur le renforcement des facteurs d'acquisition et la dynamique des ressources linguistiques. Nous devons concevoir les cours de manière à ce que les élèves démontrent les acquis de chaque niveau d'apprentissage par des performances orales équilibrées. En d'autres termes, tous les efforts déployés pour les exercices d'expression orale, de lecture, d'écoute et d'écriture doivent converger vers l'atteinte d'un niveau élevé de compétence orale.

CHAPITRE 12

Comment Enseigner :
BTM Niveau 5 – Ajout D'un
Entraînement Au Babillage Pour
Une Maîtrise Orale Complète

1

Idées Pour La Conception Des Cours

En réussissant le niveau 4 de la formation Babble, les étudiants peuvent être considérés comme ayant acquis une maîtrise avancée de la langue parlée. Trois facteurs essentiels permettent d'atteindre un niveau élevé de maîtrise de la langue parlée : la qualité des capacités physiques, la quantité de ressources linguistiques et la capacité à comprendre la culture. Si la qualité de l'acquisition est mauvaise, la mauvaise habitude de la langue parlée peut perdurer tout au long de la vie.

Par exemple, si les capacités physiques sont très faibles en raison d'un manque de pratique, il est probable que cette mauvaise articulation ne disparaisse pas. Des ressources linguistiques insuffisantes affecteront directement la compétence orale, car la communication risque de ne pas être efficace. Le manque de compréhension culturelle rend incapable de traiter certaines significations entrantes culturellement sensibles, ce qui entraîne également une mauvaise compréhension des significations sortantes.

Ce niveau est le dernier cours du BTM axé sur la maîtrise de l'oral. Il vise à enrichir le vocabulaire et les expériences culturelles des étudiants afin d'optimiser leur maîtrise de l'oral. Ce niveau est considéré comme un entraînement complet à la maîtrise de l'oral.

Une maîtrise de l'oral de haut niveau ne se limite pas à la simple compréhension du sens lexical entrant et à la production de formes lexicales sortantes. Elle exige la compréhension non seulement des significations superficielles, mais aussi des significations contextuelles liées à la culture du pays d'origine. Elle exige également une compréhension approfondie du contexte politique et historique de la société d'origine, en plus de sa culture. Mieux connaître le pays d'origine permet d'améliorer sa maîtrise de l'oral.

Un nouveau concept qui s'ajoute à cette étape finale de Babble Training est celui des langues culturelles [33] qui se distinguent des types de langues introduites aux niveaux précédents de Babble Training.

L'entraînement au babble de niveau 5 comprend des exercices pour apprendre à parler, lire, écouter et écrire dans les langues parlées. Voici quelques idées à prendre en compte pour la conception du cours :

1. La formation complète à la maîtrise de l'oral doit viser à inviter les étudiants à des discussions flexibles et créatives sur des sujets variés. De plus, les étudiants doivent être encouragés à se familiariser avec les langues spécifiques à la culture, telles que les proverbes, les dictons, les blagues et les citations directes de personnalités de la communauté des langues vivantes. Les étudiants doivent être invités à discuter et à commenter, y compris en utilisant des citations issues des langues culturelles.

2. Le fonctionnement d'une classe ne doit pas se limiter à la formalité et à certains schémas régularisés. Il doit plutôt

---

[33] J'utilise le terme «langues culturelles» pour désigner les langues idiomatiques ou proverbiales parlées par les locuteurs de langues vivantes comme instruments métaphoriques pour transmettre des significations implicites. J'utilise également ce terme pour désigner les langues culturelles spécifiques, fondées sur la tradition et l'histoire de la communauté des langues vivantes.

être très flexible, en fonction des besoins des étudiants. Enthousiasme, intérêts, réponses et désirs concernant des sujets ou des thèmes en cours.

3. Il est important de déployer des efforts continus pour améliorer le vocabulaire utilisé par les étudiants et pour introduire de nouveaux termes utiles par les enseignants.

4. L'accent principal du cours doit toujours être mis sur la formation à la maîtrise orale des langues culturelles.

5. Les étudiants doivent être encouragés à se familiariser avec les aspects détaillés de la culture TL, en particulier avec les cultures contrastées avec la leur.

6. Les cahiers d'exercices de Babble Training ne doivent plus inclure la traduction. Les élèves doivent être capables de lire des livres et des magazines en langue seconde uniquement, avec une compréhension précise. Ils doivent être encouragés à lire des ouvrages sur l'histoire, les traditions et d'autres aspects culturels afin de pouvoir utiliser les connaissances acquises lors de la lecture pour l'entraînement à la maîtrise de l'oral.

7. Il faut encourager les élèves à écouter la radio ou à regarder la télévision pour approfondir leurs connaissances linguistiques. Il faut également les encourager à partager des informations, des idées et des informations avec d'autres personnes pour des discussions ou des débats.

8. Durée : Un à deux semestres.

9. Les évaluations devraient être axées, entre autres, sur la capacité des élèves à utiliser les langues culturelles pour exprimer leur propre sens ; sur la compréhension de la lecture ainsi que sur le vocabulaire issu de la lecture ; sur les compétences en compréhension orale et en écriture créative. Aucune évaluation ne doit se concentrer sur les erreurs grammaticales.

2

Entraînement Au Bavardage Pour Une Maîtrise Orale Complète

Les étudiants ayant consacré beaucoup d'efforts à suivre l'ensemble de la formation Babble ont désormais atteint un niveau avancé de maîtrise de l'oral. Ils peuvent désormais affronter le monde réel de la communication orale et s'intégrer facilement à la communauté. Ils devraient être capables d'exercer des activités professionnelles, y compris de trouver un emploi non spécialisé dans l'utilisation professionnelle de la communication orale. À ce niveau de maîtrise du babillage, les étudiants peuvent choisir de se confronter à la vie réelle au sein de la communauté de communication orale et d'améliorer leur maîtrise de l'oral.

Une fois que les élèves ont atteint ce niveau élevé d'Entraînement au Babble, seul le pouvoir du vocabulaire compte. Après tout, on peut dire que l'apprentissage d'une langue commence par le bavardage, mais qu'il se termine par le pouvoir du vocabulaire. Autrement dit, on ne peut acquérir la TL sans le bavardage, et on ne peut atteindre la compétence orale sans le pouvoir du vocabulaire. Par conséquent, un échec au premier niveau d'Entraînement au Babble ne parviendra pas à acquérir la TL, ce qui entraînera un nouvel échec dans l'acquisition de la compétence orale.

Même si l'on parvient à atteindre un niveau avancé de TL grâce à des programmes intensifs relativement courts, la TL acquise reste fragile et fragile, car la TL est très jeune. Sans entretien adéquat, une langue aussi jeune peut facilement s'user en peu de temps. Par conséquent, des efforts sont toujours nécessaires pour consolider la TL.

Pendant les cours de langues étrangères, maintenir la langue maternelle ne posera pas de problème majeur, car les élèves participeront à diverses activités orales. Ils devraient être amenés à choisir des sujets de débat ou de discussion. Les professeurs de langues étrangères devraient s'efforcer de maintenir un équilibre entre les élèves afin que chacun ait des opportunités et des exercices de communication en langue maternelle plus ou moins égaux.

Pour que les élèves participent activement aux discussions en direct, il est essentiel de choisir des sujets qui les intéressent. L'enseignant peut notamment choisir des sujets de discussion déjà abordés par les élèves avant le début du cours. Dans ce cas, il lui suffit d'inviter les élèves à passer en mode apprentissage par la parole et de les accompagner dans la poursuite de la discussion. Il peut alors coordonner la discussion en répartissant les chances de manière équitable entre tous.

D'après mon expérience, c'est la méthode la plus efficace pour choisir un sujet. Elle est généralement bien plus efficace que de s'appuyer sur des sujets préétablis. J'ai presque toujours réussi avec cette méthode. Ainsi, lorsque j'entre en classe, je prête toujours attention aux sujets, le cas échéant, dont les élèves ont discuté avant mon arrivée. Les élèves aiment continuer à discuter du même sujet ; l'heure de cours est toujours courte ; ils sont attentifs aux propos des autres et prennent très au sérieux ce qu'ils apprennent. En tant que coordinateur, je veille à ne pas interrompre ni perturber le flux des discussions passionnantes et l'attention des élèves, mais je les aide en leur proposant un vocabulaire plus riche et des expressions utiles, adaptées au contexte. Je participe aussi naturellement à la discussion en partageant mon point de vue et mes réflexions.

Une méthode courante pour choisir les sujets de discussion consiste à les assigner à l'avance afin que les élèves puissent s'y préparer. Grâce à la coordination créative de l'enseignant, les élèves peuvent être amenés à des discussions actives. Cependant, l'atmosphère est généralement sèche et ressemble à une sorte de présentation à tour de rôle, au lieu d'une volonté de chacun de participer à la discussion. Aussi intéressants que soient les sujets, je propose aux élèves de se préparer, mais les sujets d'actualité, qu'ils abordent naturellement en classe, sont souvent les plus en vogue. Salle, ont toujours eu plus de succès à amener les étudiants à s'impliquer dans des discussions animées.

La réussite de ce niveau devrait permettre aux étudiants de suivre des cours universitaires au sein de la communauté de langues vivantes. Ils devraient être parfaitement équipés pour maîtriser les compétences de langues vivantes (expression orale, compréhension écrite, compréhension orale et expression écrite) nécessaires à leur formation universitaire. Même si les formations en lecture, compréhension orale et expression écrite ont été entièrement axées sur l'amélioration de la maîtrise de l'oral, ces compétences resteront toujours des atouts précieux et disponibles à tout moment.

Cependant, compléter le cinquième niveau de Babble Training ne peut pas être la fin de l'apprentissage de la TL. Il s'agit simplement de la fin du programme grâce auquel les étudiants ont acquis et perfectionné leur maîtrise de la communication orale jusqu'au niveau de performance professionnelle. Cependant, cela exige des efforts constants et soutenus pour maintenir ces compétences. Ce niveau de formation comprend des activités concrètes pour maintenir et développer activement ses compétences en communication orale.

Pour les enseignants autodidactes, il est temps de rechercher des partenaires de formation en langues étrangères pour s'immerger dans la communauté. Jusqu'au niveau précédent, ils peuvent suivre des formations BTM à l'aide d'équipements audio. Ils peuvent acquérir des compétences linguistiques personnelles, sociales, professionnelles et commerciales grâce à Babble Training, après avoir appris ces langues grâce aux équipements audio. Bien sûr, selon les manuels BTM disponibles pour chaque niveau et les capacités individuelles des enseignants, les ressources linguistiques proposées peuvent ne pas être aussi systématiquement classées. Autrement dit, même si cela n'est pas si simple, les enseignants autodidactes peuvent suivre des formations Babble jusqu'au niveau précédent sans animateurs ni coachs. Ils peuvent ainsi acquérir et améliorer leur maîtrise orale de la langue étrangère. Cependant, pour parfaire leurs compétences en langue étrangère avant de se confronter au monde réel de la langue étrangère, ils devront côtoyer des locuteurs de langue étrangère et se confronter au flux réel de la langue.

Afin de maintenir les nouvelles connaissances linguistiques acquises, les élèves doivent les vivre au moins quelques instants par jour, que ce soit en parlant, en lisant, en écrivant ou en regardant des émissions de télévision en langue des signes. Bien sûr, le meilleur moyen est de participer à des activités de conversation quotidiennes.

3

Formations Pour Être
Culturellement Correct

Il est bien connu que langue et culture sont indissociables. La langue reflète clairement la culture d'un peuple. Par conséquent, sans comprendre cette culture, on risque d'être confronté à de nombreuses situations d'incompréhension ou d'offense.

À mesure que l'on acquiert une meilleure maîtrise orale de la langue seconde, l'importance de parler des expressions culturellement correctes devient plus grande, car on s'attend à ce que le comportement culturel d'une personne corresponde à un niveau similaire à celui de ses compétences linguistiques. Si les compétences linguistiques d'une personne sont faibles, on sera très généreux envers son manque d'étiquette culturelle et sera même heureux de lui apprendre à s'intégrer culturellement dans la communauté.

Cependant, si une personne maîtrise parfaitement la langue des signes, mais commet des actes culturellement inacceptables par manque de compréhension culturelle, les autres se sentiront offensés et, selon la gravité de l'offense, ne lui donneront même pas la possibilité de clarifier ses erreurs. Il est donc essentiel que les étudiants ayant acquis un niveau élevé de maîtrise orale de la langue des signes acquièrent les caractéristiques culturelles de la communauté de langue des signes.

Après tout, on peut dire que le critère de jugement pour être culturellement correct repose sur le niveau de compétence orale. On attendra d'une personne ayant un niveau élevé de compétence orale qu'elle soit davantage culturellement correcte que d'une personne dont le niveau est faible.

De plus, la distance culturelle entre deux cultures pourrait être mesurée, je crois, proportionnellement à la distance linguistique des deux langues parlées dans les communautés. Ainsi, la distance culturelle entre les cultures de deux communautés linguistiques dont la distance linguistique est plus faible serait moindre. De toute évidence, deux cultures moins éloignées l'une de l'autre provoqueraient moins de choc culturel pour les nouveaux arrivants.

Se former à la culture correcte ne signifie pas seulement apprendre la culture de la communauté TL, mais aussi ne pas y introduire sa propre culture. Cependant, même si des actes inspirés de sa propre culture peuvent engendrer des malentendus ou offenser d'autres personnes, il n'est pas facile de désobéir intentionnellement à sa propre culture. C'est pourquoi être culturellement correct n'est pas chose aisée.

L'objectif de la formation culturelle ne se limite pas à éviter les erreurs commises involontairement. Parfois, comprendre correctement la culture de la langue maternelle peut être une question de destin pour des innocents. Prenons un exemple : il y a de nombreuses années, j'ai lu un article relatant l'incident d'un enfant tué par un téléviseur tombé d'un tiroir sur lui. La mère était alors au travail. Cependant, le cœur brisé par la perte de son enfant, elle a répété à voix haute et à plusieurs reprises en coréen : «J›ai tué mon bébé».

Pour résumer, ces propos de la mère ont été interprétés par la population comme un aveu du meurtre de son propre enfant. Elle a donc été accusée de meurtre. Je ne connais pas la vérité sur cette affaire et je ne plaide ni pour l'accusation ni pour la mère. L'article cherchait à mettre en cause l'interprétation des propos de la mère : il ne s'agissait pas d'un aveu du meurtre de son propre enfant.

En d'autres termes, il s'agissait d'un langage purement culturel, sans rapport avec les actes de meurtre. Selon l'article, il était clair que la mère était au travail. Cependant, du simple fait que la mère ait déclaré cela, les procureurs ont considéré qu'elle avait planifié le meurtre et l'ont emprisonnée. Même si elle a par la suite modifié ses déclarations, les procureurs ne lui ont plus fait confiance.

Dans la culture coréenne, la plupart des parents se sentent responsables ou coupables de tout problème grave, y compris la mort de leurs enfants. Je pense que cela s'appuie sur les croyances traditionnelles du peuple coréen concernant le châtiment ou le karma. Par conséquent, dans une situation comme celle-ci, de nombreux parents coréens se disent punis, même s'ils n'ont pas causé de tels problèmes à leurs enfants.

Si l'incident était réellement un accident, les mesures prises par les procureurs à l'encontre de la mère sur la base de ces propos résultent d'une incompréhension de la culture coréenne. Si la mère avait compris la culture américaine, elle n'aurait pas tenu de telles déclarations culturellement trompeuses, ce qui aurait incité les procureurs et les enquêteurs à interpréter la situation différemment.

De plus, si les procureurs et les autorités avaient compris la culture et la façon dont les parents coréens typiques diraient et réagiraient à une telle situation, ils auraient peut-être adopté des approches différentes dès le début.

L'utilisation du mot «tuer» par les enfants coréens est source de nombreux problèmes, tant pour eux-mêmes que pour les autres. J'ai un jour aidé une famille d'immigrés relativement récents dont le collégien avait été renvoyé de l'école pour avoir menacé de tuer un autre élève, ce qui semblait être une menace très grave. Cependant, dans la culture coréenne, le mot «tuer» signifie généralement donner du fil à retordre ou porter des coups. Cependant, ce type de menace ne signifie généralement pas tuer quelqu'un.

Encore une fois, si l'élève coréen avait compris la gravité de ce genre de langage aux États-Unis, il n'aurait peut-être pas employé le même langage. De plus, si l'autre enfant avait su ce que signifient généralement les propos coréens, il n'aurait peut-être pas eu autant peur.

J'ai entendu une autre histoire d'un Coréen, qui illustre également les difficultés liées à la méconnaissance des langues. Peu après son arrivée aux États-Unis, il a rencontré une femme blonde au travail. Elle était si belle qu'il rêvait de sortir avec elle. Un jour, son rêve s'est réalisé. Il l'a rencontrée pour déjeuner. Il la retrouvait de plus en plus souvent, car il lui offrait un déjeuner à chaque fois.

Il commença alors à rêver de l'épouser. Un jour, il la retrouva pour dîner et la raccompagna chez elle. En descendant de voiture, elle le remercia pour le dîner et lui dit : «Je te donnerai une bague demain», puis courut à la maison. Elle avait l'air un peu timide en disant cela. Finalement, son rêve se réalisa. Elle le demanda en mariage et lui offrit une bague en guise de cadeau! Il était si excité qu'il ne dormit pas bien cette nuit-là. Le lendemain, elle l'appela, mais ne lui parla pas de la bague. Il attendit des jours en vain.

Fatigué d'attendre, il finit par lui poser des questions sur la bague, ce qu'elle nia bien sûr. Finalement, elle comprit la cause du malentendu et lui expliqua ce qu'elle voulait dire en lui disant qu'elle lui offrirait une bague. Elle lui dit aussi qu'elle avait un petit ami.

Même si de nombreuses expressions de langue maternelle apprises lors des formations Babble sont liées à la culture linguistique, elles ne couvrent pas les vastes domaines de la culture de langue maternelle. Par conséquent, proposer des formations linguistiques spécifiquement axées sur les aspects culturels de la langue maternelle serait l'un des moyens les plus efficaces pour permettre aux étudiants d'améliorer leurs compétences linguistiques.

Pour les langues possédant des registres spécifiques à la hiérarchie sociale, comme le coréen et le japonais par exemple, il serait utile de revoir ces différents registres une fois que les élèves maîtrisent ces langues. Essayer d'introduire tous les niveaux de registres ensemble risquerait de semer la confusion chez les élèves et de les dissuader de poursuivre le cours. Par conséquent, lors de la formation à l'acquisition de la langue d'apprentissage et à la maîtrise de l'oral, les enseignants devraient guider les élèves le plus facilement possible en se concentrant sur un registre général.

Les formations culturelles en TL doivent se dérouler de manière naturelle, par le biais de formations complètes à l'oral. Les sujets de discussion abordés lors de ces formations culturelles doivent inclure, entre autres, les religions, les croyances, les valeurs traditionnelles, les modes de pensée, les tabous, les valeurs sociales, les superstitions, les relations entre hommes et femmes, la vie de famille, les règles de bienséance, les cérémonies, les fêtes, les relations humaines, la vie conjugale, l'éducation des enfants, la gestuelle, les structures et la hiérarchie sociales, la gastronomie, les expressions proverbiales qui représentent les valeurs et les modes de vie des gens, les contextes politiques, l'histoire, la géographie, les traditions culturelles, etc.

CHAPITRE 13

Comment Enseigner : BTM Niveau 6 – Ajout De Babillage Pour La Grammaire

1

Qu'est-Ce Que La Grammaire?

Selon les sources, la définition de la grammaire varie considérablement. Parmi les définitions que j'ai trouvées dans plusieurs sources,
on trouve : (1) l'étude des caractéristiques formelles d'une langue,
telles que les sons, les morphèmes, les mots ou les phrases ; (2) la
connaissance ou l'usage des formes préférées ou prescrites à l'oral
ou à l'écrit ; et (3) les règles acceptées selon lesquelles les mots sont
formés et combinés en phrases. Selon *le Dictionnaire de linguistique
et de phonétique* de David Crystal, les définitions de la grammaire
sont subdivisées selon les types de grammaires.

L'un des types de grammaire est la grammaire descriptive, définie
comme une description systématique d'une langue telle qu'elle se
trouve dans un échantillon de discours ou d'écrit. Un autre type
de grammaire, opposé à la grammaire descriptive, est la grammaire
prescriptive. Elle établit des règles de correction quant à l'usage de la
langue et vise à préserver des normes imaginaires en insistant sur les
normes d'usage et en critiquant les écarts par rapport à ces normes.

Avec toutes ces définitions variées, que voulons-nous vraiment
dire lorsque nous affirmons qu'il faut ou non enseigner la grammaire? Je crois que le sens commun générique de la grammaire se
rapproche davantage des règles acceptées selon lesquelles les mots
sont formés et combinés en phrases.

Alors, qui établit ces règles et comment? La grammaire descriptive apporte la réponse. Autrement dit, la description systématique d'une langue, basée sur des exemples de discours ou d'écrits, devient la règle acceptée. Ces règles concernent les sons, les morphèmes, les mots, les phrases et les interprétations du sens d'une langue. Ensuite, les individus appliquent le concept de grammaire prescriptive pour juger les compétences linguistiques d'autrui.

Le concept d'acceptation est très subjectif, et il est très difficile de tracer une ligne claire entre être accepté et ne pas être accepté. Prenons l'exemple des deux formes de «*Il n'a pas de bons amis*» et «*Il n'a pas de bons amis*». Selon la grammaire prescriptive, on apprend aux gens que l'une est acceptée ou acceptable, et l'autre non ou inacceptable. On souligne l'autre en bleu les mots «*ne pas*» et «*non*». C'est précisément ce que font les programmes informatiques intelligents pour nous signaler certains problèmes lorsque nous écrivons sur ordinateur. Cependant, à mesure que de nombreuses personnes utilisent ces expressions *de* double négation, elles deviennent moins inacceptables et finissent par devenir acceptables.

On dit que ce type de double négation est particulièrement utilisé par les personnes peu instruites, ce qui est faux. Outre ces problèmes de double négation, on trouve facilement de nombreux exemples concrets de langues inacceptables selon la grammaire prescriptive, mais qui deviennent acceptables. Par exemple, «moi» remplace «*Je*» par «*Je n'aime pas ça*» au lieu de «*Je n'aime pas ça*» ; «*C'est moi*» au lieu de «*C'est moi*» ; et «*Moi non plus*» au lieu de «*moi non plus*».

Quel est mon point?

Tout d'abord, j'essaie de convaincre les enseignants et les étudiants de FLE que la langue est un animal vivant. Elle évolue et se développe constamment. Elle évolue avec le temps, les personnes et les lieux géographiques. C'est ainsi que l'unique langue humaine, issue de Dieu, s'est divisée en des milliers de langues locales. Nous ne devrions pas insister sur l'existence d'une seule et unique norme grammaticale ou acceptable.

Deuxièmement, je tiens à faire comprendre clairement que la grammaire ne représente pas une langue en soi. Il est donc erroné de croire qu'enseigner la grammaire aux élèves revient à enseigner la TL. De plus, croire que l'enseignement de la grammaire offre les bases de l'apprentissage de la TL est une idée dépassée. Autrefois, l'objectif principal du FLE était d'enseigner les techniques de lecture et de compréhension écrites de la TL.

Cependant, l'objectif premier et ultime du FLE contemporain est d'apprendre aux élèves à maîtriser la langue parlée à l'oral. Même si l'on commençait à enseigner la langue parlée dès le premier cours du programme de français langue étrangère (FL) pour débutants, le temps manquerait pour leur permettre d'atteindre le niveau de compétence orale souhaité pendant le programme scolaire. Par conséquent, il ne faut pas consacrer des années à enseigner uniquement la lecture et la compréhension de la langue parlée.

De plus, ce n'est pas un sujet que les professeurs et les étudiants de langues étrangères peuvent traiter correctement. C'est un objet de recherche très complexe pour les grammairiens. La grammaire est le fruit de recherches professionnelles hautement qualifiées. Avant d'être grammairiens, ils maîtrisent parfaitement la langue.

Cependant, même ces personnes ne s'accordent pas toujours sur la description de certains phénomènes linguistiques. Par conséquent, l'échec de l'apprentissage de la grammaire chez les étudiants ne maîtrisant pas la langue et ne la maîtrisant pas à l'oral est tout à fait prévisible.

Troisièmement, je tiens à souligner que l'enseignement de la grammaire ou du langage écrit ne permettrait pas aux élèves d'assimiler efficacement la langue parlée. Enseigner un volume de grammaire sur papier, consacré aux morphèmes, aux mots et aux structures de phrases, ne favoriserait pas l'acquisition de la langue parlée ni l'obtention d'une bonne maîtrise orale. De plus, cela ne poserait pas non plus de bases solides pour l'acquisition et la maîtrise de la langue parlée.

Après tout, compte tenu de la nature de la grammaire, enseigner la grammaire d'un dialecte aux élèves souhaitant apprendre un dialecte de leur propre langue les aiderait à assimiler ce dialecte, car un dialecte ne nécessiterait pas l'acquisition complète de nouveaux facteurs d'acquisition. Un dialecte aurait une distance linguistique très minime, voire nulle, avec le dialecte standard. Ainsi, la simple compréhension de certaines caractéristiques particulières permettrait d'acquérir le dialecte et d'atteindre un niveau élevé de compétence orale. Cependant, enseigner une langue, surtout une langue présentant une distance linguistique importante avec sa propre langue, en utilisant la grammaire ne fonctionnerait pas, car son efficacité a été démontrée au fil des siècles dans l'histoire du FLE. Mon argument est que le FLE axé sur la grammaire devrait être déconseillé.

2

Pourquoi Les Gens Pensent-Ils D'abord À La Grammaire?

Pensez-vous que les élèves du secondaire et du postsecondaire devraient commencer par la grammaire pour apprendre la langue étrangère? Si oui, pourquoi? Avez-vous déjà sérieusement réfléchi à cette raison?

Il n'est pas nécessaire de beaucoup spéculer pour comprendre comment l'intérêt pour l'enseignement du français langue étrangère (FLE) dans les écoles publiques a commencé à se répandre. Avec l'avènement de l'industrialisation au XVIIIe siècle, les pays du monde entier se sont éveillés et ont cherché à profiter de ce que l'industrialisation pouvait apporter à leurs pays. Ils ont commencé à stimuler le développement révolutionnaire de leur nouvelle industrie. Face à l'augmentation constante des échanges commerciaux avec les pays d'outre-mer, ils ont rapidement compris l'urgence d'établir des communications efficaces avec leurs partenaires commerciaux.

Je ne cherche pas à remonter aux origines de l'apprentissage du français langue étrangère (FLE). Je souhaite simplement spéculer sur la manière dont un FLE systématique a été mis en place. Nous savons avec certitude que l'apprentissage du FLE par des locuteurs natifs dans les écoles était impossible au début de l'industrialisation, principalement en raison du manque de moyens de transport pour faire venir des locuteurs natifs à des centaines, voire des milliers de kilomètres. Nous savons également que les dispositifs audio et les radios n'étaient pas disponibles pour le grand public avant le milieu du vingtième siècle.

Par conséquent, avant le vingtième siècle, l'apprentissage du français et de l'anglais devait se faire à l'aide de livres, sans aucune phonétique. De plus, il n'était pas aussi crucial qu'aujourd'hui pour les gens de bien communiquer oralement. Tant qu'ils pouvaient lire et comprendre les lettres ou documents rédigés en langue seconde, en prenant le temps nécessaire et en utilisant des dictionnaires, ils étaient aptes à exercer leur activité. Il leur suffisait de savoir rédiger des documents commerciaux en langue seconde, en réponse aux lettres, pour réussir dans leurs affaires.

En d'autres termes, ils communiquaient par écrit, avec beaucoup de temps entre les échanges. Ils disposaient donc de suffisamment de temps pour travailler leurs réponses en langue des signes. Ce n'était pas comme aujourd'hui, où l'on nous demande d'interagir verbalement simultanément avec nos interlocuteurs. Ils n'avaient donc pas besoin de parler la langue de manière semi-instinctive. Autrement dit, ils pouvaient produire des expressions avec suffisamment de temps, grâce au processus d'assemblage étape par étape, basé sur leurs connaissances grammaticales de la langue des signes.

Ce fait basé sur des spéculations ne nécessiterait pas beaucoup d'arguments. Il y a des points communs entre nous. De plus, lorsqu'ils étudiaient les langues étrangères, il est probable qu'ils enseignaient les langues des pays voisins aux élèves, car à cette époque, les échanges commerciaux se faisaient principalement dans les pays relativement bien desservis. De plus, les langues des pays voisins appartiennent plus souvent au même groupe linguistique, ce qui implique de nombreuses caractéristiques linguistiques communes ou similaires, telles que l'orthographe, la sonorité, le vocabulaire, la structure des phrases et des mots, etc.

Puis, avec l'essor rapide des échanges internationaux, la nécessité d'un enseignement généralisé du français langue étrangère (FLE) s'est imposée à l'école. Des initiatives systématiques ont donc été mises en place afin d'améliorer l'apprentissage des langues étrangères. Ces initiatives visaient à faciliter la compréhension écrite des langues étrangères et à faciliter la rédaction de lettres et de documents commerciaux en langues étrangères.

Pour cela, les linguistes se sont réunis et ont analysé les phénomènes linguistiques de la langue française tels que les structures de phrases, les structures de mots, les modèles sonores, et ont finalement introduit la grammaire montrant comment les éléments de la phrase doivent être interprétés.

Pour les raisons dites ci-dessus, je crois que la méthode de traduction grammaticale a été développée comme la première méthode de FLE de première génération. De plus, il s'agissait quasiment de la seule méthode d'apprentissage du français langue étrangère possible à l'époque. Autrement dit, les ressources limitées de l'époque ne permettaient pas d'envisager d'autres méthodes.

La grammaire a apparemment beaucoup aidé les élèves à analyser les phrases et à en comprendre le sens. Depuis des siècles, rares sont ceux qui s'opposent à l'enseignement de la grammaire à l'école, comme base de l'apprentissage d'une langue. C'est pourquoi les écoles ont commencé à l'enseigner comme base essentielle pour permettre aux élèves de lire et d'écrire des documents en français.

Comme ce système d'enseignement des langues étrangères s'est transmis de génération en génération, nos pères, grands-pères, arrière-grands-pères et arrière-arrière-grands-pères ont commencé à apprendre les langues étrangères de la même manière : en commençant par la grammaire. De plus, nos arrière-arrière-grands-pères ont également conseillé et enseigné à nos arrière-grands-pères d'étudier les langues étrangères de la même manière.

De plus, les professeurs de langues qui ont appris de nos ancêtres enseignaient à leurs élèves exactement de la même manière qu'autrefois. Finalement, ce type d'éducation systématique est devenu une tradition solide. Cette tradition s'est perpétuée de génération en génération, jusqu'à nous. Nous faisons confiance à nos parents et grands-parents, tout comme nos parents et grands-parents faisaient confiance à leurs parents et grands-parents, car ils nous prodigueraient les meilleurs conseils, forts de leur expérience.

Nous faisons également confiance à nos professeurs pour nous enseigner le meilleur, en nous appuyant sur leur expérience. Nous pensons qu'ils comprendraient clairement ce qu'est la grammaire et comment elle nous aide à acquérir la langue. C'est pourquoi nous ne leur avons pas demandé ce qu'est la grammaire ni comment elle est censée nous aider à devenir de bons locuteurs bilingues. Nous avons simplement suivi leurs cours et travaillé dur en suivant leurs instructions. Cependant, nos professeurs ont fait exactement la même chose avec leurs professeurs qu'avec les nôtres. Ainsi, sans en connaître la véritable raison, nous pensons que la grammaire est le point de départ pour apprendre la langue étrangère.

Est-ce la même réponse que vous concernant la raison pour laquelle vous pensez qu'il faut commencer par la grammaire pour apprendre une langue? Je connais beaucoup de gens pour qui c'est vrai. Laissez-moi vous donner un exemple concret de la raison pour laquelle on pense d'abord à la grammaire lorsqu'on parle de FLE.

Il y a quelques années, j'ai reçu un appel d'une Coréenne. À peu près au même moment, j'ai reçu un appel d'une Américaine dont le fils vit dans le Montana.

«Pourriez-vous s›il vous plaît me dire quel genre de livre de grammaire vous utilisez pour vos cours?», elle savait déjà que j›enseignais à l›université.

«J'en ai beaucoup dans mon bureau, mais je n'utilise pas de livres de grammaire dans mes cours», ai-je dit.

«Alors, pourriez-vous m'en recommander un, s'il vous plaît?», demanda-t-elle.

«Pourquoi aurais-tu besoin d'un livre de grammaire?», ai-je demandé par curiosité.

«J'en ai besoin pour enseigner le coréen dans mon église parce que je suis devenu professeur de coréen dans mon église.»

«Pourquoi enseigneriez-vous la grammaire coréenne aux étudiants?», ai-je continué à demander.

«Juste comme ça. Comment puis-je enseigner les bases du coréen autrement?», répondit-elle sans hésiter.

«Qui vous a dit que la grammaire était la base pour commencer?»

«Non, personne. Mais c'est comme ça qu'on nous apprenait l'anglais à l'école en Corée, alors je pense que je devrais commencer par enseigner la grammaire coréenne.» Je comprenais d'où elle venait, mais j'ai continué à lui demander.

«Alors, tu as appris l'anglais à l'école de cette façon?»

"Non."

«Alors, tu parles anglais maintenant?», lui ai-je demandé.

"Oui."

"Comment?"

«Je me suis mariée avec mon mari, qui est américain, et j'ai appris l'anglais en vivant avec lui après mon arrivée en Amérique.»

«Si vous n'avez pas appris l'anglais à partir de la grammaire à l'école, vous attendez-vous à ce que vos élèves apprennent le coréen à partir de la grammaire que vous enseignez?»

«Non, mais que puis-je faire?», elle semblait vraiment n'avoir aucune idée de ce qu'elle pourrait faire d'autre.

3

Incompréhension Des Bases De L'apprentissage Des Langues Étrangères

Il y a de nombreuses années, j'ai enseigné bénévolement l'anglais à la communauté coréenne de Denver pendant un peu plus d'un an. C'était une séance hebdomadaire de deux heures, le samedi après-midi. Peu d'étudiants étaient présents : une quinzaine seulement. La plupart étaient des élèves plus âgés qui éprouvaient des difficultés à articuler les sons anglais après de nombreux exercices répétés.

Je savais que ce n'était pas un programme idéal pour que les membres apprennent l'anglais, car il est très difficile, voire impossible, d'apprendre la langue seconde en deux heures par semaine. Cependant, j'ai eu des idées pour les aider à étudier par eux-mêmes tout au long de la semaine. J'ai donc animé le cours d'anglais pendant environ un an. Certains membres étaient capables d'utiliser des expressions de base de la vie quotidienne. Cependant, aucun d'entre eux n'a acquis l'intuition linguistique que je crois acquise lors du cours. Je considère donc que ce n'est pas un succès. Plusieurs raisons évidentes expliquent ces échecs.

Au lieu d'illustrer toutes les raisons, je vais vous présenter un conflit non résolu entre les étudiants et moi. Il concernait la notion de bases pour apprendre l'anglais. La plupart des étudiants avaient des attentes différentes vis-à-vis du cours. Lorsque la discussion a été ouverte à la communauté concernant le cours d'anglais, de nombreuses personnes m'ont appelé pour me demander si je voulais commencer à enseigner les bases. Même si je comprenais bien ce qu'ils entendaient par «bases», ce qui est complètement différent de ma conception des bases, je répondais «oui». Sinon, je savais que je devrais argumenter ou faire une leçon téléphonique à chaque personne qui m'appellerait pour la même question.

À leur arrivée en classe, j'ai tout de suite constaté leur déception. Chaque samedi, je vérifiais les devoirs de babillage que j'avais donnés aux élèves la semaine précédente. Ensuite, je leur présentais de nouveaux chapitres à babiller à plusieurs reprises au cours de la semaine suivante. Bien sûr, j'expliquais le sens des nouvelles expressions et des nouveaux mots. J'expliquais aussi comment articuler les nouveaux mots individuellement et comment les prononcer dans une conversation réelle.

Cependant, après le cours, les étudiants me disaient que ce que je faisais était bien trop complexe pour eux. Ils me reprochaient de leur avoir dit que je commencerais par enseigner les bases. Sachant ce qu'ils entendaient par là, je leur ai quand même demandé cc qu'ils entendaient par «bases». Comme je m'y attendais, ils ont insisté sur le fait que les bases étaient la grammaire et la lecture.

Ensuite, j'expliquais que la base de l'apprentissage d'une langue consiste à babiller les expressions courantes de la vie quotidienne pour pouvoir les utiliser dans diverses situations. Cependant, leurs réponses étaient telles qu'on aurait pu faire cela sans connaître la grammaire et sans savoir la lire. Leur ton était si fort qu'ils me croyaient dans l'erreur. Je leur expliquais à nouveau comment nous avons tous acquis une langue dès la naissance et je leur disais que, fondamentalement, l'apprentissage des langues étrangères ne devrait pas être différent. En tant qu'adultes dotés d'un cerveau pleinement développé, nous pourrions déployer des efforts intenses et acquérir certaines compétences pour raccourcir le processus d'acquisition du langage.

Alors que tant de gens croyaient que la grammaire et les compétences en lecture étaient les bases d'une langue, et continuaient à les développer avec acharnement, mes cris solitaires n'étaient pas assez forts pour surmonter la grande ombre.

Cette croyance en la grammaire comme base fondamentale de l'apprentissage des langues étrangères ne se limite pas aux Coréens, ni aux seniors. C'est une croyance répandue dans le monde entier, quels que soient l'âge, le sexe, le niveau d'éducation ou la profession.

Il y a quelques années, alors que je travaillais sur mon premier livre, Après la publication *du nouveau TESL Plus* en coréen en 2005, j'ai reçu un appel d'une dame. Elle a appris que j'enseignais le coréen à l'Université du Colorado à Boulder.

Elle s'est d'abord présentée et m'a demandé.

«Je me demandais si vous pourriez me recommander un livre de grammaire coréenne», elle était très douce et polie en posant la question.

«Pourquoi en aurais-tu besoin?», lui ai-je demandé avec surprendre.

«J'ai un fils qui va à l'université dans le Montana. Il a rencontré une amie de l'école, qui est coréenne. Mon fils l'aime beaucoup et il veut apprendre le coréen. Je suis ravie qu'il veuille apprendre le coréen. Je cherche donc un livre de grammaire coréenne pour son anniversaire», a-t-elle dit, l'air très enthousiaste.

«Pourquoi penses-tu qu'un livre de grammaire l'aiderait?», ai-je demandé.

«Comme mon fils ne maîtrise pas le coréen, je suppose que c'est par là qu'il devrait commencer.»

Je pensais qu'elle avait eu de la chance de m'appeler pour avoir mon avis. Sinon, je suis sûr que son fils aurait perdu beaucoup de temps et aurait finalement abandonné sans rien gagner.

J'ai passé environ une heure avec elle à lui expliquer comment nous avons acquis notre langue maternelle et pourquoi, selon elle, nous devrions aborder l'apprentissage des langues étrangères différemment de notre langue maternelle. Bien sûr, je lui ai parlé de l'importance de l'entraînement au babble pour différentes expressions de la vie quotidienne. J'ai également corrigé son incompréhension concernant la notion de grammaire. La grammaire d'une langue ne constitue pas les bases de la langue au sens strict du terme. C'est l'un des domaines de recherche les plus pointus pour les linguistes professionnels.

Il n'est pas surprenant de constater que de nombreux professeurs de langues professionnels considèrent la grammaire comme la base de l'apprentissage de la langue étrangère. En réalité, je n'en ai rencontré aucun qui niait la grammaire comme la base de l'apprentissage de la langue étrangère. J'ai été très surpris de découvrir, sur le site d'un célèbre auteur de manuels de conversation anglaise, que l'auteur soulignait, comme élément fondamental, l'importance d'une connaissance approfondie de la grammaire pour apprendre la langue étrangère.

Pourquoi la grammaire ne devrait-elle pas être la base de la langue étrangère? Parce qu'elle est trop difficile, même pour les locuteurs natifs ; et parce qu'on peut apprendre la langue étrangère sans connaître la grammaire, tout comme on apprend sa langue maternelle sans la connaître. De plus, des habitudes grammaticales trop ancrées dans la structure de la langue étrangère interfèrent avec le processus naturel de fluidité.

Pourquoi les gens croient- ils que la grammaire est la base de l'apprentissage des langues étrangères? C'est, je crois, à cause de la méthode populaire de FLE : la méthode de traduction grammaticale, devenue une tradition incontestée depuis des générations. Si la première génération de FLE avait commencé par la méthode de traduction grammaticale, comme je le propose ici, je suis certain que les gens croiraient au babillage, que je détaillerai plus tard, comme étant la base même de l'apprentissage des langues étrangères. Malheureusement, ce n'est pas ainsi que les choses ont commencé.

Alors, quelles sont les bases de l'apprentissage de la langue étrangère? Je pense que l'apprentissage du babble, basé sur des expressions de dialogue simples et faciles à comprendre, devrait être la base pour commencer. C'est beaucoup plus facile à mettre en œuvre que la grammaire ; cela permet de parler en langue étrangère pour faire face aux situations courantes du quotidien ; et, à mesure que l'apprenant accumule ces expressions, il acquiert une intuition linguistique sur la structure, les sons, le sens et les usages de la langue étrangère.

4

Pourquoi Suis-Je Opposé Au Fle Axé Sur La Grammaire?

J'ai discuté avec de nombreuses personnes qui estiment que les écoles ne devraient pas axer leurs cours de FLE sur la grammaire, du moins au début, voire définitivement. Parmi elles, on trouve des professeurs et des étudiants de FLE. Il est particulièrement difficile de convaincre les professeurs de FLE de cette idée. Généralement, ils réfutaient fermement mes arguments, insistant sur le fait que la grammaire est indispensable au début, car elle aide les élèves à comprendre systématiquement les caractéristiques linguistiques de la langue seconde, telles que la structure des mots, la structure des phrases, les temps, etc. De plus, ils me demandaient comment les élèves parvenaient à produire des phrases en langue seconde sans connaître la grammaire.

La raison pour laquelle je suis opposé au FLE basé sur la grammaire est très simple et claire. Sur la base des témoignages et de l'observation de longue date de ceux qui ont reçu des formations intensives en grammaire axée sur les langues étrangères pendant de nombreuses années, je crois que l'éducation axée sur la grammaire nuit ou du moins retarde sérieusement le processus d'acquisition de la TL.

Parmi les personnes qui s'inquiètent de l'enseignement traditionnel du français langue étrangère (FLE) axé sur la grammaire, différents groupes s'accordent sur la nécessité de cet enseignement. Certains affirment qu'il est totalement inutile. D'autres préconisent une réduction significative de l'enseignement de la grammaire. D'autres encore estiment qu'un minimum d'enseignement de la grammaire est nécessaire pour enseigner les langues étrangères.

L'absence de nécessité d'apprentissage de la grammaire pour l'acquisition d'une langue a été prouvée tout au long de l'histoire par les personnes qui ont acquis naturellement la langue maternelle. Des dizaines de milliers, voire des millions, de personnes devenues bilingues sans avoir suivi de cours de grammaire l'ont également démontré. Forts de leur propre expérience d'apprentissage ou d'enseignement de la langue maternelle à leurs enfants, chacun comprend aisément le bien-fondé de l'argument selon lequel l'apprentissage de la grammaire n'est pas indispensable à l'apprentissage d'une langue.

Pour la même raison, tous les professeurs de FLE connaissent parfaitement ces faits. Pourtant, ils insistent toujours sur l'enseignement de la grammaire en cours de langues étrangères. Leur seule conviction semble être que l'enseignement de la grammaire aiderait les élèves à apprendre la langue seconde d'une manière ou d'une autre. Or, les cours de FLE pluriannuels axés sur la grammaire n'ont pas réussi, depuis deux siècles, à former des locuteurs bilingues compétents.

Les partisans de l'apprentissage du français langue étrangère (FLE) basé sur la grammaire soutiennent que, sans la connaissance de la grammaire de la langue étrangère, les élèves ne seraient pas capables de bien lire et comprendre cette langue. Par exemple, un de mes lecteurs m'a récemment envoyé un courriel de Corée me demandant comment comprendre une phrase comme «Je devrais aller à l'école pour étudier l'anglais» sans connaître la grammaire, l'ordre des mots et les fonctions du verbe à l'infinitif. Il m'a écrit qu'il croyait fermement à l'apprentissage du babillage pour l'acquisition des compétences linguistiques. Il estimait néanmoins que la grammaire de base devait être enseignée parallèlement au babillage.

La question ci-dessus portait sur la nécessité d'un enseignement grammatical pour que les élèves comprennent le sens de la phrase. J'ai répondu que n'importe qui pouvait facilement deviner le sens de la phrase d'exemple en associant simplement le sens de chaque mot. Même pour des phrases plus complexes, ce serait la même chose. De plus, les fonctions des infinitifs en «to» peuvent être apprises naturellement, une par une, au fur et à mesure de l'acquisition de chaque expression grâce à l'entraînement au babble. Ces caractéristiques grammaticales peuvent être acquises en même temps que les expressions, grâce à l'intuition linguistique sur les structures de phrases et l'utilisation des éléments lexicaux. Ceci est facilement démontré par le processus du langage naturel. Par conséquent, aucun enseignement grammatical particulier n'est nécessaire.

D'un autre côté, mes arguments selon lesquels la grammaire est un vivier de virus nuisibles et ne devrait donc pas être enseignée comme elle l'a été dans les méthodes traditionnelles, car elle entrave ou retarde le processus d'acquisition de la langue. Les virus grammaticaux habituels les plus fréquents et les plus nocifs sont des accents très prononcés ou des prononciations incorrectes, utilisant la grammaire comme un filtre entre la langue maternelle et la langue seconde lors de l'expression orale ou orale. Cela entraîne des retards ou des erreurs dans l'expression orale et orale ; de graves problèmes de grammaire ; et un important retard dans l'expression orale. Tous ces types de problèmes sont dus à une attention excessive portée à la grammaire, sans comprendre l'importance des entraînements spécifiques nécessaires à l'articulation et à la production d'expressions en langue seconde.

Une fois que les gens s'habituent aux virus nocifs de la grammaire et s'y accrochent à cause d'un enseignement intensif, cela perturbe gravement le processus d'acquisition. On pense généralement que la grammaire est très difficile à maîtriser, mais une fois maîtrisée, elle devrait faciliter l'apprentissage de la TL. Cependant, de nombreuses personnes ayant suivi un enseignement intensif de la grammaire pendant de nombreuses années comprennent parfaitement la portée de mes arguments concernant les problèmes de cet enseignement.

Jusqu'à présent, j'ai souligné l'inutilité et les effets néfastes de la grammaire en FLE. Permettez -moi maintenant d'expliquer plus en détail, pour faciliter la compréhension des lecteurs, pourquoi je suis fermement opposé à ce que le FLE enseigne d'abord la grammaire, et qu'il continue à se concentrer sur elle.

Je ne recommande pas, si l'on insiste, une séance de grammaire d'une ou deux heures au début pour présenter les différences linguistiques entre sa langue maternelle et sa langue maternelle. Je m'oppose à ce qu'on appelle la méthode de traduction grammaticale (FLE) ou une méthode similaire, encore largement répandue dans le monde, où les écoles proposent des cours intensifs de grammaire et de langues étrangères sur plusieurs années.

La première et principale raison pour laquelle je m'oppose à l'enseignement du français langue étrangère (FLE) basé sur la grammaire est que la grammaire n'est pas la langue elle-même. Aucune grammaire structurelle ne se concentre sur ce que les gens disent et comment ils le disent dans des situations réelles. La grammaire peut enseigner les principes de combinaison des mots, mais elle ne montre pas leur usage correct dans des situations réelles. Toute combinaison grammaticale de mots supposés pertinents ne permet pas une communication efficace. C'est pourquoi les étudiants ayant de solides bases en grammaire ne savent pas quoi dire ni comment le dire dans des situations réelles.

Selon les points de vue, la grammaire peut être définie de multiples façons. Cependant, la nature de la grammaire et celle du langage ne peuvent être définies de la même manière. Elles ne sont pas identiques et ne peuvent l'être.

Par conséquent, peu importe la durée et la qualité de l'enseignement de la grammaire aux élèves, cela ne les incitera pas à assimiler la langue d'enseignement. Cela ne peut que les aider à acquérir des connaissances sur sa structure. Insister sur les règles ou les caractéristiques linguistiques de la langue d'enseignement ne vaut pas mieux que d'insister sur les règles ou les caractéristiques musicales de la musique. De telles connaissances n'offrent pas d'aide concrète aux élèves, notamment pour l'acquisition des capacités physiques nécessaires à la pratique de la langue ou de la musique.

Deuxièmement, la méthode traditionnelle de traduction grammaticale consacre trop de temps à l'enseignement et à l'apprentissage de la grammaire. En général, les établissements secondaires consacrent environ trois ans à cette méthode. Par exemple, les écoles de pays asiatiques comme la Corée, le Japon et la Chine proposent des cours intensifs de grammaire en français langue étrangère (FLE) à leurs collégiens et lycéens, soit six ans. Bien que les lycées coréens aient récemment introduit des cours d'écoute en anglais pour préparer l'examen national d'entrée à l'université, il ne semble pas que la philosophie de la méthode FLE ait été modifiée.

Par conséquent, je pense qu'un tel programme d'enseignement du français langue étrangère basé sur la grammaire prive les élèves de la possibilité d'apprendre la langue elle-même. Ils passeraient tout leur temps à étudier la grammaire, et ils obtiendraient leur diplôme sans aucune compétence linguistique en langues étrangères. Je n'apprécie pas que l'école consacre tout son temps non pas à la grammaire, mais à la grammaire de la langue étrangère.

Troisièmement, la grammaire n'étant pas la langue elle-même, il n'est pas nécessaire d'enseigner la TL. Autrement dit, on peut enseigner la TL sans avoir à enseigner la grammaire. Les professeurs de langues étrangères me diraient que connaître la langue aiderait à mieux assimiler la TL, ce que je ne partage pas. En fait, cela semble plutôt interférer avec le processus naturel d'apprentissage des langues qu'il ne le favorise. C'est vrai, car les cours intensifs de grammaire pourraient prendre la mauvaise habitude de toujours … chaque fois que vous lisez, écoutez ou parlez une expression TL, essayez Appliquer la grammaire connue à chaque expression. Par conséquent, lorsque la grammaire ne permet pas de vérifier certaines expressions, il faut trouver des moyens de la comprendre avant de les accepter. Ce type de processus est une très mauvaise habitude pour développer les compétences en langues étrangères.

Quatrièmement, aucune grammaire n'est complète. Il existe des exceptions, auxquelles les règles grammaticales habituelles ne s'appliquent pas, partout en langue des signes. Rares sont ceux qui possèdent l'ensemble des connaissances grammaticales. Il est donc impossible de trouver toutes les grammaires correspondant aux expressions courantes. Cependant, même avec des connaissances grammaticales très élémentaires, on s'arrêtera toujours d'abord et tentera d'appliquer sa grammaire pour analyser les structures avant d'aborder la langue.

Enfin, et c'est tout aussi important, comme le montre l'histoire des méthodes de FLE pour la méthode Grammar Translation, l'objectif d'un enseignement intensif axé sur la grammaire est de permettre aux étudiants de traduire la langue cible dans leur langue et vice versa. Cela ne répond pas aux objectifs du FLE requis à l'ère moderne.

De nos jours, les étudiants doivent démontrer une maîtrise orale de la langue seconde. Ils doivent la pratiquer avec une grande efficacité. Ils doivent l'apprendre comme leur langue maternelle. Une fois qu'ils maîtrisent la langue seconde avec aisance, ils peuvent traduire sans avoir à suivre de cours de grammaire.

Revenons à la question des professeurs de langues étrangères : comment les élèves produiraient-ils les mots et les phrases sans connaître la grammaire? Ma réponse est : «Regardez les bébés de 36 à 40 mois.» S'ils y parvenaient avec seulement 30 mois de babillage, nous, avec nos cerveaux pleinement développés et nos sens aiguisés, devrions être capables de le faire bien mieux qu'eux.

5

Entraînement À Être Grammaticalement Correct

Je suis convaincu qu'un enseignement intensif de la grammaire et de la langue seconde ne devrait pas être proposé aux élèves avant qu'ils n'atteignent un niveau élevé de compétence orale, et ce pour de nombreuses raisons. Cependant, cela ne signifie pas que je ne me soucie pas des erreurs grammaticales des élèves dès le début. Il est certes important d'enseigner aux élèves la grammaire correcte dès le début. Alors, comment pouvons-nous leur apprendre à être grammaticalement corrects?

L'une des principales raisons pour lesquelles les gens croient en l'enseignement du français langue étrangère axé sur la grammaire est que l'on ne peut éviter les fautes de grammaire sans apprendre la grammaire. Je suis convaincu que c'est une idée totalement erronée. De plus, croire qu'il est possible d'éviter les fautes de grammaire en étudiant la grammaire est une erreur flagrante.

De plus, les erreurs grammaticales ne sont pas uniquement le fait des locuteurs étrangers. La plupart des erreurs grammaticales surviennent non pas parce que les personnes n'ont pas appris la grammaire, mais parce qu'elles n'ont pas appris la langue correcte. Parfois, des erreurs grammaticales peuvent survenir parce que la grammaire est obsolète. Autrement dit, selon les critères de l'ancienne grammaire, tout phénomène nouveau dans la langue peut être considéré comme agrammatical. De plus, la plupart des erreurs grammaticales sont dues à des erreurs de langage plutôt qu'à l'ignorance de la grammaire par l'orateur.

Je connais de nombreuses personnes de différents pays qui ont obtenu près de 100 % au test de grammaire anglaise. Cependant, la plupart d'entre elles commettent encore de nombreuses fautes de grammaire à l'oral et à l'écrit. De plus, j'ai constaté que les anglophones natifs ayant vécu toute leur vie aux États-Unis commettent également des fautes de grammaire à l'oral et à l'écrit. J'affirme également posséder un excellent niveau de grammaire anglaise. Cependant, même après plus de 17 ans de résidence aux États-Unis, je continue de commettre ce qu'on appelle des fautes de grammaire à l'oral et à l'écrit.

En fait, je fais aussi parfois des fautes de grammaire à l'oral et à l'écrit dans ma langue maternelle, le coréen. Certaines raisons expliquent ces erreurs : certaines règles de grammaire apprises jeune ont été modifiées par les autorités ; je persiste sciemment à utiliser des expressions agrammaticales, car je n'aime pas les formes prétendument correctes ; et je me fie à mon intuition simplement parce que je ne comprends pas la règle. Après tout, la grammaire d'une langue peut varier selon les préférences de chaque locuteur. C'est comme reconnaître que chaque musicien peut composer sa musique selon des schémas différents.

Que faut-il faire pour enseigner aux élèves une grammaire aussi correcte que possible sans avoir à se fier à un manuel de grammaire? La réponse est connue. Il faut leur apprendre à maîtriser les langues dès le début. C'est aussi simple que ça. Pour enseigner aux élèves à maîtriser les langues dès le début, les professeurs de langues étrangères n'ont pas besoin d'être aussi fluides que les locuteurs natifs de langues étrangères grâce aux technologies. Bien sûr, l'idéal serait de confier l'enseignement à des locuteurs natifs. Cependant, la présence de professeurs natifs ne résout pas nécessairement les problèmes d'inefficacité de l'apprentissage du français langue étrangère.

Si les enseignants natifs suivaient les méthodes traditionnelles de traduction grammaticale, les élèves ne parviendraient de toute façon pas à acquérir et à développer la maîtrise orale de la langue. De plus, s'ils devaient s'occuper de nombreux élèves simultanément pendant un certain temps par semaine, ils ne pourraient pas servir efficacement de modèles d'apprentissage pour les élèves.

Pour apprendre aux élèves à maîtriser les langues dès le début, le rôle des professeurs de langues étrangères est de diriger et de coordonner l'apprentissage du Babble avec les formes correctes. Pour cela, il serait souhaitable que l'école dispose d'un nombre suffisant d'enseignants capables d'animer systématiquement l'apprentissage individuel du Babble en présentiel, en proposant des langues modèles aux élèves, comme le feraient les parents avec leurs enfants.

Le meilleur modèle d'animateur est celui d'une mère ou d'un père. Trouver une famille d'accueil idéale pour les élèves est donc une bonne solution. Cependant, ce type d'animateur n'est pas disponible pour les enseignants de langues étrangères. Ils doivent donc trouver les animateurs les plus adaptés aux situations. J'ai suggéré l'utilisation d'équipements audio, parmi les plus efficaces et les plus disponibles, pour fournir des modèles de TL.

S'il est important pour les professeurs de langues étrangères d'enseigner aux élèves une expression correcte, il est également essentiel de fournir des expressions réalistes à la classe afin de susciter l'intérêt des élèves pour la langue. Grâce au modèle BTM, j'ai proposé des modèles de langage corrects, tels que le langage personnel, le langage social, le langage des affaires, le langage professionnel et le langage culturel, aux élèves de niveau avancé.

Le rôle des enseignants ne consiste pas à enseigner la grammaire ni aucune compétence d'évaluation, mais à encadrer et guider les élèves de manière cohérente pour qu'ils acquièrent et développent avec succès leur maîtrise orale de la langue étrangère après avoir étudié les langues modèles. Pour ce faire, les enseignants de langues étrangères n'ont pas besoin d'être des locuteurs natifs de la langue étrangère. Une bonne compréhension de l'acquisition d'une langue et du processus d'enseignement de la langue étrangère est bien plus importante qu'un professeur de langues étrangères natif.

Les élèves qui acquièrent et développent la maîtrise orale de la TL grâce à des langues modèles appropriées développeront des intuitions linguistiques naturelles qui leur permettront d'être grammaticalement corrects. Aucun cours de grammaire particulier n'est nécessaire. Ce processus est similaire à celui des enfants qui développent leurs intuitions grammaticalement correctes. Ensuite, toute interprétation grammaticalement incorrecte des élèves doit être corrigée au cas par cas par les enseignants, ce qui les aidera à développer des intuitions correctes sur la langue.

Une fois que les élèves atteignent un niveau élevé de maîtrise orale de la langue des signes, ils auront assimilé la majeure partie de la grammaire par cœur. Cependant, ils ne seront peut-être pas capables d'expliquer les caractéristiques grammaticales à l'aide des termes, ce qui ne constitue pas un obstacle à une communication réussie. Contrairement à la grammaire inculquée par des programmes intensifs de langues étrangères sur plusieurs années, qui se terminent généralement sans acquisition de la langue des signes, la grammaire acquise naturellement ainsi n'interfère pas avec le processus naturel et significatif des significations entrantes et sortantes. Par conséquent, le processus linguistique entre la langue des signes et la langue des signes sera très naturel, sans filtre artificiel ni écran entre les deux langues.

Même si les domaines respectifs de la grammaire peuvent être acquis par le biais du processus de développement de la compétence orale, toutes les caractéristiques individuelles ne peuvent pas être acquises par les étudiants au cours de ce processus.

En d'autres termes, même après que les étudiants aient atteint un niveau élevé de compétence orale, ils peuvent ne pas avoir encore développé suffisamment d'intuitions sur des caractéristiques particulières de la TL, principalement parce que ces caractéristiques ne sont pas basées sur des modèles mais sur des caractéristiques indépendantes, qui ne se sont pas produites assez fréquemment au cours du processus d'acquisition.

Par exemple, la langue coréenne possède de nombreux marqueurs de fin de phrase, dont la plupart sont peu utilisés. Seuls quelques-uns sont fréquemment utilisés. Les étudiants ayant acquis le coréen comme langue d'apprentissage doivent connaître la catégorie grammaticale de ces marqueurs de fin de phrase. Ils doivent également connaître leur fonction générale. Autrement dit, les marqueurs ne modifient pas la proposition, mais indiquent simplement les modalités. Cependant, il est très peu probable qu'ils connaissent les modalités respectives représentées par chacun des marqueurs qu'ils n'ont pas lus ou entendus auparavant.

Il est également vrai que les élèves peuvent encore être confus face à certaines caractéristiques grammaticales, soit parce qu'ils n'ont pas eu suffisamment d'occasions de les acquérir, soit parce qu'elles sont assez complexes. En général, les élèves les acquièrent avec le temps et l'expérience. Cependant, des séances de grammaire peuvent leur être très utiles, car elles leur permettent de comprendre ce qu'ils ignorent et ce qui les perturbe.

Par conséquent, une fois que les élèves ont acquis et développé la maîtrise orale de la TL, proposer une série de séances de synthèse grammaticale peut contribuer à approfondir leur compréhension de la TL. De plus, ces séances seront moins pénibles et difficiles pour les élèves, car ils pourront ressentir et comprendre le traitement de la grammaire. La compréhension de la grammaire sera plus rapide. Selon le niveau de compétence des élèves et la profondeur de la grammaire enseignée, cela peut prendre quelques semaines ou un mois, à raison de 5 heures de cours par semaine. Les élèves seront alors beaucoup plus confiants quant à leur grammaire correcte.

Nous n'avons pas besoin de passer des années, au début, à enseigner la grammaire qui aiderait les étudiants à développer au maximum leurs compétences en lecture.

CHAPITRE 14

Idées Pour Réussir
Soi-Même BTM

Les idées suggérées ici constituent un guide pour un modèle de programme de niveau de base à court terme.

L'entraînement intensif au babble est le seul moyen de surmonter l'accent de sa langue maternelle et de faciliter l'acquisition de la TL.

Pour améliorer la compétence orale pour les niveaux supérieurs, il est fortement recommandé de pratiquer davantage le Babble Training intensif plutôt que de pratiquer davantage d'Inputs Réels avant de commencer le deuxième niveau de Babble Training pour lire.

Un apport réel de 500 à 1 000 expressions orales constitue le minimum requis pour le premier niveau de Babble Training. Pour de meilleures performances, je recommande fortement un apport réel de 2 000 à 3 000 expressions orales, voire plus, car c'est le moyen le plus rapide et le plus efficace d'acquérir une maîtrise orale supérieure.

Plus le nombre d'expressions d'entrée réelles acquises pour parler est élevé, plus la compétence orale sera élevée, comparable à celle d'un natif.

Les étudiants qui ont déjà acquis les compétences de lecture et d'écoute grâce aux méthodes traditionnelles voudront se concentrer fortement sur la formation Babble pour un nombre maximum d'expressions afin d'apprendre la variété des expressions utiles et de devenir fluides dans leurs activités quotidiennes, sociales et professionnelles.

1

Obstacles À L'utilisation Du BTM Pour Les Programmes Publics

Ce livre vise principalement à présenter le concept de BTM et à montrer comment l'appliquer aux programmes de langues publics en général. Ainsi, certaines idées spécifiques que j'ai proposées concernant la quantité d'apports réels et la durée du programme pourraient nécessiter des ajustements pour s'adapter aux environnements individuels programmes.

Les programmes de langues, qu'ils soient dans les écoles publiques ou privées, et qu'ils soient destinés aux écoles primaires ou aux collèges, ont toutes sortes d'obstacles à surmonter pour une application réussie du BTM à leurs programmes.

Parmi les nombreux obstacles que j'ai rencontrés en tant que professeur de langues, je crois que le plus grand défi à l'utilisation du BTM pour les programmes publics de langues réside dans les autorités et les enseignants qui dirigent ces programmes depuis des siècles. Ils doivent comprendre des faits cruciaux : les programmes conventionnels, qui ont duré longtemps, ont totalement échoué à aider les élèves à acquérir les langues cibles ; les programmes de grammaire intensifs avant l'acquisition sont absolument néfastes à bien des égards et entravent gravement l'acquisition ; et la langue s'acquiert d'une seule et unique manière, par l'entraînement répété au babble, en plus de l'apprentissage réel, que j'appelle BTM, tout comme les bébés acquièrent leur langue maternelle.

Sans la reconnaissance de ces faits cruciaux, aucun changement significatif ne peut être attendu dans les programmes d'enseignement public. De même qu'il a longtemps été difficile pour l'humanité d'accepter l'univers héliocentré, il serait très difficile pour la plupart des autorités et des enseignants de prendre conscience de ces faits cruciaux et de s'écarter complètement des programmes conventionnels.

Même s'ils constataient l'efficacité du BTM, ils n'abandonneraient pas le programme conventionnel pour longtemps. Ils pourraient plutôt envisager de combiner le BTM et les méthodes conventionnelles, afin d'en étudier le fonctionnement, ce qui compromettrait considérablement son efficacité pour de nombreuses raisons.

J'ai testé le BTM non seulement dans le cadre de mes programmes universitaires d'enseignement du coréen, mais aussi dans le cadre de mes programmes privés d'enseignement de l'anglais auprès de petits groupes d'immigrants coréens pendant de nombreuses années. J'ai ainsi découvert les défis majeurs que pose la réussite de ces programmes.

Pour le programme universitaire, le problème le plus grave réside dans le fait que le cursus ne garantit pas le minimum de deux années, nécessaire, je crois, pour acquérir une langue jusqu'au niveau élémentaire. Les étudiants n'avaient besoin que de trois semestres de programme de langue pour satisfaire à cette exigence, et pourtant, très peu d'entre eux étaient prêts à suivre ne serait-ce que trois semestres pour suivre un programme BTM assez exigeant (pour une langue ni aussi populaire, du moins à l'époque, ni aussi facile à apprendre) comparé aux programmes conventionnels moins exigeants. Dans les programmes universitaires, les cours n'atteignant pas le nombre minimum d'étudiants requis étaient annulés.

J'ai cependant constaté une nette amélioration chez les élèves qui parlaient couramment les expressions apprises grâce au programme BTM. Malheureusement, je savais qu'ils perdraient rapidement ces expressions s'ils ne les appliquaient pas pendant au moins deux ans. Fort de ma propre expérience de l'apprentissage de l'anglais et de l'observation de l'apprentissage de la langue par d'autres, je dirais que chaque expression nécessiterait des efforts répétés pendant au moins deux ans pour rester en mémoire à long terme et contribuer à son acquisition.

Pour les programmes privés, les étudiants étaient des adultes occupant un emploi à temps plein et âgés de 40 à 50 ans. Selon mon hypothèse d'entrées-sorties, ce sont eux qui présentent la plus forte résistance linguistique à surmonter. La plupart des étudiants ont obtenu de bons résultats. Cependant, le principal problème résidait, une fois de plus, dans la durée limitée des programmes : ils ont dû les abandonner pour diverses raisons personnelles liées à leur emploi, à leur santé et à des problèmes familiaux. Ainsi, même s'ils apprenaient environ 800 à 1 000 expressions indépendantes au cours de la période, ils les perdaient rapidement, à moins de poursuivre l'entraînement au babble pendant au moins un an, jusqu'à ce que ces expressions soient traitées de manière suffisamment répétée dans leur LAD pour qu'ils acquièrent les facteurs d'acquisition nécessaires, tels que l'intuition linguistique, les capacités physiques et les ressources linguistiques.

Comme je l'ai souligné plus haut, les programmes publics ou privés présentent divers types d'obstacles et de difficultés pour atteindre les objectifs individuels d'acquisition d'une langue. Par conséquent, un étudiant peut envisager d'appliquer le BTM à son propre apprentissage.

2

Utiliser BTM Pour L'auto-Apprentissage

Avant de commencer l'auto-apprentissage, l'apprenant doit savoir que la grammaire (prescriptive) est non seulement inutile, mais aussi très néfaste à l'acquisition. Ce sera un constat difficile à accepter. Rassurez-vous, il sera bien plus facile d'apprendre une langue sans l'interférence de la grammaire. Si vous avez déjà de solides bases en grammaire, tant pis. Une personne possédant de solides compétences grammaticales aura beaucoup plus de temps et d'efforts pour progresser. La grammaire, qui sert principalement de règle pour contrôler les expressions et la logique de la pensée, est en réalité un ensemble de mauvaises habitudes accumulées au cours du processus et grâce à l'apprentissage de la grammaire. Alors, débarrassez-vous-en. Grammaire. Évitez autant que possible la grammaire. Commencez par la méthode BTM, et la grammaire s'acquerra naturellement au cours du processus et grâce à l'acquisition.

L'apprenant doit également savoir qu'aucune compétence de lecture, d'écoute ou d'écriture n'est requise pour acquérir une langue. Tant que l'on sait écouter, répéter, réciter et imiter des expressions, aucune autre compétence n'est nécessaire pour acquérir une langue. Cependant, il serait très utile de savoir reconnaître les sons des lettres, des caractères ou des lettres de l'alphabet de la langue cible.

Pour débuter l'auto-apprentissage avec la méthode BTM, il est nécessaire de trouver des manuels contenant des apports réels ou des expressions personnelles utilisables au quotidien. De plus, le manuel devrait être accompagné d'enregistrements audio produits par un locuteur natif. Idéalement, les manuels seraient bilingues afin que l'élève puisse facilement comprendre les expressions.

Ces manuels sont destinés à l'apprentissage du bavardage. Pour acquérir la langue cible au niveau débutant, il faut au moins un millier d'expressions réelles. Plus on en apprend, plus on atteint un niveau d'acquisition fluide et avancé.

3

Entraînement Au Babillage Personnel Pour Parler

Une fois que l'on a trouvé ou obtenu des manuels utilisant des données réelles, on peut faire du Babble Training comme suit :

1. Consacrez environ une à deux heures intensives par jour, ou selon les besoins, à l'écoute, à la répétition après l'enregistrement audio pour mémoriser et à la pratique de nouvelles expressions ; et à constituer un réservoir d'informations concrètes dans votre outil d'acquisition de langues. Dix à quinze expressions par jour, ou autant que possible, suffiront. Au début, il peut être difficile d'en assimiler 10 à 15 en une à deux heures. Cependant, à mesure que l'on se familiarise avec la langue et selon ses compétences individuelles, il ne faudra qu'une trentaine de minutes pour en assimiler 10 à 15.

2. Consacrez environ une à deux heures de détente chaque jour, ou selon vos besoins, à la pratique des expressions acquises au cours des 7 derniers jours. Les heures de détente correspondent aux moments où l'on peut écouter et répéter, ou réciter ces expressions en mode multitâche,

comme conduire, se reposer, faire du vélo, prendre le bus, faire de l'exercice, etc.

3. Consacrez environ une à deux heures de détente ou au besoin chaque semaine pour pratiquer les expressions acquises au cours des 15 derniers jours.

4. Consacrez environ une à deux heures de détente ou au besoin chaque mois pour pratiquer les expressions acquises au cours du mois dernier.

5. Une fois un livre terminé, prenez le temps, si nécessaire, de le relire deux fois avant d'en commencer un nouveau. Pour cette critique, partez du dernier scénario du livre et répétez l'opération à rebours.

6. Lorsque le livre a été examiné deux fois avec succès, commencez un nouveau livre en suivant les étapes 1 à 5 ci-dessus.

7. En suivant les étapes 1 à 5, prenez le temps nécessaire tous les trois mois pour répéter tous les livres ou expressions acquis dans le passé.

L'ensemble du processus de Babble Training conduira les apprenants à de forts niveaux d'immersion mentale dans la langue cible et augmentera l'efficacité de l'acquisition.

Si un apprenant parvient ainsi à maîtriser couramment environ deux mille expressions réelles, on peut dire qu'il a atteint le niveau élémentaire. Ainsi, il peut atteindre le niveau élémentaire en deux à trois ans. En poursuivant l'apprentissage du babble pour acquérir davantage d'expressions réelles, on peut progresser vers des niveaux supérieurs. On peut ainsi atteindre un niveau avancé, qu'un adulte ne pourrait pas atteindre en immersion physique dans le pays de la langue cible pendant la même période.

4

Entraînement À La Lecture Par Auto-Babillage

Avec un entraînement Babble réussi permettant d›acquérir environ 500 à 1 000 expressions (ou plus si nécessaire) de données réelles, et tout en conservant un volume et un niveau d›informations réels plus élevés, on peut ajouter l›entraînement Babble à la lecture. Le manuel d'entraînement Babble à lire doit inclure des enregistrements audio avec la voix d'un locuteur natif afin que l'entraînement Babble puisse également écouter.

Les manuels idéaux pour l'entraînement au bavardage sont bilingues, ce qui permet aux élèves de gagner du temps et de l'énergie pour comprendre les phrases. De plus, cette version bilingue permet aux élèves de comparer leur propre compréhension des phrases avec la traduction et de corriger leurs erreurs de compréhension de mots et/ou de phrases. Chacun peut choisir des livres sur ses propres sujets d'intérêt.

De plus, il faudrait des cahiers pour conserver le vocabulaire acquis lors de l'entraînement au babble.

1.   Consacrez environ une à deux heures intensives par jour, ou selon les besoins, à l'étude du vocabulaire ; devinez le

sens des phrases en vous basant uniquement sur le sens des mots qui les composent ; comparez le sens à la traduction ; et corrigez les erreurs qui ont conduit à une mauvaise compréhension de la phrase. Au début, vous ne pourrez lire que quelques phrases pendant ces deux heures intensives. Cependant, la vitesse augmentera progressivement au fur et à mesure de vos progrès.

2. Notez les nouveaux mots de vocabulaire dans le cahier. Ensuite, placez chaque élément de vocabulaire sur quatre ou cinq pages différentes du livre, en espaçant les pages de 5, 10, 15 et 20 pages. Ainsi, vous pourrez répéter la mémorisation des mots de vocabulaire au fil de la lecture.

3. Profitez de votre temps libre chaque jour pour consulter le cahier de vocabulaire afin de réviser les éléments lexicaux saisis précédemment dans le cahier.

4. Une fois un livre terminé, relisez-le trois ou quatre fois avant d'en commencer un autre, en suivant les étapes 1 à 3 ci-dessus. En répétant le livre, vous développerez une intuition solide pour comprendre les phrases de la langue cible. Vous acquerrez également des expressions utiles pour la communication orale et l'entraînement au bavardage, pour écrire ultérieurement.

5

Entraînement À L'écoute
Par Auto-Babillage

Après avoir répété avec succès trois ou quatre fois l'entraînement à la lecture du premier livre, on peut ajouter l'entraînement à l'écoute en commençant par la version audio du premier livre. On peut commencer l'entraînement à l'écoute pendant 5 à 10 minutes, en parcourant environ 2 à 3 pages à la fois, et répéter l'exercice autant de fois que possible dans la journée.

Ensuite, répétez trois fois ou plus l'écoute du livre n° 1 avant de commencer l'entraînement au babillage pour lire le livre n° 2. Ceci marque la fin de l'entraînement au babillage pour lire et écouter le livre n° 1.

Entraîner l'écoute à Babble en écoutant les mêmes manuels de lecture que l'on connaît déjà grâce à des séances répétées de Babble Trainings permet d'améliorer considérablement ses compétences d'écoute. De plus, en répétant le même livre six ou huit fois, le vocabulaire et les phrases s'enrichiront et seront facilement exploitables lors de conversations réelles.

Grâce à cette méthode d'entraînement à l'écoute, on constatera qu'elle est beaucoup plus facile et plus efficace que d'essayer d'écouter des programmes télévisés, des films ou des programmes radio.

Il faudrait un entraînement au bavardage pour lire et écouter cinq ou six livres, ou plus si on le souhaite. Cela permettrait certainement d'acquérir des compétences en lecture et en écoute.

6

Entraînement À L'auto-Babillage Pour Écrire

Après avoir suivi avec succès l'auto-apprentissage du babble pour parler, lire et écouter, comme décrit ci-dessus, on peut ajouter l'apprentissage du babble à l'écriture en commençant à tenir un journal quotidien. La rédaction d'un journal quotidien ne doit pas nécessairement être une écriture créative. On peut copier des phrases des manuels utilisés pour apprendre à parler, lire et écouter. On peut aussi apporter de légères modifications à ces phrases en remplaçant des mots ici et là, au besoin, pour écrire soi - même dans le journal. La rédaction du premier journal sera plus difficile. Cependant, elle deviendra plus rapide et plus facile à mesure que l'on écrit chaque jour.

7

Entraînement Au Babillage Personnel Pour Apprendre La Grammaire

Une fois que l'étudiant a atteint le niveau d'apprentissage écrit de Babble Training, il aura acquis un très bon niveau de grammaire intuitive. L'étude de la grammaire systématique n'est pas nécessaire. Il suffit de parcourir le manuel de grammaire pour constater qu'il a déjà acquis la plupart des compétences grammaticales.

Cependant, une étude approfondie de la grammaire à ce stade aidera à gérer les expressions grammaticalement complexes. L'étude de la grammaire sera source de nombreuses révélations.

8

Achèvement Du Btm Pour L'auto-Apprentissage

L'ensemble du processus de formation accumulée au Babble pour parler, lire, écouter et écrire peut prendre au moins trois ou quatre ans, voire plus, en fonction des variables du désir de l'individu et de ses contributions au programme.

À la fin d'une formation Babble réussie, on aura acquis de manière très solide et solide des facteurs d'acquisition tels que l'intuition linguistique, la capacité physique et les ressources linguistiques pour maîtriser la parole, la lecture et l'écriture de la langue cible.

RÉFÉRENCES

Bloom, Paul (1994) *Acquisition du langage.* The MIT Press.

Bragger, Jeannette D. (1986) «Enseigner pour la compétence : sommes-nous prêts?».

l'AFDL Bulletin 18, n° 1 (septembre 1986) : 11-14.

Crystal, David. (1991) *Dictionnaire de linguistique et de phonétique.* Blackwell Publishers Ltd.

Freed, Barbara F. (1989) «Perspectives sur l'avenir de l'enseignement et des tests basés sur les compétences». Bulletin de l'AFFL 20, n° 2 (janvier 1989) : 52-57.

Hudson, Mutsuko Endo. (2007) «Atelier sur l'enseignement des langues axé sur les compétences» .

Lee, Cheol Beom. (2005) *Nouveau TESL Plus* . Chonghap Press.

Phillips, June K. (1985) «Résultats et attentes dans un programme axé sur les compétences : vers des objectifs réalistes». Bulletin de l'AFFL 16, n° 3 (avril 1985) : 9-12.

Slobin, Dan Isaac (1979) *Psycholinguistique.* Scott, Foresman and Company.

Université de l'Idaho en ligne. (2007) «Méthodes d'enseignement et corrélation avec l'apprentissage en classe de langues». http:// ivc.uidaho.edu/flbrain/learning.htm.

Stephen Krashen (15 octobre 2010), Stephen Krashen sur l'acqui- sition du langage

(https://www.google.com/search?q=krashen&rlz=1C-1CHBD_enUS851US851&sxsrf=ALiCzsYuNsyxIYdBbfHt-D2xZZnUj37B5eQ:1670791715029&source=lnms&tb-m=vid&sa=X&ved=2ahUKEwjw0auVuPL7AhXRIDQI-Hf3eCK8Q0pQJegQIBRAG&biw=1600&bih=757&d-pr=1#fpstate=ive&vld=cid:9baca7e6,vid:NiTsduRreug)

Stephen Krashen (26 décembre 2019), Entrée optimale

(https://www.google.com/search?q=optimal+in-put&rlz=1C1CHBD_enUS851US851&biw=1600&bi-h=757&tbm=vid&sxsrf=ALiCzsbJLhEpiMtsdSoiAgN4z-7tImJIArw%3A1670791723672&ei=K0KWY_POKIGB0PEPo4mp6Ac&oq=op&gs_lcp=Cg1nd3Mt-d2l6LXZpZGVvEAEYADIECAAQQzIFCAAQgAQy-CAgAEIAEELEDMgsIABCABBCxAxCDATIL-CAAQgAQQsQMQgwEyCwgAEIAEELEDEIMBMg-gIABCxAxCDATIFCAAQgAQyBQgAEIAEMgsIAB-

CABBCxAxCDAToECCMQJ1CnFFiKF2DqLWgC-cAB4AIABmgGIAeACkgEDMS4ymAEAoAEBwAEB&s-client=gws-wiz-video#fpstate=ive&vld=cid:7cebafee,vid:S_j4JELf8DA)